MBTI부터
명리학까지

MBTI부터 명리학까지
예정된 운명을 바꿀 방법이 있다면 당신은 어떻게 하겠는가?

초판 1쇄 발행 2023년 11월 20일

지은이 이현신
펴낸이 장현수
펴낸곳 메이킹북스
출판등록 제 2019-000010호

디자인 최미영
편집 최미영
교정 안지은
마케팅 김소형

주소 서울특별시 구로구 경인로 661, 핀포인트타워 912-914호
전화 02-2135-5086
팩스 02-2135-5087
이메일 making_books@naver.com
홈페이지 www.makingbooks.co.kr

ISBN 979-11-6791-456-9(03150)
값 20,000원

ⓒ 이현신 2023 Printed in Korea

잘못된 책은 구입하신 곳에서 바꾸어 드립니다.
이 책의 전부 또는 일부 내용을 재사용하려면 사전에 저작권자와 펴낸곳의 동의를 받아야 합니다.

홈페이지 바로가기

메이킹북스는 저자님의 소중한 투고 원고를 기다립니다.
출간에 대한 관심이 있으신 분은 making_books@naver.com으로 보내 주세요.

MBTI부터 명리학까지

★ 예정된 운명을 바꿀 방법이 있다면
당신은 어떻게 하겠는가? ★

이현신 지음

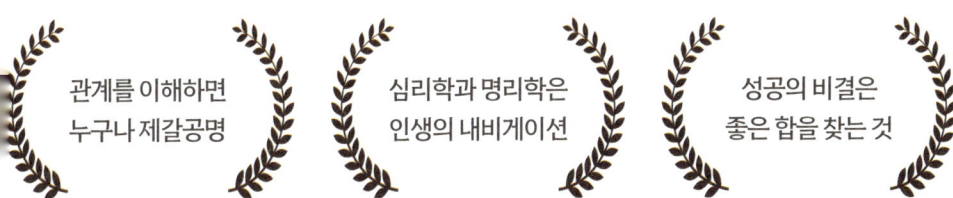

관계를 이해하면
누구나 제갈공명

심리학과 명리학은
인생의 내비게이션

성공의 비결은
좋은 합을 찾는 것

메이킹북스

작가의 말

　결혼을 앞둔 시점에 어머니가 궁합을 본다며 이름난 역술가에게 나를 데리고 갔다. 커다란 저택이었는데 한참을 기다린 후에야 역술가를 만날 수 있었다. 나의 생년월일시와 남편이 될 총각의 생년월일시를 받아든 그는 종이에 뭔가를 끄적이더니 엄마에게 이렇게 말했다.
　"총각은 처복이 있고, 처녀는 남자가 여럿이라 바람날 팔자야. 처녀 사주가 총각 사주만 못해."
　엄마는 마지막 말만 기억했다. 총각의 사주가 좋다고 한다며 기뻐했으나, 나는 고개를 갸웃거렸다. 도대체 연애라고는 한 번도 해 본 적이 없는데 어디를 봐서 내가 바람둥이라는 말인가? 남자에게 별로 관심도 없고, 남자를 통해 뭔가를 해 보겠다는 생각도 없는데.
　이런 의문이 명리학이라는 학문에 발을 들여놓게 했다. 긴 시간 공부했으나 이치를 깨닫게 된 건 불과 몇 해 전이다. 역술가라는 직업은 말로 사람을 죽일 수 있는 직업이다. 한 사람의 일생을 그릇된 길로 인도하는 일은 간접적으로 사람을 죽이는 것과 같다.
　이지함 선생이 토정비결을 만든 이유는 엉터리 점술가의 말을 믿고 잘못된 길로 들어서는 사람들이 안타까워서라고 한다. 사실인지 아닌지 모르겠으나(사실일 확률이 높다) 엄마는 매년 정월 보름이 오기 전에 가족의 토정비결을 보았다. 집에 이지함 선생의 책이 있었다. 선생의 소망과 달리

나는 토정비결 덕분에 나쁜 암시를 받았다. 나의 궤는 늘 나빴다. 첩첩산중을 걸어가는데 갈 길은 멀고 날은 어두워진다… 어쩌고 하는 구절이 아직 기억에 남아 있다. 매년 반복되는 구절 때문에 나는 내가 행복한 사람이 되지 못할 거라는 예감에 사로잡히곤 했다. 그 예감처럼 나는 행복하지 않았다.

  명리학에 대한 깨달음보다 심리학에 대한 깨달음이 먼저 왔다. 나는 국문학을 전공한 소설가이고 심리학을 전공한 임상심리사이다. 나의 무의식을 분석받으면서 비로소 내가 왜 연애를 하지 못했는지 알게 되었다. 학창 시절 공부는 열심히 하지 않았지만 책은 많이 읽었다. 중학교, 고등학교 시절 도서관에 있는 모든 책을 읽었으며 대학교에 다닐 때도 강의는 빠졌으나 책은 열심히 읽었다. 그런데 책의 저자, 역사적인 화가, 위대한 음악가가 모두 남자였다. 여자는 거의 없었다. 나의 무의식이 정의한 이상적인 남자는 현실에서 찾기 어려운, 지성과 감성이 조화된 멋진 남자였다. 그래도 여전히 풀리지 않는 의문이 있었다. 그 의문을 풀어준 게 명리학이다. 한 남편과 해로하지 못했다고 해서 바람둥이라고 해석해서는 안 된다. 무엇보다 엄마가 왜 그런 선택을 했는지 이해하게 되었다. 본문 134p에 나와 있다. 엄마가 남의 말을 더 잘 듣는 이유가. 엄마는 '나'가 약한 사람이었다. '나'가 약한 사람은 귀가 얇고, 듣고 싶은 말만 기억하는 경향이 있다.

  덕분에 나는 감히 말할 수 있다. 예전의 그 역술가가 틀렸다고. 나는 바람기와는 거리가 먼 사람이다. 처복 있는 남자의 아내는 어떤 여자일까? 어떤 경우에도 살아주는 여자? 남자를 먹여 살리는 여자? 알콩달콩 애교가 많은 여자? 처복이 있어서 좋은 사주라는 총각이 나의 남편이 되었지만 얼마 지나지 않아서 나는 그를 버렸다.

 그래서 이 책을 쓰게 되었다. 젊은이들이 MBTI 궁합에 열광하는 것을 보며 개인의 운명에는 더 많은 변수가 있다는 것을 알려 주고 싶었다. 타고난 운명을 바꾸는 길, 기울어진 저울의 추가 수평을 이루도록 하는 길이 있다는 사실을 알려 주고 싶었다. 저울의 추를 조정하는 방법에는 세 가지가 있다. 부모의 양육 태도와 직업과 배우자다. 부모의 양육 태도는 청문회 때마다 문제가 되는 그런 과보호가 아니다. 독립된 인격으로 창의적으로 살아가도록 이끌어 주는 게 최선의 양육 태도이자 부모의 도리다.

 부족한 책이지만 운명을 개척하는 데 도움이 되기를 바라는 나의 진심을 젊은이들이 알아주면 좋겠다.

계묘년 여름 상도동에서 이현신

목차

작가의 말

들어가는 글 ·· 4

I. MBTI와 명리학 이해 ·························· 15

II. 궁합론 宮合論 ································· 27

1. 좋은 궁합
1) MBTI 궁합 ································· 29
2) 명리학 궁합 ································ 36

2. 나쁜 궁합
1) MBTI 궁합 ································· 52
2) 명리학 궁합 ································ 59
3) 속궁합 ······································ 73
4) 궁합론 정리 ································ 77

III. 성품론 性品論 ······························· 79

1. MBTI 성격
1) 4가지 선호지표 ··························· 80
2) 16가지 유형의 성격 특징 ················ 86

2. 명리학 성품
1) 오행에 따른 성질 ························· 91
2) 육십갑자의 성격 ·························· 101

(1) 갑목 일간과 을목 일간

　　　(2) 병화 일간과 정화 일간

　　　(3) 무토 일간과 기토 일간

　　　(4) 경금 일간과 신금 일간

　　　(5) 임수 일간과 계수 일간

　　3) 육친六親 ··· 128

　　　(1) 육친의 생성 원리

　　　(2) 육친의 상생

　　　(3) 육친의 상극

　　　(4) 육친의 속성

　　4) 신살神煞 ·· 142

　　5) 충沖 ·· 143

　3. 성격 추론

　　1) 성격 추론 순서 ··· 145

　　2) 십간별 성격 예시 ··· 146

IV. 직업론職業論 ·· 177

1. MBTI 직업

2. 명리학 직업

　　1) 육친별 직업 특성 ··· 194

　　2) 오행에 따른 직업 ··· 208

　　3) 용신用神에 따른 직업 ·· 214

　　　(1) 억부용신抑扶用神

　　　(2) 병약용신病藥用神

(3) 통관용신通關用神

　　(4) 조후용신調候用神

　　(5) 종격용신從格用神

　4) 신살에 따른 직업 ·· 245

　　(1) 의사

　　(2) 군인, 경찰관, 교도관

　　(3) 법조계

Ⅴ. 건강론健康論 ·· **257**
1. 정신의 건강
　1) MMPI에 나타나는 정서 장애 ································ 260

　2) 음양오행에 따른 건강 ·· 264

　3) 오행과 오장육부 ·· 267

　4) 정서 장애 가능성이 있는 명식 ······························ 268

2. 신체의 건강
　1) 육십갑자와 질병 ·· 273

　2) 활성 산소와 스트레스 호르몬 ······························ 279

　3) 대운과 연운 ·· 287

　4) 오행과 질병 ·· 290

　5) 질병과 환경 ·· 296

　맺는 글 ·· 300
　참고 문헌 ·· 303

들어가는 글

여자는 메타버스 애플리케이션을 깔았다. 몇 년 전부터 디지털 공간인 메타버스(Metaverse)가 세인의 관심을 끌기 시작했다. 시류에 뒤떨어진 사람이 되면 안 된다. 여자는 앱을 열고 아바타를 만든 뒤 제인이라는 이름을 주었다. 이 방 저 방 돌아다니던 제인은 파티 방으로 들어갔다. 몸을 흔드느라 여념이 없는 아바타 사이를 걷고 있는데 두 명의 남자 아바타가 제인에게 다가왔다.

현란하게 몸을 흔들며 다가온 그들이 다짜고짜 제인을 옆방으로 끌고 갔다. 방 안에는 아무도 없었다. 한 아바타가 출입문을 막아섰다. 어리둥절해서 어쩔 줄 모르는 사이에 다른 아바타가 제인을 창 쪽으로 몰았다. 제인은 창을 열고 탈출하려고 했으나 열 수 없는 문이었다. 유리를 깰 만한 도구도 보이지 않았다. 제인을 돌려세워 유리창에 밀어붙인 아바타가 등 뒤에서 몸을 밀착시켰다. 팔로 제인의 허리를 껴안은 다음 성행위가 연상되는 동작을 하기 시작했다.

순간적으로 여자는 자신이 성폭행당하는 느낌이 들었다. 쥐고 있는 조작기가 부르르 떨었다. 이게 무슨 일인가 싶다가도 '제인은 나의 진짜 몸이 아니잖아'라고 생각했다. 그런데도 공포를 느꼈고 몸이 떨렸다. 순식간에 일어난 일이라 Exit(나가기)할 생각도 나지 않았다. 두 눈 뜨고 뻔히 보고 있다가 착용한 VR 기기를 벗어서 내팽개치고서야 어이없는 상황에서 벗어났다. 앱에 접속한 지 한 시간도 지나지 않아 일어난 일이었고, 한동안 불쾌한 기분에서 해방되지 못했다.

실제로 있었던 일이다. 이 보도 이후 논쟁이 시작되었다. 진짜 몸이 아닌데 성폭행이라니 말이 되는 소리를 하라고 하는가 하면, 성기가 없는데 성폭행이 가능하냐고 반문하기도 한다.

넷플릭스에는 게임 속 캐릭터들이 섹스를 하는 드라마가 있다. 단순 격투 게임을 하는 남녀 아바타를 조종하는 사람은 친구 사이인 두 남자다. 게임 속 캐릭터를 남자와 여자로 설정했을 뿐이다. 그런데 게임 속에서 아바타가 섹스를 하면 실존 인물들이 오르가즘을 느낀다. 결국 현실의 두 남자도 동성애를 하게 된다.

얼마 전까지만 해도 상상하지 못했던 새로운 세상이 도래했다. 가상세계에서 일어났으니 가상 성폭행과 가상 섹스? 새로운 세계에서 일어난 일이므로 새로운 정의를 내려야 하고, 행위에 붙일 새로운 용어도 만들어야 한다.

인쇄술, 라디오, 텔레비전, 비디오, 인터넷 등 새로운 매체가 등장할 때마다 외설 문제가 대두하고는 했다. 텔레비전 보급 이후 포르노 필름이 등장했고, 인터넷 보급 이후 채팅방을 통한 성매매가 빈번해졌으며 마침내 N번방 사건이 일어났다. 그러니 메타버스로 불리는 디지털 공간이 특별히 음란하거나 외설적이라는 말은 하기 어렵다.

메타버스에서 성폭력을 행사한 사람들은 현실에서도 같은 짓을 저지를까? 아니면 현실에서 실행할 용기가 없어서 가상현실에서 행한 것일까? 디지털 공간에서는 수많은 부캐(부 캐릭터)를 만들 수 있다. 이처럼 제2

제3의 자아의 가능성을 인정한다고 해도 본캐(본 캐릭터)는 크게 달라지지 않는다. 디지털 공간에서도 폭력적인 본캐를 가진 사람은 폭력을 행사할 가능성이 높고, 선한 본캐를 가진 사람은 돕는 행위를 할 확률이 높다. 그래서 MBTI 같은 성격 이론이나 명리학이 힘을 얻는다.

교육학에서 선천적 자질보다 후천적 교육이 더 중요시되던 시절이 있었다. 교육으로 사람을 변화시킬 수 있다는 믿음 하에 사회학습이나 인지행동요법을 중요하게 다루었다. 그런데 과학이 발달할수록 선천적인 요소, 즉 유전적 형질이 더 중요하다는 쪽으로 기울고 있다. 이제 인간은 분자 총을 이용해 유전자를 조작할 수 있다. 머리카락 색과 눈의 색, 피부색, 키 등을 선택해서 아기를 만들 수 있다. 그런데도 점술이나 사주팔자를 신봉하는 사람들이 줄어들지 않는 이유는 인간의 본성을 알려는 탐구심 때문이다. 세상이 어떻게 변하든 인간은 인간으로 존재할 테니까.

인간의 본성을 탐색하려는 시도는 동서양을 막론하고 긴 시간 계속되었다. 서양에서는 구조화된 검사 문항을 개발하여 성격을 유형별로 분류함으로써 개인을 이해하고자 했다. 타당도와 신뢰도를 확보한 문항을 만들고, 검사 결과를 분석해서 내향성이라거나 외향성이라거나 직관형이라거나 통찰형이라거나 하는 이름을 부여했다.

동양에서는 세상 만물을 음陰과 양陽, 목화토금수木火土金水의 오행으로 분류한 다음 각 오행의 상호 관계를 통해 우주의 이치뿐만 아니라 인간의 본성까지 설명하고자 했다. 성격검사든 명리학이든 경험론에 기초하는 학문이라는 점에서는 같지만, 접근 방식에 있어서는 방향이 확연히 다르다.

동양이 서양에 비해 부족한 부분은 바로 이 접근 방식이다. 서양에서는 데이터를 수집하고 검증한 다음 오류나 오차를 수정해서 버전을 계속 업그레이드한다. 불행하게도 동양에서는 이런 방법을 채택하지 않았다. 명리학을 학문이 아니라 취미나 재미 취급한 탓에 자료를 수집하고, 분석하고, 공유하고, 발전시키려는 노력을 전혀 하지 않았다. 그럼에도 불구하고 여전히 존재하는 이유는 팔자 도둑질은 못 한다는, 삶에서 체득한 경험 때문일 것이다.

 명리학은 사람을 보지 않고도, 검사를 하지 않고도, 개인의 성품과 사람됨과 선호도와 미래를 알 수 있다는 점에서 성격검사와 차별된다. 필요한 건 오직 알고자 하는 사람의 생년, 생월, 생일, 생시뿐이다. 더 큰 차이점은 성격검사는 결과 분석을 위한 프로파일이 있고, 프로파일을 벗어나는 해석을 하면 안 되지만 명리학은 문화나 관습 같은 환경의 영향을 받는다는 것이다. 조선 시대에는 족보에 딸 대신 사위의 이름을 올렸다. 여자는 남자의 부속물 같은 존재라 여겼기 때문이다. 이런 연유로 여자의 사주가 강하면 무조건 나쁘다고 해석했다. 암탉이 울면 집안이 망한다는 말과 같은 맥락이다. 21세기에는 여자의 사주도 강해야 한다. 남자와 경쟁해서 성공해야 하기 때문이다.

 뭐니 뭐니 해도 가장 큰 차이점은 MBTI는 운명을 바꿀 방법을 알려주지 않지만, 명리학은 만파식적이나 버프 아이템에 의지하지 않고도 운명을 바꿀 방법을 안내해 준다는 점이다. 배우자나 동료, 직업의 선택에 따라 더 나은 미래를 보장받을 수 있다면?

 나의 능력과 속성과 성품에 대해 제대로 알면 운명을 바꾸기가 훨씬 쉽다. 이런 면에서 MBTI는 근본적인 한계를 가지고 있다. 성격을 파악할 수는 있으나 정서적 장애는 알 수 없고, 성격과 직업과 인간관계는 알려 주지만 검사하는 순간의 감정이나 환경에 따라 엉뚱한 문항에 체크할 위험이 있다. 검사 시점에 따라 다른 결과가 나올 수 있다는 의미다. 정서적 장애를 파악하기 위해서는 더 전문적인 검사(MMPI)를 받아야 한다. 임상심리사나 정신건강의학과 의사만 MMPI를 시행할 수 있으므로 비용과 시간이 많이 든다.

명리학은? 시행자에 대한 제한도 없고, 성격과 정서적 장애뿐만 아니라 적성과 직업과 미래에 일어날 일까지 모두 알 수 있다. 다만 그 경지에 이르는 과정이 쉽지 않을 뿐이다. 이 책만 읽어도 독자는 상당한 경지에 이를 수 있다. 역술가나 신 내린 사람을 찾아가지 않아도 된다.

본론으로 들어가기 전에 명리학의 기본이 되는 음양오행이 우리 생활에 얼마나 깊숙하게 들어와 있는지 살펴보자. 우리는 일주일이라는 시간의 단위 속에서 살아간다. 일요일, 월요일, 화요일, 수요일, 목요일, 금요일, 토요일.

일요일의 일日은 해, 월요일의 월月은 달이다. 나머지 화수목금토火水木金土가 바로 오행이다. 화는 불, 수는 물, 목은 나무, 금은 쇠, 토는 흙이다. 이처럼 우리는 매일매일 오행의 그림자 아래서 살아간다. 5개의 오행은 다시 음과 양으로 나뉜다. 자석에 N극과 S극이 있듯이 세상 만물은 모두 짝이 있다. 남자가 있으면 여자가 있고, 하늘이 있으면 땅이 있다.

MBTI의 기본이 되는 4가지 지표도 대립되는 쌍으로 이루어져 있으니 원리는 음양론과 같은 셈이다. 명리학은 사람이 태어난 연, 월, 일, 시의 음양오행으로 운명과 길흉화복을 파악한다. 이어지는 장에서 상세히 설명하겠으나 독자의 이해를 돕기 위해 오행과 음양을 적는다.

　목화토금수(꼭 이 순서대로 기억하자) 5개의 오행은 각각 음과 양으로 구성되어 있는데 음양이 절대로 바뀌지 않는다. 같은 오행이라도 음이냐 양이냐에 따라 성질이 달라지므로 암기하는 것이 좋다. 10간은 위에 있다고 하여 하늘 천天자를 써서 천간天干이라 부르고, 12지는 아래에 있으므로 땅 지地자를 써서 지지地支라 부른다.

　10개의 천간과 12개의 지지를 순서대로 짝을 지으면 총 60개의 간지가 만들어진다. 60갑자라고 불리는데 일정한 규칙에 따라 연, 월, 일, 시에 60개 중 하나를 배당한다. 이렇게 만들어진 네 개의 간지로 사람의 성격과 속성과 길흉화복을 판단한다. 엄청나게 많은 조합이 생성된다. MBTI의 유형은 16개에 불과하나 명식은 수십만 개가 나온다. 그러나 실망하지 말자. 이 책을 읽는 것만으로도 중급 정도의 명리학 분석가가 될 수 있다. 10간과 12지의 음양은 아래와 같다.

천간 오행	목木	화火	토土	금金	수水
양陽 +	갑甲	병丙	무戊	경庚	임壬
음陰 -	을乙	정丁	기己	신辛	계癸

지지 오행	목木	화火	토土	금金	수水
양陽 +	인寅	오午	진辰 술戌	신申	자子
음陰 -	묘卯	사巳	축丑 미未	유酉	해亥

뒤에서 다시 설명하겠으나, 육친과 오행의 상생상극을 미리 적는다. 육친이란 인간관계를 설명하기 위해 편의상 오행에 지어준 이름이다. 반복되어 나오기 때문에 있다는 것만 기억하자. 이름을 붙이는 방법 및 작용은 '육친의 생성 원리(128p)'에 나와 있다. 까다롭고 어려우나 통독한 다음 정독하면 쉽게 이해할 수 있을 것이다. 명리학이라는 학문이 상당히 복잡하기 때문이다.

※ 육친을 인간관계에 적용하는 용례는 정해져 있다. 편재가 아버지인 것은 남녀 모두 같지만, 남자에게는 애인, 여자에게는 시어머니가 된다. 아래 표를 기억해 두자. 명식의 해석에 크게 도움이 된다.

육친	편재	정재	편인	정인	편관	정관	식신 상관	비견 겁재
남	아버지 애인	아내	유모 양모 계모	어머니	자식			동료 형제 자매
여	아버지 시모				애인	남편	자식	

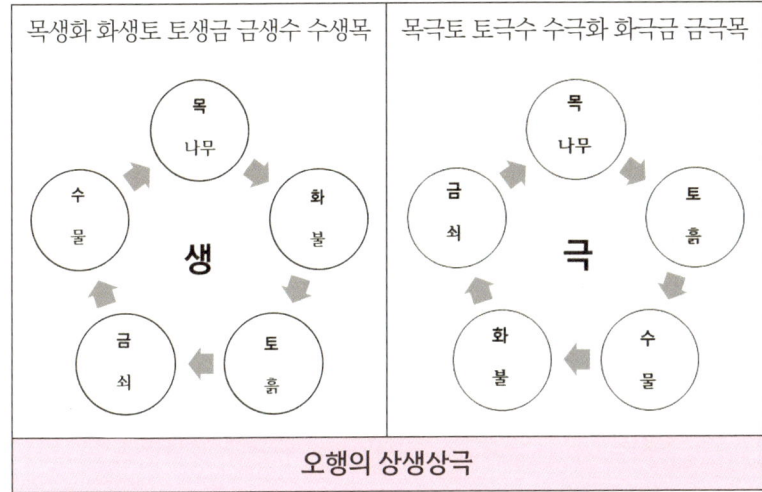

오행의 상생상극

※ 목화토금수가 오행의 기본 배열이다. 어디서 출발하든 시계 방향(오른쪽)으로 이웃한 오행은 생하고, 하나 건너 있는 오행은 극한다. 기억하기 정말 쉽다. 생은 지원하는 관계이고 극은 방해하는 관계이다.

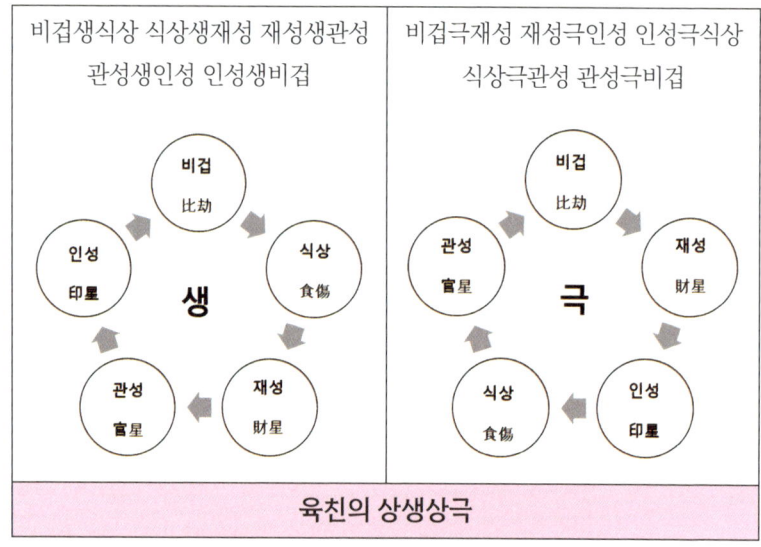

※ 비겁 식상 재성 관성 인성이 육친의 기본 배열이다. 어디서 출발하든 시계 방향(오른쪽)으로 이웃한 육친은 생하고, 하나 건너 있는 육친은 극한다.

심리검사든 명리학이든 해석을 위해서는 상당한 공부가 필요하다. 이 책에서는 이론적 고찰을 제외하는 대신 일반 독자가 쉽게 이해할 수 있도록 사례를 중심으로 서술하기로 했다. 관심이 생기면 차후에 깊이 있는 공부를 하기 바란다. MBTI와 명리학 이해, 궁합론, 성품론, 직업론, 건강론 순으로 기술한다.

I.
MBTI와 명리학 이해

MBTI는 'Myers-Briggs Type Indicator'의 약자로, 캐서린 브릭스와 이사벨 마이어스 모녀가 개발한 성격유형 테스트다. 자신의 성격을 알고 싶은 사람이 직접 설문에 응답해야 하는 자가보고 방식인데 칼 구스타프 융의 '심리유형론'을 이론적 기반으로 삼았다.

2지 선다식 질문 93개로 구성된 M형과 144개로 구성된 Q형을 많이 쓴다. 꿈의 분석으로 유명한 칼 융은 인간의 의식 속에 사고(Thinking), 감정(Feeling), 감각(Sensing), 직관(iNtuition)이라는 4가지 기본 심리 기능이 있다고 보았다. 누구나 이 기능을 사용하지만(누구에게나 이 기능이 있지만), 각각의 기능을 사용하는 개인의 발달 정도의 차이에 따라 개인별 성격 차이가 나타난다고 가정했다.

사고, 감정, 감각, 직관이라는 MBTI의 네 지표는 자석의 N극과 S극처럼 서로 대립하는 대극對極 원리에 기초한다. 오행의 음양처럼 각각의 지표에서 두 가지 선호 방향이 뚜렷하게 구분된다는 의미다.

- 사교적이고 활발한 외향(E)형 대 얌전하고 정적인 내향(I)형
- 사실적인 것을 보는 감각(S)형 대 관념적이고 의미적인 것을 보는 직관(N)형
- 분석적이고 객관적인 사고(T)형 대 공감적인 성향의 감정(F)형
- 체계적이고 질서정연한 성향의 판단(J)형 대 유연하고 자유분방한 성향의 인식(P)형

대립하는 네 지표를 조합하면 총 16개의 성격유형이 도출된다. 〈표 1〉

을 보면 이해가 쉬울 것이다.[1]

지표		감각 S		직관 N	
		사고 T	감정 F		사고 T
내향 I	판단 J	ISTJ	ISFJ	INFJ	INTJ
	인식 P	ISTP	ISFP	INFP	INPT
외향 E		ESTP	ESFP	ENFP	ENTP
	판단 J	ESTJ	ESFJ	ENFJ	ENTJ

〈표 1〉 16가지 성격유형

  MBTI는 이분법적인 측정이라 신뢰도는 높지만, 타당도가 낮은 것이 단점이다. 신뢰도란 일관되고 재현 가능한 측정이 존재하는가의 여부다. 동일한 대상에게 같은 검사를 시행했을 때 일관성 있는 결과가 나오는 정도를 말한다. 언제 하더라도 결과가 같아야 한다는 뜻이다. 타당도는 검사 결과가 애초에 목표했던 특성을 반영하는가 하는 정도이다. 다시 말해 검사로 얻어진 결과가 조사자가 알고자 했던 것과 일치하는가 하는 것이다. 성격을 측정했는데 취미에 관한 결과가 나온다면 그 검사는 타당도가 낮은 것이다.
  좋은 검사 문항은 측정대상의 개념과 정확히 관련되고, 측정대상이 아닌 것과는 철저히 무관하며, 외적 준거(사물의 정도나 성격 따위를 알기 위한 근거나 기준)에 의해서도 잘 지지되어야 한다. MBTI를 비롯한 심리검사는 피

---

[1] 박정훈 저, 『MBTI 사랑학개론』, 하움.

검사자가 주어진 설문지에 응답하면 프로파일에서 바로 결과를 알 수 있다. **검사자가 별도의 자의적인 해석을 하면 안 된다.**

  명리학命理學은 훨씬 복잡하다. 주어진 설문지도 규정된 답안지도 없다. 매번 명식(사주팔자)을 만들고 해석하는 과정을 거쳐야 한다. 명식을 해석해 주는 웹사이트나 앱이 있지만, MBTI의 프로파일처럼 신뢰도나 타당도가 높지 않다. 올바른 해석을 하기 위해 기본적으로 알아야 할 사항이 엄청나게 많은데 무엇이 더 필요한지도 완전히 알지 못한다. 그 이유는 고전으로 불리는 명리학 텍스트건 현대에 쓰인 명리학 텍스트건 서양의 심리검사처럼 데이터를 쌓아서 검증하고 걸러내고 수정하는 작업을 하지 않았기 때문이다. 불완전함에도 불구하고 사주팔자에 대한 세인의 관심은 사그라들 줄 모른다. 나이가 들수록 '타고난 운명이 있구나' 하고 깨닫게 되기 때문이다.

  필자는 명리학의 대가나 유명한 법사로 이름난 사람은 아니지만 다양한 학문을 한 사람으로서 독자의 기대를 충족시키기 위해 최선을 다할 것이다.

  명리학에 관한 이해를 돕기 위해 개념부터 기술하기로 한다.

  사주명리학四柱命理學, 사주학四柱學, 팔자학八字學, 추명학推命學, 산명학算命學 등의 용어가 명리학과 동의어로 쓰인다. 필자는 명리학이라는 단어를 선호한다. 명命의 자의는 목숨, 운, 운수이고 리理의 자의는 다스리다, 구별하다이다. 그러니 명리학은 목숨을 다스리거나 운을 구별하는 학문이라고 할 수 있다. 명리학은 태어난 연, 월, 일, 시의 간지로 한 사람의 운명과 길흉화복을 파악하는 학문인데 음양과 오행으로 대표되는 동양철학 사상에 기반하고 있다.

　음양 이론은 세상 만물이 하늘과 땅, 남과 여처럼 상대되는 한 쌍으로 이루어져 있다고 보는 것이다. MBTI가 사고·감정·감각·직관이라는 4가지 기본 심리 기능을 이용해 성품을 판단한다면 오행론은 나무·불·흙·쇠·물이라는 다섯 가지 물질의 음양과 상생·상극을 통해 만물의 이치를 판단한다.

　오행(목화토금수)의 상생·상극은 다음과 같다. 자연의 이치이므로 전혀 어렵지 않다.

　　목생화木生火: 나무는 연료가 되어 불을 피우고
　　화생토火生土: 불은 흙을 따뜻하게 데우고
　　토생금土生金: 흙이 압력을 받으면 단단해져 보석이 되고
　　금생수金生水: 아연, 철 같은 미네랄은 물을 풍요롭게 하고
　　수생목水生木: 물이 있어야 나무가 자란다.

　　금극목金剋木: 쇠는 도끼와 칼이 되어 나무를 베고 자르고
　　목극토木剋土: 나무의 뿌리는 흙을 부수어서 양분을 빼앗고
　　토극수土剋水: 흙은 물을 막아서 흐르지 못하게 막고
　　수극화水剋火: 물은 불을 끄고
　　화극금火剋金: 불은 쇠를 녹인다.

　국어사전에서 사주팔자를 찾아보면 ①타고난 운수 ②사람의 생년, 생

월, 생일, 생시의 간지 여덟 자라고 되어 있다. 크게는 운명, 작게는 여덟 글자라는 의미다. 이 여덟 글자가 명식을 구성하고, 구성된 명식을 풀이하는(해석하는) 것을 명리학이라 부른다.

생년生年, 생월生月, 생일生—, 생시生時의 사주四柱(네 기둥)에는 각각 천간 하나, 지지 하나, 총 팔자八字(8개의 글자)가 있다. 연월일시의 4기둥(사주)과 기둥을 이루는 8글자(팔자)를 합해서 사주팔자四柱八字라 부르는 것이다.

각각의 기둥은 무엇으로 이루어지는가? 천간 하나, 지지 하나로 이루어진다. 갑甲·을乙·병丙·정丁·무戊·기己·경庚·신辛·임壬·계癸라는 10개의 천간은 연월일시 등을 표시할 때 단독으로 쓰이지 않고 반드시 지지와 결합해서 쓰인다. 천간과 결합하는 지지는 자子, 축丑, 인寅, 묘卯, 진辰, 사巳, 오午, 미未, 신申, 유酉, 술戌, 해亥 12개다.

우리나라 사람들은 누구나 자신의 띠를 알고 있다. 이 띠가 12개의 지지와 일치한다. 12지지의 이름과 해당하는 동물은 다음과 같다.

자	축	인	묘	진	사	오	미	신	유	술	해
쥐	소	호랑이	토끼	용	뱀	말	양	원숭이	닭	개	돼지

천간의 시작인 갑과 지지의 시작인 자가 만나 갑자가 된다. 다음은 을축이다. 10개의 천간과 12개의 지지를 순서대로 짝을 지으면 총 60개의 기둥을 만들 수 있다. 이것을 '육십갑자'라고 부른다. 내가 갑자년에 태어났다면 다음 갑자년은 60년 뒤에 온다. 60년 만에 돌아온 해의 생일에

지내는 잔치가 회갑연 혹은 환갑연이다. "내가 올해 환갑이요."라는 말을 들었다면 말한 사람의 나이가 만 60세라는 것을 알 수 있다.

월과 일과 시도 같은 방법으로 만들기 때문에 60개가 나온다. 연주 60개, 월주 60개, 일주 60개, 시주 60개. 연월일시 네 기둥이 60개씩 있다는 의미다. 60개 연주 중 하나, 60개 월주 중 하나, 60개 일주 중 하나, 60개 시주 중 하나가 나의 사주가 된다. 2023년에 태어난 사람의 연주는 모두 계묘이다. 월주와 일주와 시주는 만세력[2]에서 찾아도 되지만 **앱이나 사이트에 생년월일을 입력하면 자동 생성**된다.

기둥을 만드는 이치를 알았으니 이제 명식命式을 만들어 보자. 명식은 **사주의 네 기둥에 해당하는 간지를 찾는 일**이다. 매년 새해가 오면 황금 돼지 해니, 하얀 말(백말) 해니 하는 말들을 한다. 백말 띠는 팔자가 세다는 둥, 황금 돼지 띠는 먹을 복이 있다는 등의 말도 떠돈다. 1984년 갑자년에는 많은 아기들이 태어났다. 갑자년이 60갑자의 시작이 되는 길한 해라고 하여 아기를 많이 낳았기 때문이다. 이처럼 우리는 알게 모르게 음양오행론의 지배를 받으며 살고 있다. 황금 돼지니 하얀 말이니 하는 태세太歲(그 해의 간지, 2023년 태세는 계묘)의 별칭이 어디서 유래했는지 살펴보자.

2023년은 계묘년인데 검은 토끼 해라고 하고, 2022년은 임인년인데 검은 호랑이 해라고 했다. 검은 토끼라는 말은 어디서 나왔을까? 계묘癸卯의 천간의 계癸는 오행으로 수水에 속한다. 오행을 색으로 구분할 때 목은 청색, 화는 붉은색, 토는 노란색, 금은 흰색, 수는 검은색이다. 12지지 중 묘卯는 토끼다. 그러니 2023년은 검은 토끼 해가 되는 것이다. 해가

---

[2] 앞으로 백 년 동안의 천문, 절기를 미리 헤아려 만든 책력

바뀔 때마다 등장하는 동물과 색이 어떻게 명명되는지 알았다.

그렇다면 새해를 구분하는 기준은 무엇일까? 일반적으로 달력의 1월 1일을 기준으로 삼지만 명리학에서는 입춘³⁾이 되어야 새해가 왔다고 본다. **입춘 전후로 띠가 달라진다**는 의미다. 2023년 입춘은 2월 4일 오전 11시 43분이다. 2월 4일 오전 11시 43분 이전에 태어난 아이는 호랑이띠, 이후에 태어난 아이는 토끼띠가 된다. 양력 1월 1일이 되자마자 각종 언론에서 계묘년이 왔다고 대서특필하는 건 잘못된 것이다.

명식은 만세력을 보며 찾아도 되고, 무료 인터넷 사이트를 이용해도 되고, 앱을 깔아도 된다. 메타버스 시대에 명식을 만드느라 고생할 필요는 없다. 만들어진 명식을 어떻게 해석하는지만 알면 된다. 다만 한 가지 명심할 사항이 있다. 연월일시를 입력하기 전에 성별을 먼저 선택해야 한다. 10년 단위로 바뀌는 운세가 남자인지 여자인지에 따라 순방향과 역방향으로 달라지기 때문이다. 음력과 양력을 선택하고 성별을 선택했다면 생년월일시를 입력한다.

이제 입춘 전날인 2023년 2월 3일 정오(12시)와 입춘 다음날인 2월 5일 정오(12시)에 태어난 아이의 명식을 만들어 보자.

---

3) 입춘은 24절기의 시작인데, 24절기는 하루 이틀의 오차가 있기는 하나 양력이다. 명리학이 음력에 기반했지만 절기가 양력인 이유는 태양의 황도상 위치에 따라 계절적 구분을 했기 때문이다.

12	3	2	2023
시	일	월	년
병	임수	계	임
오	진	축	인
입춘 전 (호랑이띠)			

12	5	2	2023
시	일	월	년
경	갑목	갑	계
오	오	인	묘
입춘 후 (토끼띠)			

〈표 2〉 입춘 전날과 입춘 다음날에 태어난 아이의 명식

〈표 2〉에서 **일간**(생일의 천간)인 임수와 갑목이 '**나**'가 된다. 나중에 나오겠지만 용신用神이라는 게 있다. 내가 호텔 주인이라고 하자. 호텔을 잘 운영하려면 능력 있는 총지배인을 두어야 한다. 대부분 명식 중에 총지배인이 있다. 나와 총지배인 중 누구의 힘이 더 센지? 나와 총지배인을 어떤 간지(오행)가 어떤 방식으로 둘러싸고 있는지? 누가 내게 힘을 보태는지? 누가 내 힘을 빼는지? 나의 원수는 누구인지? 나의 은인은 누구인지? 병이 들었는지? 병이 들었다면 고칠 약이 있는지? 등을 살펴서 나와 총지배인이 힘의 균형을 이루게 하는 것이 명리학 이론의 전부라 해도 과언이 아니다. 용신을 찾는 법은 제Ⅳ장 직업론에서 상세하게 다룰 것이다. '**나**'와 '**총지배인**' 두 단어만 기억하자.

년 아래 있는 임인과 계묘는 연주, 월 아래 있는 계축과 갑인은 월주, 일 아래 있는 임진과 갑오는 일주, 시 아래 있는 병오와 경오는 시주다. 기둥이 4개이니 4(사)주가 되고, 각각의 기둥은 2자(간 1개, 지 1개)로 이루어져 있으니 글자 수가 총 8(팔)자가 된다.

입춘 전에 태어난 아이의 사주팔자는 임인(년), 계축(월), 임진(일), 병오

(시)가 되고, 입춘 이후에 태어난 아이의 사주팔자는 계묘(년), 갑인(월), 갑오(일), 경오(시)가 된다. 이 책에서는 명식이라는 용어를 쓰기로 했으므로 이 아이들의 명식은 「임인, 계축, 임진, 병오」와 「계묘, 갑인, 갑오, 경오」가 된다.

> ※ 눈치 챘겠지만 두 아이의 띠가 다르다. 입춘 전 아이는 호랑이띠, 입춘 후 아이는 토끼띠다. 태어난 달도 호랑이띠 아이는 축월(음력 12월)이지만 토끼띠 아이는 인월(음력 1월)이다. 계절적으로 한 아이는 겨울 출생이고 한 아이는 봄 출생이다. 이런 신기함이 책을 끝까지 읽는 동력이 될 것이다.

두 아이의 육친六親도 살펴보자. 육친은 나와 나를 둘러싸고 있는 오행이란 뜻이다. 나 더하기 오행이라서 6이라는 숫자를 붙인 것이다. 중요하지 않다. 6이라는 숫자는 잊어버리자. 나를 둘러싸고 있는 오행 5개, 각각 음양이 있으므로 총 10개가 된다(비견 겁재, 식신 상관, 편재 정재, 편관 정관, 편인 정인). 계속 나오기 때문에 책을 읽어나가는 동안 저절로 외우게 될 것이다.

나와 같은 오행은 비견/겁재, 내가 생하는 오행은 식신/상관, 나를 생하는 오행은 편인/정인, 내가 극하는 오행은 편재/정재, 나를 극하는 오행은 편관/정관이다.

병	임수	계	임
+화	+수	-수	+수
편재	나	겁재	비견
오	진	축	인
-화	+토	-토	+목
정재	편관	정관	식신
입춘 전(호랑이띠)			

경	갑목	갑	계
+금	+목	+목	-수
편관	나	비견	정인
오	오	인	묘
-화	-화	+목	-목
상관	상관	비견	겁재
입춘 후(토끼띠)			

〈표 2-1〉 입춘 전날과 입춘 다음날에 태어난 아이의 육친 구성

+는 양이고, -는 음이다. 나의 음양이 중요하다. 나와 음양이 같으면 비견, 식신, 편인, 편재, 편관이다. 음양이 다르면 겁재, 상관, 정인, 정재, 정관이다. 복잡하다. **있다는 것만 알고 넘어가자.**

※ 육친의 이름을 붙일 때 오행이 같은지, 음양이 같은지 두 가지를 살펴야 한다 (137p 육친의 명명 원리 참조).

음양오행론과 사주팔자(명식)를 만드는 원리에 대해 간략하게 기술했다. 아, 이런 게 있구나. 하는 정도만 이해하고 넘어가자.

II.
궁합론宮合論

20·30 세대를 위해 쓰는 책인 만큼 그들의 관심사가 무엇인지 고심했다. 삼포 세대니 오포 세대니 하지만 그래도 관심이 가장 큰 분야는 연애와 결혼일 것 같아서 궁합론을 제일 먼저 쓰기로 했다. 궁은 섹스이고 합은 조건이나 정서다. 합은 남녀 사이에만 존재하는 것이 아니다. 부모와 자식 간에도 합이 맞아야 하고, 동료나 친구 사이도 합이 맞아야 한다. 합이 맞는 사람 중 궁도 맞으면 더할 나위 없이 좋은 부부나 연인이 된다.

결혼하지 않고 연인으로 지내더라도 궁합이 맞는 사람과 사귀는 건 좋은 일이다. 결혼을 생각한다면 궁합의 중요성이 더 커진다. 사랑만으로 일생을 살 수는 없다. 인간의 평균 수명이 60세 정도였을 때는 결혼해서 조금 살다 보면 한쪽이 죽었다. 그런데 지금은 100세 시대다. 반세기 이상을 맞지 않는 사람과 산다고 생각해 보라. 끔찍하지 않은가. 궁합의 중요성이 더 커진다.

요즘 젊은이들 사이에서 MBTI 궁합이 인기다. 책도 많이 나오고, TV에도 자주 나온다. 연예인들이 자기소개를 하면서 "내 MBTI는 ~~예요." 하고 자신의 유형을 말하기도 한다.

심리학적 궁합이든 음양오행론적 궁합이든 알아서 나쁠 건 없다. 아는 것이 힘이다. 공부하는 동안 자신을 성찰하게 되고 상대를 보는 안목도 넓힐 수 있다. 책을 읽어나가는 사이에 인간관계에 대한 이해의 폭이 더욱 넓어지기를 기대하며 MBTI 궁합과 명리학 궁합을 소개한다.

1. 좋은 궁합

1) MBTI 궁합

심리적 궁합을 보는 목적은 **인격적으로 미성숙한 사람과의 만남을 피하기 위해서**다. 인간의 마음은 복잡하고 다양하다. 오죽하면 '열 길 물속은 알아도 한 길 사람 속은 모른다'는 속담이나 인심난측人心難測 같은 사자성어가 생겨났을까. 알 수 없는 사람의 마음을 측량하기 위한 도구 중 하나가 MBTI이다. 많은 성격 유형 검사가 있지만, 가장 신뢰도가 높다고(맞다고) 생각하기 때문에 MBTI가 주목받는 것이리라. MBTI 궁합은 이미 알려진 바와 같이 16개 유형이 각각의 천생연분을 가지고 있다.

외향형과 내향형은 가장 대표적인 MBTI의 성격 특질인데 연애에서 특히 중요하다. 16개 유형의 첫 글자인 내향형(I)과 외향형(E)에서 남자 2개 유형과 여자 2개 유형을 뽑아서 살펴보기로 하자(16가지 성격유형에 따른 궁합은 〈표 3〉에 나와 있다[4]).

〈표 3〉 유형별 궁합표에서 E로 시작하는 외향형 중 남자 ESTP(♥ 15개), ENFJ(♥ 14개) 두 개와 여자 ENFJ(♥ 15개), ESFP(♥ 10개) 두 개를 골랐다. I로 시작하는 내향형 중에서는 남자 INFJ(♥ 13개), ISFJ(♥ 12개)와 ♥ 12개인 ISFP, INFJ 여자를 선택했다.

♥가 많다는 건 그만큼 상대에게 잘 맞춰 준다는 뜻이고, 이 사람과 관계를 맺기 쉽다는 뜻이다.

♥♥ 2개는 아주 좋음, 즉 천생연분이란 뜻이고, ♥ 1개는 좋음으로 큰

---
4) 박정훈 저, 『MBTI 사랑학개론』, 하움

불만 없이 살아갈 수 있다는 뜻이다. X는 나쁜 궁합이므로 만나지 말아야 한다.

ENFJ 남자 (외향, 직관, 감정, 판단)

- 16가지 유형 중 로맨틱해서 분위기에 가장 약함
- 진보적, 양심적, 인내심, 책임감 강. 자신이 가치 있다고 여기는 일에는 매우 헌신적
- 공부 머리는 좋으나 공부보다는 더 큰 것을 이루고자 함
- 어려운 사람 돕는 것을 좋아해 봉사단체 활동 선호
- 감수성이 예민해서 예술적인 취미생활 즐김
- 경제 개념 부족
- 건강한 유형 발달은 카리스마 있는 지도자가 됨. 타인에 대한 연민과 동정심, 이해심이 많음
- 하고 싶은 게 많아 바쁘게 살아감. 성실해서 취미와 일 모두 성취
- 기획부서나 창의적인 일을 하는 곳에서 만나기 쉬움
- 사랑이 곧 삶의 목적. 사랑을 위해서라면 목숨도 바침
- 이상형이 나타나면 바로 사랑에 빠짐. 상대의 조건이 열악해도 사랑으로 극복할 수 있다고 믿음. 기꺼이 육아도 담당.
- 자신의 가치를 이해하고 열정을 격려해 주는 여자에게 호감을 느낌
- 화려한 이벤트를 좋아함
- 속물적이고 계산적인 여자를 싫어함

· 짝이 맞는 여자
♥♥ : ISTP INFJ ENFJ INFP ENFP
♥ : ISFJ ESFJ ISFP ESFP
　성향이 같거나 비슷한 여자
　부족한 부분을 채워 주는 여자
　차이를 인정하고 배려하는 여자

ESTP 남자 (외향, 감각, 사고, 인식)

- 사랑을 즐길 뿐 미래를 위해 현재를 희생하는 것을 가장 싫어함
- 구속하지 않고 함께 취미를 즐기는 상대와 결혼하고자 함
- 여자의 외모를 가장 많이 보며 외모에 집착
- 말귀를 못 알아듣는 여자를 몹시 싫어함
- 자유를 억압하고 통제하는 것을 매우 혐오
- 주관 뚜렷하나 사람에 대해서는 관대
- 말주변 좋으나 책 읽고 공부하는 것 싫어함
- 자극적인 활동 선호, 몸으로 하는 건 뭐든지 빨리 배우나 싫증을 잘 느낌
- 어디에 돈이 모이는지 잘 알아서 개인 사업하는 경우가 많고, 취미생활에 드는 돈은 아끼지 않음
- 유형 발달이 건강하면 유쾌하며 상대방에 대한 배려심도 많음
- 생활 패턴은 게으르고 태만, 관심 가는 것에만 엄청나게 몰입
- 영업직이나 서비스직 종사자가 많음
- 맛집, 문화 예술 등을 즐기며 즉흥적이고 충동적인 데이트를 즐김

※ 건강하지 못한 유형 발달의 경우(반드시 이기려고 들며 궤변을 늘어놓음) 가스라이팅이나 스토킹할 확률 높음

· **짝이 맞는 여자**
♥♥ : ESTJ ISTJ ESFJ INTJ ENTJ
♥ : ISFJ
   성향이 같거나 비슷한 여자
   자신의 권위를 인정해 주는 여자
   자기 관리 및 자기 계발을 열심히 하는 여자

ESFP 여자 (외향, 감각, 감정, 인식)

타고난 분위기 메이커, 눈치가 빨라서 상대의 기분을 잘 맞춰 줌
패션 센스도 있어서 자신을 아름답게 꾸밀 줄 앎

※ 건강하지 못한 유형 발달의 경우
- 상대의 사소한 태도에도 예민하게 반응하고 자신의 기분이나 컨디션에 따라 심하게 짜증을 부림
- 몸이 예민하여 스트레스 반응이 바로 나타남, 짜증 부리고 감정 조절이 안 되며 인내심이 부족해짐
- 자신의 감정을 이해해 주고 배려하는 사람과 만나 대화하면 스트레스가 줄어듦
- 상대방의 사랑을 수시로 확인하려고 하므로 수시로 연락해야 안심이 됨
- 사랑받고 있다는 사실을 확인하기 위해 늘 함께 있으려고 함

  남자의 외모나 패션 센스 등을 많이 봄

· **짝이 맞는 남자**
♥♥ : ESTP ESFP
♥ : ISFP ISTP INFJ ENFJ INFP ENFP
   같은 유형의 남자

· 피해야 할 남자는 타인을 통제하고자 하는 남자
  ISTJ ESTJ ENTJ INTJ

· 최악의 남자
  ISFJ ESFJ

· 상대방을 자신의 의도대로 움직이는 능력이 탁월해 남자들을 조종하나 시간이 지나면 남자들이 깨닫고 떠나게 됨

ENFJ 여자 (외향, 직관, 감정, 판단)

- 16가지 유형 중 가장 로맨틱해 이벤트를 해 주면 크게 감동
- 풍부한 리액션으로 상대를 기쁘게 해 주는 능력 탁월, 어떤 상황에서도 예쁜 말을 잘함
- 탁월한 공감 능력과 사고 능력으로 누구에게나 환영받음
- 자신의 노력을 고맙게 여기고, 먼저 다가와서 이야기를 들어주고, 긍정적으로 평가해 주는 남자를 원함

※ 건강하지 못한 유형 발달의 경우
- 과도하게 일을 벌이고 수습 전에 번아웃되어 의기소침해지고 자존감이 떨어져 힘들어하는 모습을 보임
- 자신의 신념을 강요하며 타인과 다름을 인정하지 않음
- 스트레스가 심하면 우울증과 무기력증에 빠져 일상생활에 지장 초래

· 짝이 맞는 남자
♥♥ : INFJ ENFJ ESTJ ISFJ ISTP
♥ : ESTP ISFP ESFP INFP ENFP
　　같은 유형의 남자
　　정반대 유형의 남자

· 가장 피해야 할 남자
　모든 NT 기질 남자. ISTJ ESTJ

· 남자의 어려운 처지나 상처, 장애 등을 보면 연민에 빠져 집착하고, 자신의 한 몸을 바쳐 희생하겠다는 각오로 덤비게 되니 주변의 조언을 받을 것

		♥♥ : 아주 좋음 ♥ : 좋음 X: 나쁨							
		남자							
		ISTJ	ESTJ	ISFJ	ESFJ	ISTP	ESTP	ISFP	ESFP
여자	INFJ	♥	X	♥	♥	X	♥♥	X	X
	ENFJ	X	X	♥♥	♥♥	♥♥	♥	♥	♥
	INFP	X	X	♥	X	X	X	♥	♥
	ENFP	♥	X	♥	X	X	X	♥	♥
	INTJ	♥	♥♥	X	X	X	X	X	X
	ENTJ	♥	♥♥	X	X	X	X	X	X
	INTP	X	X	X	X	♥	X	X	X
	ENTP	X	X	X	X	♥	♥	X	X
	ISTJ	♥♥	♥♥	♥	♥	X	♥♥	X	X
	ESTJ	♥	♥♥	♥	♥	X	X	X	X
	ISFJ	♥♥	♥	♥♥	♥♥	X	♥	X	X
	ESFJ	♥	♥♥	♥	♥♥	X	X	X	X
	ISTP	X	X	♥	X	♥♥	♥♥	X	X
	ESTP	X	X	♥	X	X	♥♥	X	X
	ISFP	X	X	X	X	♥♥	♥♥	♥♥	♥♥
	ESFP	X	X	X	X	♥	♥♥	♥	♥♥

〈표 3〉 16유형별 궁합표

♥♥ : 아주 좋음 ♥ : 좋음 X: 나쁨								
남자								
INFJ	ENFJ	INFP	ENFP	INTJ	ENTJ	INTP	ENTP	
♥♥	♥♥	♥♥	♥	X	X	X	X	INFJ
♥♥	♥♥	♥	♥	X	X	X	X	ENFJ
♥♥	♥♥	♥♥	♥♥	X	X	X	X	INFP
♥	♥♥	♥	♥♥	X	X	X	X	ENFP
X	X	X	X	♥♥	♥♥	♥	♥	INTJ
X	X	X	X	♥	♥♥	X	X	ENTJ
X	X	X	X	♥♥	♥♥	♥♥	♥♥	INPT
X	X	X	X	♥	♥♥	X	♥♥	ENTP
X	X	X	X	♥	♥	X	♥♥	ISTJ
X	X	X	X	♥	♥♥	X	X	ESTJ
♥	♥	X	X	X	X	X	♥	ISFJ
♥	♥	X	X	X	X	X	X	ESFJ
♥	♥♥	X	X	X	X	♥	♥♥	ISTP
♥	X	X	X	X	X	X	♥♥	ESTP
♥	♥	♥	♥	X	X	X	X	ISFP
♥	♥	♥	♥	X	X	X	X	ESFP

〈표 3〉 16유형별 궁합표

2) 명리학 궁합

 명리학은 한 사람의 인품과 적성을 비롯한 자질과 가족의 유무, 각종 인간관계는 물론이고 과거와 미래까지 해석하는 학문이다. 명리학 궁합이 MBTI 궁합보다 훨씬 복잡한 이유는 음양오행론 자체가 엄청난 사유의 산물이라 단순하지 않기 때문이다. 동양철학의 근간이 되는 음양오행론은 명리학뿐만 아니라 의학과 천문학 자연과학 등 모든 분야에 영향을 끼쳤다.

 사주팔자라 불리는 명식을 세우는 작업은 상당히 복잡하다. 연월일시 각각의 육십갑자에 24절기까지 계산해서 명식을 만들었다. 컴퓨터가 없었던 시절을 상상해 보라. 명식을 만드는 자체가 복잡했기 때문에 학문에 상당한 조예를 가진 사람만이 명식을 세울 수 있었고, 만들어진 명식의 해석에도 엄청난 공부가 필요했다. 그 누구의 인생도 단순하지 않다. 한 세기에 가까운 인생길을 걸어가는 동안 어떤 일이 생길지 아무도 알 수 없다. 걸음걸음마다 맞닥뜨리게 될 길흉화복을 미리 알 수 있다면 얼마나 좋을까 하는 인간의 소망이 명리학 발전의 원동력이라 할 것이다. 위험에 대처하기 위한 방법론이라고 할 수도 있다. 좋은 건 안 맞아도 나쁜 건 맞더라고 하는 말에서도 복을 비는 마음보다 화를 피하려는 마음이 믿음의 근간이 되었다는 사실을 알 수 있다.

 운명을 바꿀 수 있다면, 불길한 무엇을 피할 수 있다면, 당신에게 선택의 기회가 주어진다면 당신은 어떻게 하겠는가? 명식을 해석하는 일이 아무리 복잡하다고 하더라도 알고 싶지 않겠는가?

물론 하루아침에 되지는 않는다. 이론을 공부한 후 수많은 사람을 대상으로 임상 실습을 해야 겨우 이치를 깨달을 수 있다. 의대를 졸업했다고 해서 바로 명의가 되지 않는 것과 같다. 개개인의 인체는 해부학 교과서에 나오는 것처럼 일률적이지 않다. 혈관의 위치나 장기의 생김새가 모두 다르다. 수술을 집도하는 의사가 영상자료를 확인하고 여러 번 시뮬레이션해야 하는 이유다. 사주팔자를 간명하는 것도 마찬가지다. 개인의 성장 환경, 부모, 직업, 배우자에 따라 운명이 달라진다.

그래도 포기하지 말자. 이 책은 명리학을 가르치는 이론서는 아니지만, 다 읽고 나면 운명을 바꿀 수 있는 최소한의 조건 정도는 알 수 있다. 나는 혹은 상대는 어떤 성격적인 특징을 가졌는지, 정서적 장애가 있는지, 어떤 사람과 짝이 되면 좋은지, 어떤 직업을 가지면 좋을지에 대한 정보를 준다.

이제 어떤 궁합이 좋은 궁합이고 어떤 궁합이 나쁜 궁합인지 알아보자. 선조들은 다음과 같은 기준을 세웠다. 상대가 나의 결핍이나 필요를 충족시킬 수 있는가, 나를 도울 수 있는가, 나의 비위를 잘 맞춰 주는가, 나를 사랑해 주는가. 그리고 반드시 피해야 할 사람은 어떤 사람인가.

유난히 외롭고, 사랑받고 싶고, 사람이 그립다면 **운세가 나쁘거나 내가 약해지는 시기**이다. '약해진다'에는 정신과 육체가 모두 포함된다. 의지가 약해지고 건강도 나빠진다. 이런 시기에 사기를 당해 재산을 잃고, 제비나 꽃뱀에게 속아 돈 주고 몸 주는 일이 생긴다. 누군가를 유인해서 이득을 취하려는 사람은 신기하게도 외로운 사람을 잘 찾아낸다. 사기꾼이나 제비나 꽃뱀이야말로 심리학의 대가인지도 모른다. 지푸라기라도 잡으려는 사람의 마음을 최대한 이용한다. **지금 유난히 외롭다면 연애나 결혼, 동업은 조금 참자.** 덕질의 결과도 좋다고는 할 수 없다. 공부를 하거나, 자격증을 따거나, 난이도가 높은 취미생활을 하는 게 낫다.

내게 도움이 되는 사람, 다시 말해 좋은 궁합의 상대를 찾기 위해 명리학 덕후가 되는 게 나을지도 모른다. 어렵기 때문에 긴 시간 온전히 몰입할 수 있다. 독자의 편의를 위해 12페이지에 나온 육친의 상생상극을 다시 적는다. 예시를 보며 본격적으로 명식을 분석해 보자.

상생	비겁생식상 식상생재성 재성생관성 관성생인성 인성생비겁
상극	비겁극재성 재성극인성 인성극식상 식상극관성 관성극비겁

(예시 1) 사랑받고 싶을 때

사랑받고자 하는 욕구에 남녀 차이가 있을 리 없다. 남자도 아내의 사랑을 받고 싶을 테고, 아내도 남편의 사랑을 받고 싶을 것이다. 연인 사이도 마찬가지다. 나는 사랑하는데 상대는 나를 사랑하지 않는다면 상처받고 좌절할 것이다. 나의 성향을 잘 아는 것이 중요하다. '사랑밖에 난 몰라'라는 심수봉의 노래 가사처럼 사랑 제일주의자라면 무조건 나를 사랑해 줄 상대를 만나야 한다. 남편이나 연인의 사랑을 받고 싶은 여자는 애처가의 명식인 남자를 찾으면 된다.

사랑도 좋지만 현실에서 성공하는 게 더 중요하다고 생각할 수도 있다. 아내나 애인 덕에 출세하고 싶은 남자는 내조의 여왕을 찾아보라.

❀ 애처가인 남자

기	**갑**목	경	병
정재		편관	식신
사	오화	인목	인목
식신	상관	비견	비견
병	사	건록*	건록

• 생일의 천간 즉 일간이 '나'라고 했다. 애처가 남자 명식을 보면 일간인 **갑**(양의 나무) 아래 오(음의 불)가 있고 오 아래에 상관이라고 적혀 있다. 일지의 육친이 식신이나 상관인 남자는 아내를 딸처럼 예뻐한다. 분위기 잡을 줄도 알고 비위도 잘 맞추며 불만 없이 잘한다. 아내의 얼굴이 예쁜지 학벌이 좋은지는 중요하지 않다. 어떤 여자가 아내가 되든 그렇게 한다. 일단 이런 남자의 아내가 되기만 하면 된다는 뜻이다.

그렇다고 일지가 식신이나 상관인지만 보아서는 안 된다. 사회에서 성공도 하고 재물도 갖추어야 하기 때문이다. 남자든 여자든 돈과 명예를 가지려면 '나'인 일간이 강해야 한다. 내가 약하면 돈이나 명예에 끌려다니다 패가망신하고 만다.

일간이 갑인 이 남자는 지지에 인(양의 나무)을 두 개 가지고 있다. 갑의 오행은 목(나무)인데 인의 오행도 목이다. 오행이 같은 비견은 나와 같은 동료가 된다. 건록은 12운성이 강하다는 뜻이다. 나의 동료인 비견과 나를 북돋우는 건록이 있으므로 내 힘이 아주 강하다. 나무로 불을 지피는데 불꽃을 살리려면 내 몸을 태워야 하니까 자연히 나는 약해진다. 이 남자는 충분히 많은 장작을 가지고 있으므로 아내를 위해 몸을 태워도 약해지지 않는다. 비견과 건록 덕분이다. '나'는 재물이든 명예든 여자든 충분히 거느릴 수 있을 만큼 강한 남자다. 이벤트도 잘해 주고 선물도 자주 한다.

※ 조금 어렵지만 12운성이란 게 있다는 사실만 기억하자. 12운성은 한 인간이 태어나고, 살아가고, 늙고, 병들고, 죽는 과정을 관찰하여 명식에 대입한 것이다. 수정란이 자궁에 착상하는 것을 태胎, 뱃속에서 자라는 것을 양養, 출생을 장생長生, 출생하자마자 목욕을 하므로 목욕沐浴, 목욕한 뒤에 옷을 입고 띠를 두르게 되니 관대冠帶, 성장하여 의관을 갖추고 벼슬길에 오르니 건록建祿, 인생에 있어서 최고의 전성기인 제왕帝旺, 왕성한 시기가 지나 쇠약해지는 때를 쇠衰, 늙고 병들게 되니 병病, 병들어 죽게 되니 사死, 죽으면 무덤에 들어가게 되니 묘墓라 하고, 일생이 모두 끝남을 절絶이라 한다.

일간이 목욕·관대·건록·제왕 월에 태어나면 월령을 얻었으니 강하고, 병·사·묘·절 월에 태어나면 약하다. 월지가 목욕·관대·건록·제왕이 아니더라도 연과 일과 시에 3개 이상 있으면 일간이 강하다고 본다. 물론 이 12운만으로 일간의 강약을 판별하지는 않는다. 일간과 일간을 둘러싼 오행의 상생 상극을 따져야 한다.

🌸 내조의 여왕인 여자

을목	**기토**	계	병
편관		편재	정인
해수	해	사	신
정재	정재	정인	상관

• 내조의 여왕은 명관고마明官跨馬[5] 명식을 말한다. 역시 이런 게 있다는 사실만 기억하자. 끝까지 다 읽고 난 후 다시 돌아오면 쉽게 이해가 될 것이다.

명관은 천간에 나타나 있는 관성을 말하고, 고마란 지지에 재성을 타고 앉았다는 뜻이다. 즉 천간은 관, 지지는 재라는 뜻이다. 내조의 여왕은 편관(을목)이 정재(해수) 위에 있다. 정재 해는 오행이 물이다. 편관 을은 오행이 나무다. 수생목하므로 재생관이 된다. 남자에게 재는 아내이고 관은 자식이자 명예다. 아내가 명예이자 자식인 관의 뿌리가 된다. 여자가 돈이 많거나 권력을 가졌기 때문이 아니다. 존재 자체가 남편에게 도움이 된다. 이런 여자는 평강공주처럼 남편을 훌륭하게 만들고 자식을 무럭무럭 잘 키운다. 남편이 장관직에 올랐고 아들이 훌륭하게 되었다.

불합리하다고 생각할 수 있다. 여자가 특별히 노력하지 않아도 남편과 자식이 잘되니 말이다. 불합리하다. 그래서 남편 복이 있느니, 처복이 있느니 하는 말이 생긴 것이다. 복이 있다는 건 나는 아무 노력도 하지

---
5) 이석영 저, 『사주첩경』 권6. 한국역학교육원.

않는데 상대가 알아서 잘해 준다는 의미이고, 덕이 있다는 말은 복보다 조금 못하지만 내가 살아가는 데 문제가 없도록 해 준다는 의미다.

그래서 궁합이 중요하다. **내 명식이 가지고 있는 문제를 해결하려면 반드시 상대를 잘 골라야** 한다.

(예시 2) 배우자 덕에 호강하고 싶다면

평생 호강하고 살려면 어떤 배우자를 만나야 하는지 보자. 호강하다의 사전적 의미는 '호화롭고 편안한 삶을 누리다'이다. 정서적으로 잘 맞다거나 속궁합이 좋다는 의미가 아니다. 물질적인 의미다. 남편 덕에 혹은 아내 덕에 호강한다는 말은 자신이 잘나서가 아니라 남편이나 아내의 그늘에 있는 것 자체로 호화롭고 편안하게 산다는 의미다. 조건을 중요하게 생각한다면 나를 호강시킬 배우자를 찾아보아야 한다.

❈ **남편을 비단 방석에 앉혀 두고 모실 여자**

계수	**계**수	무토	임수
비견		정관	겁재
해수	해수	신금	신금
겁재	겁재	정인	정인
양	태	태	양

- 여자의 일간은 **계수**다. 계는 음의 물로 시냇물이다. 계수, 임수, 해수, 해수. 총 4개의 수가 더 있다. 신금이 두 개 있고, 무토가 한 개 있다. 신申은 음양오행상 양의 금이고 수를 생한다. 생한다는 건 잘 키워준다는 뜻이다. 증류수는 미네랄이 없는 순수한 물이다. 순수한 물에서는 생명체가 살지 못한다. 물속에 미네랄이 풍부해야 각종 생물이 살 수 있는 것이다. 이런 이치로 금이 수를 생한다고 한다. '나'인 **계수**와 같거나 나를 돕는 것이 총 7개인 셈이다. 나의 힘이 엄청나게, 지나치게 세다. 과유불급이라고 했다. 지나치게 많은 건 적은 것만 못하다.

풍선에 바람이 빵빵하게 들어간 형국이라 살짝 건드리기만 해도 곧 터질 지경이다. 터지는 위험에서 벗어나려면 풍선이 조금 말랑해지면 된다. 풍선에 나노 단위의 아주 미세한 구멍을 뚫어 준다면 살짝 말랑말랑해져서 터지는 위험에서 벗어나게 될 것이다. 미세한 구멍 역할을 하는 게 무토다. 무 아래에 정관이라고 적혀 있다. 여자에게 정관은 남편이다. 남편의 존재 그 자체만으로 여자는 터지는 위험에서 벗어나는 것이다. 그러니 이 여자는 남편을 비단 방석에 앉혀 두고 먹이고 입히며 내 곁에 있어만 달라고 사정하게 된다.

❈ 손에 물 한 방울 안 묻히게 할 남자

을목	갑목	무토	을목
겁재		편재	겁재
해수	진토	인목	묘목
편인	편재	비견	겁재
장생	쇠	건록	제왕

• 남자의 일간은 **갑목**이다. 갑은 양의 나무이고 을목은 음의 나무다. 인목은 양의 나무, 묘목은 음의 나무다. 이 남자의 명식에서 나무는 나를 포함해 5개나 된다. 많다. 지나치게 내 힘이 세다. 잘못하면 아내가 죽을 수도 있다(나와 성질이 같은 비견 겁재가 아내인 재를 치므로). 명리학은 단순한 학문이 아니다. 지지에 인寅, 묘卯, 진辰이 있다. 인묘는 나무, 진은 흙이다. 그런데 인묘진 세 개가 있을 경우 진은 흙이 아니라 나무가 된다. 이것을 방합이라고 한다. 음력에서 봄은 1(인)월, 2(묘)월, 3(진)월이다. 인묘진은 봄이라는 계절의 합(방합)*이고 나무의 합이다(인도 목이고 묘도 목이며 진도 을목의 기운을 숨기고 있어서).

이제 해亥 수 하나가 남았다. 봄에 나무가 싹을 틔우고 잎이 무성해지려면 물이 필요하다. 해는 물이다. 나를 돕는다. 게다가 인해 합이 되어 나무로 변한다(50p 지지합 참조). 이 남자는 나무로 가득한 사람이다. 무戊 아래 편재라고 적혀 있다. 남자에게 재는 여자이며 돈이다. 정재는 아내이고 편재는 애인 혹은 내연녀라고 하지만 이 남자의 경우 편재가 딱 하나 있으므로 아내로 본다. 빵빵한 풍선을 부드럽게 해 줄 미세한 구멍이 아내가 된다.

아내가 상당한 잘못을 저질러도 사과만 하면 쉽게 용서해 준다. 사업을 하다 돈을 까먹든, 살짝 바람을 피우든. 그러니 이런 남자 어디 없나? 눈을 씻고 찾아볼 만한 가치가 있다.

※ 방합: 같은 방위를 나타내고 있는 3개의 지지가 함께 모여 합을 이룬다고 하여 방합方合이라 하며, 같은 계절을 나타내기도 해 계절합季節合이라 부르기도 한다. 봄은 목, 여름은 화, 가을은 금, 겨울은 수인데 모여서 기운이 몇 배로 강해진다.

방합	인묘진	사오미	신유술	해자축
계절(방위)	봄(동)	여름(남)	가을(서)	겨울(북)
오행	목	화	금	수

(예시 3) 결핍이나 필요를 충족시키는 배우자

미모와 재능과 지성을 겸비한 엄친아는 많지 않다. 어떤 요소든 한두 가지가 결핍된 사람이 대부분이다. 배우자든 연인이든 친구든 동료든 나의 부족한 부분을 채워 줄 사람을 만나야 한다. 그래야 개운할(좋은 운수가 트이다) 수 있다. 명리학을 공부하는 궁극적인 목적은 개운하기 위해서이다.

정일생 여자

경금	정화	을목	갑목
정재		편인	정인
술토	해수	해수	술토
상관	정관	정관	상관
양	태	태	양

- 생일의 천간天干이 나라고 했다. 여자의 명식에서 나는 **정화**이다. 정은 음양으로는 음에 해당하고 오행으로는 불에 해당한다. 음의 불은 난롯불이나 등불 같은 작은 불로써 실생활에 쓰이는 불이다. 태어난 월의 지지地支는 해수다. 해는 음양으로는 음이고 오행으로는 물이다. 음의 물이지만 바다나 큰 호수다. 내가 태어난 월의 지지가 나하고 같거나 나를 도와주면 내 힘이 강해지는데 유감스럽게도 불이나 나무가 아니고 물이다. 작은 불인 **정丁**에게 많은 물을 부으면 불은 꺼지고 말 것이다. 그런데 생일의 지지도 해亥다. 이 여자는 **망망대해에 떠 있는 등잔불**이다. 바닷물처럼 엄청난 물을 퍼부어도 꺼지지 않는 불이 되려면 태양불 정도는 있어야 한다.

다행스럽게도 이 여자는 아래에 나오는 병화 남자와 결혼했다. 아주 좋은 남편을 만난 셈인데 그 연유를 살펴보자.

임수	**병**화	경금	경금
편관		편재	편재
진토	오화	진토	오화
식신	겁재	식신	겁재
관대	제왕 양인[6]	관대	제왕 양인
병일생 남자			

- 남자의 생일 천간은 **병**丙이다. 병은 음양으로는 양이고 오행으로는 불이다. 양의 불이니 태양이다. 태어난 월의 지지는 진辰이다. 진辰은 음양으로는 양이고 오행으로는 흙이다. 그러나 나무를 가지고 있는 흙이라서 나무가 필요할 때는 나무의 역할도 한다. 일간인 나를 도울 수 있다는 뜻이다. 생일의 지지는 오午다. 오는 양의 불이지만 작은 불이다. 그러니 병에게 큰 도움을 줄 수 없다고 보는 게 맞다. 그러나 여기에 한 가지 묘한 이치가 숨어 있다. 오 아래에 제왕이라고 적혀 있는데 제왕은 가장 강한 12운성 중 하나다. 지지가 어떤 12운성에 해당하느냐에 따라 일간의 강약이 달라진다고 40페이지에서 설명했다. 관대, 제왕, 관대, 제왕이니 '나'인 병화는 더할 수 없이 활활 타오르는 큰 불이다. 일간 **병**丙은 활활 타오르는 중천의 태양이 된다.

바다 위에 떠 있는 등불인 여자는 이처럼 **중천에 떠 있는 태양**을 만나야 한다. 정서적으로 잘 맞느냐, 알콩달콩 사느냐는 중요하지 않다. 내가 죽으면 세상 만물이 무슨 의미가 있겠는가. 죽고 사는 문제이므로 이 궁

---

[6] 양인(羊刃): 신살의 하나이다. 일간의 기(氣)가 지나치게 강하여 오히려 해가 된다.

합은 좋다고 본다.

남자에게 여자는? 작열하는 태양인 남자에게는 열기를 식혀 줄 무언가가 필요하다. 강한 불은 모든 것을 태운다. 운에서 또 강한 불을 만나면 폭발하고 말 것이다. 화火기를 식히는 가장 좋은 방법은 축축하게 젖어 있는 흙을 만나는 것이다. 음의 토인 진辰이 지지에 2개 있다. 천간에 임수가 있다. 임수를 생하는 경금도 있다. 갑목 대신 진이 암장한 을목이 있어서 남자는 자기에게 필요한 것을 모두 가지고 있는 셈이다. 좋은 명식이다. 남자 측에서 궁합을 의뢰했다면 역술가는 허혼하라고 하지 않았을 것이다.

그런데 여자는 대단한 미인이었다. '성이 기울고 나라가 기울어도 이런 미인은 다시 얻기 어렵네'라는 옛 노래처럼 남자의 눈에는 아무것도 보이지 않았다.

❊ 이 부부의 궁합에 얽힌 이야기가 있다. 여자의 집안은 상당히 뼈대 있는 가문이었다. 딸에게 청혼한 남자가 외모는 훤칠한데 두 사람이 잘 살아갈지 알 수 없었다. 여자의 할아버지가 유명한 역술가를 집으로 초빙해 두 사람의 궁합을 봐 달라고 했다. 역술가는 두 남녀의 평생 사주를 뽑은 다음 이렇게 말했다.

"총각이 하늘의 기운까지는 아니라 하더라도 정기를 타고난 사람이므로 비범한 인물이다. 결혼해도 좋다. 음력 12월에 결혼하면 첫아들을 낳고, 음력 9월에 결혼하면 호랑이해에 아들을 낳는다."

첫눈에 여자에게 반한 남자는 하루빨리 결혼하고 싶어서 9월에 식을 올렸다. 남자의 명식에 **양인羊刃**이 2개 있다. 일간을 도움이 지나쳐 오히려 해가 된다고 각주 6에 나와 있다. 성정이 조급하고 매사를 서두른다. 첫 딸을 낳고, 둘째 딸을 낳고, 셋째 딸을 낳았다. 네 번째에 가서야 아들을 낳았다. 낳고 보니 호랑이해였다. 그때서야 남자는 역술가 생각이 났다. 석 달만 참았더라면 첫아들을 얻었을 텐데…. 후회해도 이미 엎질러진 물이었다. 수소문해서 역술가를 찾아갔으나 이미 죽은 뒤였다. 부부는 아들 하나를 더 두어 3녀 2남을 기르며 해로했으나 행복하지는 않았다. 남자는 기토 일간인 여자나, 천지덕합이 되는 여자나, 명관고마의 여자를 만났으면 출세도 하고 행복했을 것이다.

(예시 4) 천지덕합(정서적으로 좋은 궁합)

천지덕합이란 천간은 천간끼리 합이 되고, 지지는 지지끼리 합이 되는 현상이다. 하늘과 땅이 모두 합이 되니 사이가 좋다. 합은 연애하는 것이다. 함께 놀자고 유혹하는 것이다. 사랑의 이름으로 엮이는 것이다. 천간이든 지지든 합이 되면 오행이 변하는데 궁합을 볼 때는 오행의 변화 유무는 보지 않는다. 떼려야 뗄 수 없는 관계가 된다고 이해하면 된다.

을해일 생 남자와 경인일 생 여자

병	을	계	임
	경합		
술	해	축	진
	인합		
을일생 남자			

정	경	신	병
	을합		
해	인	축	신
	해합		
경일생 여자			

- 남자의 일주는 을해이고 여자의 일주는 경인이다. 을과 경이 합이 되고, 해와 인이 합이 된다. 물질적으로 얼마나 부유하게 사느냐와 상관없이 정서적으로 잘 맞고, 의견 다툼 없이 잘 산다.

※ 천간과 지지는 합이 되어 다른 오행으로 변하는데 일주끼리 합이 될 때는 합으로 묶이는 작용만 한다. 천간합과 지지합은 다음과 같다. 자주 나오니 기억하자. 합은 좋게 작용하면 은애하는 사이가 되고 나쁘게 작용하면 훼방꾼이 된다. 예외 없는 규칙은 없다는 말은 명리학에도 적용된다.

천간합	갑기	을경	병신	정임	무계
변화 오행	토	목	수	목	토

지지합	자축	인해	묘술	진유	사신	오미
변화 오행	토	목	화	금	수	무변

❊ 만일 어떤 여자가 나는 무조건 내 말에 복종하는 남자가 좋아. 그런 남자 어디 없을까? 한다거나, 어떤 남자가 무조건 내 말에 복종하는 여자가 좋아. 그런 여자를 어디 가서 찾지? 할 수 있다.

물론 그런 남자(마누라한테 꼼짝 못하는), 다시 말해 공처가의 명식이 있다. 문제는 이 남자가 돈과는 거리가 멀 뿐만 아니라 평생 어떤 성취도 이루지 못한다는 것이다. 쩨쩨하고 돈에 집착하며 스크루지만큼 인색하다면 내 말에 무조건 복종하더라도 이런 남편과 잘 살 수 있을까?

그리고 매 맞으면서도 계속 사는 여자의 명식이 있다. 주체성이 없어서 자기주장을 하지도 못한다. 이런 가정이 화목할까? 아이들은?

개개인의 취향이나 주관적인 면을 배제할 수 없으나 부부가 된다는 건 두 사람만 사는 게 아니다. 양가 부모, 자식, 형제자매와 관계를 새로이 맺는 일이다. 어떤 의미에서 명리학은 관계의 학문이라고도 할 수 있다. 사람과 사람 사이의 관계, 환경과 사람의 관계, 직업과 사람의 관계 등. 그러니 이 책에서 소개하는 모든 경우의 수를 참고하여 알맞은 짝을 찾아봄이 어떠한가.

2. 나쁜 궁합

1) MBTI 궁합

인내심이 강한 사람은 오래 참다가 서운함이 쌓이면 어느 날 갑자기 헤어지자고 폭탄선언을 한다. 인내심이 강한 게 단점이 된다. 평소에 자기 의견을 밝히지 않으니 상대는 파국이 가까워졌는지 눈치채기 어렵다.

낭만과 거리가 멀고 공감 능력이 떨어지는 상대와도 오래 만날 수 없다. 갓 결혼한 신혼부부가 있었다. 남자의 직장에서 회식이 있었는데 신랑이 참석할 수 없다고 하자 동료들이 무슨 일인지 물었다. 신랑이 아내 생일이라고 대답했다. 동료들은 장미꽃을 사서 어서 집으로 가라며 보내주었다. 다음 날 동료들이 장미꽃을 받은 아내가 어떤 표정을 지었는지 물었다. 신랑은 장미꽃 한 송이가 순대 일 인분 값이라 살 수 없었다고 말했다. 아무리 착해도 이런 사람에게는 정이 가지 않을 것이다. 가끔 비싼 장미꽃을 왜 사 왔느냐고 화를 내며 돈으로 달라고 하는 아내도 있다. 마찬가지로 공감 능력이 없는 여자다.

이처럼 낭만이라고는 없는 사람이 있다. 타인에게 무관심하고 자신의 감정에만 충실한 사람이나, 소유욕이 강한 사람과는 친해지기 어렵다는 사실은 굳이 설명하지 않아도 될 것이다. 개인주의이고 외로움을 못 느끼는 사람은 애초에 연인을 둘 자격이 없다. 개인의 이런 특질을 파악하는 데 있어 MBTI는 아주 유용하다.

※ 외향형은 에너지의 방향이 바깥을 향하고 있으므로 외향형과 결혼하거나 연인이 된 후에 나만 바라보며 살라거나, 나하고만 놀자고 하면 안 된다. 상대는 에너지가 충전되지 않아 갈수록 기력이 떨어지게 된다. 소위 말하는 가정적인 사람이 되기 어렵다. 남자든 여자든 마찬가지다. 집 밖을 떠돌며 산다.
내향형인 사람은 반대다. 사람보다 사물을 선호하는 경향이 있다. 화초를 기르거나 집중해서 무언가를 만들 때 기쁨을 느낀다.

INTP, ISFP, ESFP 남자와 ENTJ, ESTP, INTP 여자는 연애나 결혼보다 일이나 취미생활에 집중하는 편이 나을지도 모른다. 그렇다고 실망하지는 말자. 세상에는 연애와 결혼보다 가치 있는 일이 많고, 무엇보다 이 글을 쓰는 동기가 낙망이나 한숨을 위한 것이 아니기 때문이다. 더 나은 삶을 위한 가능성을 찾는 데 작은 도움이라도 주기 위해 열심히 쓰고 있다. 끝까지 다 읽고 난 후 작은 변화라도 생긴다면 충분히 보람 있는 작업이라고 믿는다.

INTP 남자는 배우자를 만날 확률이 낮다. X가 12개이고, ♥는 3개, ♥♥는 1개에 불과하다. ISFP와 ESFP 남자는 X가 11개다. 여자는 ENTJ가 X 12개, ESTP와 INTP는 X 11개다.

INTP, ESFP 남자와 ENTJ, ESTP 여자의 경우를 살펴보자.
한눈에 들어오도록 표로 정리했다.

INTP 남자 (내향, 직관, 사고, 인식)

- 사랑의 감정이나 상대의 마음을 얻기 위해 어떻게 해야 하는지 잘 모름
- 사랑에 쉽게 빠지지 않음, 대화나 유머 코드가 맞을 때만 재미있음
- 대화가 통하는 여자 원함, 말이 안 통하면 짜증 냄
- 자기 딴에는 헌신한다고 했는데 상대가 몰라주면 힘들어 함
- 남자든 여자든 딩크족이 될 확률이 높음
- 공부 머리는 매우 좋으나 협업이나 실용적인 일은 미숙
- IT 활용 능력은 뛰어나나 오프라인으로 친목이나 유흥을 즐기는 건 싫어함
- 생각이 꽂히면 과몰입함. 관심 있는 분야에는 뛰어나나 일상적인 건 허술.
- 논리적, 수리 추론 능력 탁월, 과학, 공학, 경제학, IT 등에 재능
- 마음은 효자이나 표현이 어렵고, 잘못된 행동은 하지 않으려 함
- 경제학에 관한 지식은 많으나 돈에 대한 감각은 떨어짐. 물질적 소유욕도 없어서 돈 쓸 일도 없음. 재테크도 잘 못 함
- 타인의 감정을 잘 이해하지는 못하지만 상처를 주지는 않음
- 정리 정돈을 잘 못 함
- 학교나 연구실 실험실에서 만날 확률이 높음

· **짝이 맞는 여자**
♥♥ : 같은 INTP를 만나는 게 제일 좋음
♥ : ISTP, INTJ, ENTP는 무난
X : 나머지 전부

· 성향과 생활 태도를 이해해 주지 못할 경우 싸움만 잦음. 비난은 최대한 자제하면서 조종하면 말을 잘 들음.

ESFP 남자 (외향, 감각, 감정, 인식)

- 사랑은 곧 쾌락이라 여기며 즐기려고 함
- 매 순간 여자를 기쁘게 해 주므로 연애 상대로는 아주 좋음
- 여자의 외모를 중시하고 마음에 맞는 상대를 만나면 바로 결혼하려고 함
- 사교적이지만 남자들 사이에서는 인정받지 못함
- 상대의 감정이나 상황에 맞추는 능력이 탁월하나 지금 이 순간 자신의 감정이나 기분에 맞춰 행동하므로 일관성이 없음
- 대체로 효자이나 직접 하기보다 대리 효도 강요
- 사람들과 어울리는 것을 좋아하고 처음 만나는 사람에게도 쉽게 마음을 엶
- 자신의 의견에 반대하거나 비판하는 사람을 매우 꺼림
- 소비성향이 강해 절약하거나 아끼는 것을 싫어함
- 인정이 많아 어려운 사람을 잘 돕고 위로나 격려도 잘함
- 영업직 서비스직에 많고 두각도 나타냄

※ 건강하지 못한 유형 발달의 경우 자존감이 낮아서 자존심만 세우고 허세와 허풍이 매우 심함
육체적 쾌락을 탐하며 깊이가 없고 바람도 잘 피움

· 짝이 맞는 여자
♥♥ : 같은 ESFP를 만나는 게 제일 좋음
♥ : ENFJ, INFP, ENFP는 무난

ENTJ 여자 (외향, 직관, 사고, 판단)

- 호불호 기준이 높고 존경심이 느껴지는 남자에게 반하고 밀당을 싫어함
- 알콩달콩 살아가는 연인이나 배우자보다 함께 세상을 살아가는 동반자, 전우, 스승과 같은 사람을 원함
- 자기 일에 최선을 다하고 노력하는 사람에게 반함
- 자기 관리에 매우 철저
- 상황 예측이 어렵거나, 통제를 벗어나거나, 계획대로 되지 않을 때 스트레스를 크게 받아 감정 조절이 되지 않고 분노를 표출함
- 리더십과 카리스마 있음

※ 건강하지 못한 유형 발달의 경우 타인의 상황이나 감정을 고려하지 않고 가르치려고 함.
성격이 급해서 성급하게 판단과 결정을 내림

· 짝이 맞는 남자
♥♥ : 같은 ENTJ를 만나는 게 제일 좋음
♥ : ESTJ는 무난

ESTP 여자 (외향, 감각, 사고, 인식)

- 있는 그대로의 모습을 좋아하며 즉흥적으로 재미있는 일을 시도하는 사람을 원함
- 이상형은 융통성 있게 대화하며 취미를 공유할 수 있는 사람 상대방과의 수 싸움에 능해서 어설프게 밀당하려고 하다가는 큰코다침
- 함께 하면 지루하지 않고 즐거운 인생을 살게 되겠다는 기대감을 줌
- 선입견 없이 당당하게 삶을 즐길 줄 앎
- 스트레스에 취약해 몸에서 바로 반응이 나타남. 짜증이 늘고 감정 조절이 되지 않으며 집중력이 떨어짐
- 상대가 지나치게 관심을 보이거나 자신의 영역을 침범하면 몹시 싫어함
- 허풍이나 말장난, 과도한 리액션을 싫어함

※ 건강하지 못한 유형 발달의 경우 타인의 잘못이나 실수 등에 민감하게 반응하고 조롱하거나 비난함
친구가 점점 줄어들어 외로워짐

· **짝이 맞는 남자**
♥♥ : 같은 ESTP나 ENTP를 만나는 게 제일 좋음
♥ : ISFJ나 INFJ, ISTP는 무난

· **반드시 피해야 할 유형**
ESTJ, ISTJ, ENTJ, INTJ

❈ INFP 여자를 별도로 서술하는 이유는 재능 있는 여자가 모자라는 남자와 결혼해 일생 동안 고생할 위험이 있기 때문이다. INFP 여자는 공감 능력이 뛰어나고 온정적이며 동정심이 많아서 남자의 뒷바라지를 하고자 한다.

내가 조금만 도와주면 저 남자가 잘되겠지? 이 남자는 불행한 환경에서 자랐으니 저런 거야. 누군가의 희생이 있어야 뛰어난 사람이 되는 거 아냐? 모든 성공한 사람 뒤에는 가족이든 타인이든 헌신한 누군가 있었어. 내가 이 남자의 비료가 될 거야, 그래서 이 남자를 큰 나무로 키울 거야. 이런 생각으로 모자라는 남자와 결혼할 위험이 있고, 결혼한 이후에도 끝없이 헌신하나 결과는 좋지 않다. 무엇보다 나쁜 남자의 표적이 될 위험이 크다.

같은 INFP 남자를 만나거나 NF 기질의 남자인 ENFP, ENFJ, INFJ 남자를 만나는 게 좋다. INTJ, INTP, ENTP, ENTJ는 절대 만나면 안 된다.

MBTI 궁합을 개략적으로 살펴본 결과 MBTI에서 권하는 좋은 궁합은 비슷한 유형이라는 것을 알았다. 비슷한 사람끼리 만나야 잘 산다는 의미다. 균형을 맞추려면 부족한 부분을 채워 주는 오행을 많이 가진 사람을 골라야 한다는 명리학 궁합과는 차이가 있다. 어느 이론이 맞는지 알기 어렵지만 모두 고려하면 선택에 도움이 되리라 믿는다.

2) 명리학 궁합

(예시 1) 과부와 홀아비

과부와 홀아비가 될 팔자가 있을까? 운명의 여신이 너무 가혹하다고 여길지 모르나 분명히 있다.

❈ 과부

정	**무**土	을	신
		정관	
사	술	미	유
		묘	

- 여자의 명식을 부성입묘夫星入墓[7]라 부르는데 정관, 즉 남편이 묘지에 들어가 있다는 뜻이다. 반드시 과부가 된다. 아내가 과부가 되려면 남편인 내가 죽어야 한다. 특별한 조건이 있다. 일간이 갑이나 을인 여자는 명식 중에 신축, 병과 정인 여자는 임진, 무와 기인 여자는 을미, 경과 신인 여자는 병술, 임과 계인 여자는 무진 또는 무술이 '부성입묘'다.

위 명식의 여자는 남편의 극진한 사랑을 받았다. 주변의 모든 여자들

---
7) 이석영 저, 『사주첩경』 권6. 한국역학교육원.

이 부러워했다. 운전면허를 따면 즉시 자동차를 뽑아 주고, 골프 레슨을 시작하는 순간 골프채를 비롯한 용품을 선물하고, 네가 있기 때문에 내가 존재하는 거라며 아내에 대한 사랑을 숨기지 않았다. 정작 본인은 중년이 되기 전에 죽었다. 아내의 명식이 부성입묘이기 때문이다.

잔인한 운명을 피하려는 인간의 노력을 다룬 설화는 많고 많다. 어린 시절 필자는 밤마다 할아버지에게 옛날이야기를 해 달라고 조르곤 했다. 아직도 기억나는 이야기가 있다.

율곡 이이는 강릉 외가에서 태어났다. 아기가 태어난 지 얼마 되지 않았을 때 스님이 목탁을 치면서 탁발을 하러 왔다. 쌀을 한 바가지 얻은 스님이 고개를 갸우뚱하며 혀를 끌끌 차는 것이었다. 분명히 좋지 않은 일이라는 생각에 하인이 스님의 행태를 주인에게 고했다. 율곡의 외할아버지는 버선발로 달려 나가 스님을 붙들고 무슨 액이 있는지 물었다. 스님은 얼마 전에 태어난 손자가 호환을 당할 거라고 말했다. 손자가 호랑이에게 물려갈 거라는 말을 듣자 율곡의 외할아버지는 피할 방도는 없는지 물었다. 스님은 집 뒷산에 밤나무 천 그루를 빽빽하게 심으라고 했다. 율곡의 외할아버지는 밤나무 천 그루를 심었다(율곡栗谷은 밤나무 골짜기라는 뜻이다).

율곡이 대여섯 살 무렵 드디어 호랑이가 율곡을 데리러 왔다. 호랑이는 밤나무가 몇 그루인지 세기 시작했다. 하나, 둘,……구백구십구. 한 그루가 모자랐다. 아싸, 이 아이를 데리고 갈 수 있겠구나. 호랑이는 신이 났다. 그런데 옆에 있던 나무가 갑자기 "나도 밤나무다." 하고 소리쳤다. 깜짝 놀란 호랑이가 "아니, 너도 밤나무란 말이냐?" 하고 물었다. 그러자 "그래, 나도 밤나무야."하고 대답했다. 호랑이는 탄식하며 밤나무 숲을 떠났다고 한다. 그때부터 그 나무는 '너도밤나무'로 불리게 되었다.

너도밤나무에 얽힌 비슷한 설화가 많이 있지만, 이이의 호가 율곡이라서 그런지 이 이야기가 제일 유명하다. 이야기를 들을 당시 필자는 겨우 다섯 살이었지만 화를 피하고자 하는 사람의 마음을 짐작할 수 있었다.

율곡의 할아버지가 밤나무를 심어 호환을 피하고자 했다는 이야기처럼 우리는 과부나 홀아비가 될 사람을 배우자로 선택하지 않을 수 있다. 이미 선택했다면? 개개인의 판단에 따르는 수밖에. 사랑을 위해 목숨을 바치거나 목숨을 걸고 국경을 넘는 사람들도 있으니….

❈ 홀아비

경	계수	계	무
정인		비견	정관
신	묘	해	자
정인	식신	겁재	비견
무(정관)진 대운 정축년 사별			

- 남자의 경우 비견 겁재가 강하면 홀아비가 될 확률이 높다. 물론 모든 명식이 다 그런 것은 아니니 잘 살펴야 한다. 비견 겁재는 나의 동료인데 아내인 재를 치는 존재다. 3개가 있다. 그런데 아내에 해당하는 재

성(정재나 편재)이 없다. 정인은 2개가 있다. 정인은 재의 극을 받지만 정인과 싸우는 동안 재의 힘도 빠진다. 무진 대운(10년 주기로 운세의 강약을 보는 단위)은 정관인데 정관은 아내인 재성의 힘을 빼앗아 정인을 돕고, 정인은 비견을 돕는다. 재성을 치는 비견 겁재의 힘이 더욱 강해지는 10년이 된다. 정축년은 편재 운이다. 축은 정의 **묘지**이다. 명식에 재성이 없는 남자가 연운에서 가까스로 아내를 만났으나 아내가 묘지에 들어 있다. 정축년에 아내가 교통사고로 죽었다.

※ 명식에 재가 없는 남자는 여자에게 관심도 없고 결혼도 못 할까? 그렇지 않다. 갈망이란 자신에게 없는 것을 원하는 마음이다. 남자는 바람둥이였고, 아내가 죽기 훨씬 전부터 정부가 있었다.

(예시 2) 바람기 있는 배우자

이혼 사유 중 가장 큰 비중을 차지하는 건 배우자의 불륜이다. 예전에는 형법에 간통죄가 있었다. 간통죄가 사문화되었지만, 상간녀나 상간남에게 위자료를 청구할 수 있다.

바람기 있는 명식의 소유자는 본인의 의지와 상관없이 바람을 피우게 된다. 피울 수밖에 없는 운명이라는 뜻이다. 바람 끼. 이 끼가 있는지 없는지 명식을 통해 미리 알 수 있다. 조건을 갖춘 사람은 반드시 바람을 피우며 내연녀나 내연남을 둔다.

남자가 많은 여자

정	기	**갑**	무
		정관	
묘 갑 을	미 정을기	인 무병갑	자
정관 갑(암) 편관 을	편관 을(암)	정관 갑	

• 여자는 명암부집[8] 명식이다. 명암부집이란 천간에 출현한 관과 지지에 암장된 관이 많이 모여 있다는 뜻이다. 여자의 명식에서 정관은 남편, 편관은 애인이라고 했다. 묘 아래에 갑을, 미 아래에 정을기, 인 아래에 무병갑이라고 적혀 있다. 지지(12지)는 모두 한두 개의 성질이 다른 오행을 가지고 있다. 지장간※이라 부른다. 천간에 갑목이 있는데 지지에 을 2개, 갑 2개가 또 있다. 정관 편관이 총 5개다. 5명의 남자가 있다는 의미는 아니지만, 이 여자는 반드시 바람을 피운다. 이처럼 숨어 있는 오행이 오묘한 변화를 부린다는 것만 알아두자. 여명에서 명암부집을 크게 꺼리는 이유는 남편과 애인이 줄줄이 있어서 여러 번 결혼하거나 파트너를 바꿔 가며 바람을 피우기 때문이다.

※ 지지는 아래 표와 같이 여러 개의 간을 암장(숨겨서 가지고)하고 있다. 기억해 두자.

---

8) 이석영 저, 『사주첩경』 권6. 한국역학교육원.

12지	자	축	인	묘	진	사	오	미	신	유	술	해
지장간	임계	계신기	무병갑	갑을	을계무	무경병	병정	정을기	무임경	경신	신정무	무갑임

❊ 팔난봉꾼 남자

제우스가 바람둥이 신이었다면 인간 중에서 최고의 바람둥이로 불리는 남자는 카사노바다. 카사노바는 오입질 이상으로 경력이 다채롭다. 시와 평론을 쓰고 일리어드를 번역했으며 베네치아의 귀족 사회를 풍자하는 소책자를 펴내기도 했다. 타고난 바람기는 지성이나 교양으로도 어떻게 할 수 없다. 명식으로 알 수 있다면 미리 살펴보는 게 좋지 않을까?

계수	**무**토	정	갑
정재	+	정인	편관
해수	자수	축	오
편재	정재	겁재	정인
절	태	양	제왕

• 남자가 여러 여자를 거느리려면 '나'인 일간이 **반드시 강**해야 한다. 남자 명식에서 나는 무토다. 양의 흙이다. 음의 흙인 축토가 있고, 나를 생하는 정인이 2개다. 강한 남자다. 남자에게 재財는 여자 또는 재물이라

고 했다. 편재 1개, 정재 2개가 있다. 남자 명식에서 일간이 **양**(반드시 양이라야 한다)이고 강한데 정재와 편재가 가로든 세로든 나란히 있으면 반드시 내연녀가 있거나 여러 번 결혼한다. 이 남자는 가로로도, 세로로도 나란히 있다. 게다가 수水도 강하다. 계, 해, 자가 모두 수다. 수가 강한 사람은 정력이 세다. 남녀 공히 그렇다. 일간이 강하고, 수가 강하고, 재가 많으니 명실상부한 호색한이다. 그런데 카사노바처럼 여자를 존중해 주면서 꼬시는 스타일이 아니다. 취향에 맞는지, 예쁜 여자인지도 따지지 않는다. 치마만 두르고 있으면 좋아한다고 해도 과언이 아니다. 이 남자는 여러 번 결혼했고, 모든 룸살롱 아가씨들이 단골이라고 할 정도로 끊임없이 오입질을 했다.

※ 돈이 많은 남자와 결혼하고 싶어 하면서 남편이 자기만 바라보기를 원하면 안 된다. 남자에게 재財는 여자이자 돈이기 때문이다. 재 = 여자 = 돈이다. 돈이 많다는 건 여자가 많다는 의미와 같다. 돈은 많되 여자는 나 한 명뿐이라야 한다는 주장은 이기적인 욕심일 뿐이다. 하나를 얻기 위해서는 다른 하나를 버려야 한다.

(예시 3) 싸우는 사이(천충지충)

천지덕합과 반대의 경우다. 일주의 천간은 천간끼리 지지는 지지끼리 충이 된다(싸운다). 부부 사이에 다툼이 끊이지 않는다.

임	**갑**	정	갑
	경충		
신	**신**	축	오
	인충		
남자			

정	**경**	신	병
	갑충		
해	**인**	축	신
	신충		
여자			

• 천충지충이다. 남자의 일간은 갑이고 여자의 일간은 경이다. 갑과 경은 서로 충한다. 충이란 전투가 일어났다는 뜻이다. 갑은 나무고 경은 도끼다. 남자의 일지는 신이고 여자의 일지는 인이다. 신과 인도 서로 충한다. 신이 도끼고 인이 나무다. 이 남녀의 명식은 천간은 천간끼리, 지지는 지지끼리 싸운다. 지지는 땅인데 충이 되니 지진이 난 것처럼 땅이 흔들린다. 천간은 서 있기도 힘든 상태에서 싸움을 계속한다. 이렇게 되면 안정을 기대하기 어렵다. 잠시도 편안하지 않다. 이 부부는 사사건건 의견이 맞지 않아서 다투게 된다. 설령 한쪽이 입이 무거워 침묵하더라도 마음속에는 불평이 가득하다. 오래 살지 못하고 헤어진다.

❄ 이 여자는 좋은 궁합 예시 4 천지덕합에 나왔던 명식과 완전히 같다. 명식은 같은데 살아가는 모습은 백 퍼센트 다르다. 어떻게 이런 일이 일어난 걸까?

이런 의문이 생길 것이다. 생년월일시가 같은 사람의 운명은 모두 같을까? 그렇지 않다. 한날한시에 태어났다고 하더라도 어떤 부모 밑에 태어났느냐에 따라 달라진다. 성장환경이 다른 탓이다. 부모는 환경이다.

바람에 날아간 민들레 홀씨는 양지바른 흙에 안착할 수도 있고, 계단이나 돌 틈에 끼일 수도 있고, 건물 옥상의 시멘트 바닥에 떨어질 수도 있다. 양지바른 흙 위에 떨어진 민들레 홀씨는 평화롭게 자라서 크고 노란 꽃을 피울 것이다. 계단이나 돌 틈에 낀 홀씨는 어렵사리 싹을 틔워야 한다. 옥상의 시멘트 바닥은 그야말로 오지다. 간신히 살아남아도 줄기는 가늘고 꽃도 작다. 이처럼 부모는 환경이 된다. 결혼한 이후까지 모든 지원을 다 하는 부모도 있고, 한 부모 가정으로 쪼개지기도 하고, 아이를 버리기도 한다.

인생이란 어떤 변수가 내게 유리한지 판단하고 선택하는 과정이라고 할 수 있다. 불행하게도 우리는 부모를 선택해서 태어날 수 없다. 그러나 배우자는 선택할 수 있다. 어떤 배우자를 만나느냐에 따라 인생이 달라진다. 한 여자는 이혼하고 한 여자는 행복하게 살았다. 그래서 **배우자**가 중요하다. 배우자가 운명을 바꾸는 중요한 변수가 된다.

천충과 지충은 아래 표에 있다. 합이 은애하는 사이도 되고 훼방꾼도 되는 것처럼 충도 반드시 나쁜 것만은 아니다. 위급한 상황에서는 구원투수가 될 수 있다.

천충	갑	을	병	정
	경	신	임	계

지충	자	축	인	묘	진	사
	오	미	신	유	술	해

(예시 4) 양팔통과 음팔통

양팔통이란 명식의 간지가 모두 양으로 이루어진 남자를 말한다. 반드시 **남자**라야 한다. 여자의 경우에는 양팔통이라는 말을 쓰지 않는다. 양인 남자가 양으로만 이루어진 명식을 가졌을 때 쓴다. 마찬가지로 음인 **여자**가 음으로만 이루어진 명식을 가졌을 때 **음팔통**이라고 부른다. 양팔통은 양이 지나쳐서 음이 설 자리가 없고, 음팔통은 음이 지나쳐서 양이 설 자리가 없다. 만년 독신 명식이다. 결혼해도 깨진다.

경	임	무	갑
+	+	+	+
술	인	진	진
+	+	+	+
양팔통 남자			

을	기	정	기
-	-	-	-
축	유	묘	해
-	-	-	-
음팔통 여자			

❀ 양팔통 남자

양팔통 남자는 겉으로 보기에는 남자답고 시원시원해 보인다. 주도적이고 자발적이며 자신감이 높아 보이나 속지 말아야 한다. 겉보기와 달리 이해심이 적고 자신이 최고인 줄 안다. 음이 가지는 성질이 전혀 없어서 진심으로 여자를(타인을) 이해하려는 면이 부족하다. 자기 위주로 생각하기 때문에 잘못된 건 모두 남탓으로 돌린다. 심리학에서는 이런 성향을 외적통제위(External locus of control)라고 부른다. 운이나 외부 요인이 결과를 좌우한다고 생각하기 때문에 세상이나 사람에 대한 이해력과 공감 능력이 떨어진다. 자신의 능력을 과대평가하기 때문에 직장 생활도 잘해내기 어렵다. 위 명식의 양팔통 남자는 결혼했으나 1년도 안 되어 헤어졌고 여러 직업을 전전했다.

음팔통 여자

위 명식의 여자는 어두운 골방에 홀로 들어앉아 있는 형국이다. 주위 환경이나 사람에 관한 관심이 전혀 없다고 해도 과언이 아니다. 호기심 또한 적다. 자신이 애정을 쏟는 대상에게만 엄청나게 집착한다. 아이에게 진정으로 좋은 게 무엇인지 생각하지 않고 하고 싶은 대로 하게 해 준다. 과자를 좋아하면 과자를 잔뜩 사 놓는다. 균형 잡힌 식사를 하도록 지도해야 한다는 생각은 하지 못한다. 20대에 결혼했으나 30대 후반에 이혼했다. 직장 생활은 하고 있으나 자신의 의견을 개진하거나 적극적으로 일하지 않는다. 말이 없으므로 무난해 보이나 사실은 대인기피증에 가깝다. 안으로, 안으로, 안으로 침잠하기 때문에 누구와도 친밀한 관계를 맺기 어렵다. 양팔통과 반대 성향이라 하여 결과가 자신 덕분이라고 생각하는 내적통제위(Internal Locus of Control)인 것은 아니다. 오히려 조용히 자기 잇속만 차리는 사람에 가깝다.

> ※ 음양의 조화는 필수불가결한 요소다. 낮만 계속되거나 밤만 계속된다고 생각해 보라. 어둠이 무엇인지 모르고 밝음이 무엇인지 모를 것이다. 명식도 같다. 음양이 적절하게 섞여 있어야 한다.
> 10간과 12지의 음양은 9페이지에 이미 나와 있으나 복습하는 의미에서 다시 적는다. 10간 중 갑, 병, 무, 경, 임은 양이고, 을, 정, 기, 신, 계는 음이다. 12지 중 자, 인, 진, 오, 신, 술은 양이고 축, 묘, 사, 미, 유, 해는 음이다.

(예시 5) 독신으로 사는 게 좋은 사람

❋ 일지에 편관이 있고 신약身弱한 여자

　신약하다는 말은 '나'인 일간이 약하다는 의미다. 나하고 같거나, 나를 돕는 것은 적고 나를 치거나 내 기운을 빼 가는 것들이 많다. 여자 명식에 일지에 편관이 있고, 편관이 재성의 생조를 받으면 남편의 성질이 난폭하다. 편관이란 나를 치는 것인데 그 편관이 재성의 도움을 받으니 힘이 더 세진다. 편관의 동료까지 또 있다면 어떻게 되겠는가. 나는 고양이 앞의 쥐처럼 평생 벌벌 떨면서 살아야 한다. 결혼하지 말고 혼자 사는 게 좋다.

임수	**기토**	정화	기토
정재			
술토	묘목	묘목	해수
	편관	편관	정재

• 여자는 묘목 월에 태어난 기토다. 태어난 달이 중요하다고 했다. 월지가 나를 치는 편관이고, 일지도 편관이다. 편관을 돕는 정재가 2개 있다(육친으로는 재생관, 오행으로는 수생목). 나와 같은 술토, 기토가 있고 나를 생하는 정화가 있다고 하나 편관의 힘이 훨씬 강하다. 이럴 때 편관은 살殺로 변한다. 난폭한 남편을 만난다. 혼자 사는 게 상책이다. 특히 명식에 목이 많은 남자는 절대 안 된다.

❀ 속이고 제멋대로인 아내를 만날 남자

관성이 약한데 재성이 없는 명식에서 인성이 강하거나 비겁이 많으면 내 말에 거역하거나 속이고 자기 맘대로 하는 아내를 만난다. 내가 이런 아내를 만날 소질을 가지고 있다는 사실을 명심하고 피할 방도를 찾아야 한다.

을	**정화**	병	계수
편인		겁재	편관
사	미	진	사
겁재	식신	상관	겁재

- 남자에게 관성은 아주 중요하다. 자식이자 명예이기 때문이다. 재는 관의 뿌리가 된다. 자식을 잘 기르고 남편을 출세시킨다.

이 남자는 나와 같은 겁재가 3개, 나를 생하는 편인이 1개 있어서 약하지 않다. 능히 편관을 감당할 수 있다. 그런데 편관은 계수 하나인데 편관을 극하는 식신과 상관이 있다. 외로운 편관이 식신 상관의 극을 받고 있다(작은 물이 흙에 모두 흡수되어 흔적 없이 사라질 위기다. 만일 재성이 있다면 식상생재, 재생관하여 좋아진다). 편관은 자식이자 명예인데 뿌리가 되는 재성이 없으니 허공에 떠 있는 구름과 같다. 처덕도 없고 자식 복도 없으니 혼자 사는 게 낫다. 혹여 결혼해도 아내가 제 맘대로 할 뿐 내게 도움이 안 된다. 이런 남자가 관성인 수를 극하는 토가 강한 여자를 만나면 최악이 된다.

✤ 원진살이 있는 경우

원진怨嗔살은 눈 흘기며 미워한다는 살로 궁합의 주요 점검 항목이다. 부부나 부모형제 사이에도 원진살이 있으면 단절시키고 떨어뜨려 서로 연결되지 못하게 하므로 사이가 나빠진다. 연지에 월일시의 지지를 대비하여 찾는다.

연지	인	묘	진	사	오	미	신	유	술	해	자	축
양남음녀	유	술	해	자	축	인	묘	진	사	오	미	신
음남양녀	미	신	유	술	해	자	축	인	묘	진	사	오

3) 속궁합

　속궁합이란 성적인 궁합, 즉 섹스 궁합이다. MBTI가 엄청난 통계 수치를 가지고 있다고 하나 속궁합에 대한 것은 없다. 섹스는 해 보아야 잘 맞는지 알 수 있지 않을까? 변강쇠라는 영화가 있었다. 3편까지 나왔는데 원미경이라는 여배우가 옹녀 역으로 1편과 2편에 출연했다. 영화 제목이 변강쇠이니 남자 주인공이 인기가 있어야 하는데 의외로 옹녀 역을 맡은 원미경이 더 인기였다. 옹녀는 판소리 '가루지기타령'에 변강쇠의 천생연분으로 나오는 여자다.

　여성을 성적으로 만족시키는 것을 넘어 아예 반 죽여 버리는 남자를 변강쇠라고 부른다. 변강쇠와 섹스한 여자들은 모두 앓아누웠는데 옹녀는 멀쩡했다. 옹녀와 섹스한 남자들은 모두 죽었는데 변강쇠는 죽지 않았다. 속궁합이 얼마나 중요한지에 대한 대표적인 이야기다.

　섹스 궁합에 관한 것으로 요즘 젊은이들 사이에서 은밀하게 회자되는 BDSM 테스트라는 게 있다. BDSM 역시 오행론의 음양처럼 구속(Bondage)과 훈육(Discipline), 지배(Dominance)와 굴복(Submission), 가학(Sadism)과 피학(Masochism)이라는 대극성을 가진 세 가지 지표로 성적 성향을 파악한다. 총 22가지 유형으로 분류되는데 성격검사 프로파일처럼 그럴듯한 문장으로 결과지를 만들었지만, 막상 검사를 해 보면 사디스트와 마조히스트를 감별하는 검사처럼 느껴진다. 많은 문항이 그렇게 구성되어 있다. 본인이 특별한 성적 취향을 가졌다면 상대의 성향을 파악할 필요는 있겠으나 보편적으로 해 볼 검사는 아니다.

　한국인의 성생활 만족도는 아주 낮은 편이라는 게 여러 조사에서 밝혀

졌다. 성생활 만족도가 높은 나라는 스위스, 네덜란드, 덴마크처럼 개방적인 나라다. 우리나라는 학부모들이 들고일어나는 통에 아직 학교에서 아이들에게 콘돔 사용법조차 가르치지 못하고 있다. 반면에 성 만족도가 높은 나라에서는 남성 성기 모형에 콘돔을 씌우는 법을 학교에서 가르친다. 여성용 자위 기구의 사용법까지 공영 방송에서 방송한다. 30년 전 암스테르담에 갔을 때 가장 놀랐던 건 쇼윈도에 버젓이 전시된 성인용품이었다. 우리나라는 지금도 이렇게 하지 못한다.

우리나라 국민을 대상으로 한 설문조사에서도 성관계 만족도가 높을수록 행복감이 높다는 결과가 나와 있다. 아이들이 포르노 사이트에서 성을 배우지 않아도 되도록 양지에서 가르쳐야 하지만 언제 실현될지는 미지수다.

진정한 의미에서 완전한 섹스는 어떤 호르몬을 분비하느냐로 판가름된다. 엔도르핀이나 도파민뿐만 아니라 옥시토신까지 나올 때 진정한 절정을 경험하게 된다고 한다. 엔도르핀은 인체가 만들어 내는 모르핀이다. 도파민은 쾌락과 욕망에 영향을 미친다. 연구에 의하면 남자의 경우 매춘이나 원나잇 스탠드(One-night stand)로는 옥시토신이 나오지 않는다고 한다. 옥시토신은 자궁을 수축시켜 아기가 세상 밖으로 나오게 하고, 젖을 분비하도록 명령하는 물질이다. 이런 옥시토신이 가족과 포옹을 하거나 연인과 성행위를 할 때 분비된다. 사랑의 감정이 충만한 성행위에서만 분비되기 때문에 매춘이나 원나잇 스탠드에서는 경험할 수 없다고 한다.

명리학에서는 일찌감치 이 속궁합에 대한 이론도 세워 두었다. 전술한

궁합론과 후술할 성품론, 건강론과 더불어 속궁합까지 알 수 있다면 금상첨화가 아닐까. 속궁합에서는 성기의 사이즈도 중요하다. 보통 남자의 크기만 중요시하나 여자의 크기도 역시 중요하다. 남녀 공히 크거나 작으면 만족감이 떨어진다. 딱 맞는 게 제일 좋다. 명리학으로 속궁합 맞추는 법을 소개한다.

　속궁합을 볼 때는 '명궁'을 이용한다. 명궁은 태양의 궤적인 황도[9]를 중요시하는데 명궁을 찾는 방법이 아주 복잡하다. 메타버스 시대이니 원리나 찾는 법을 배울 필요 없이 결과만 응용하자. 두 사람의 명궁이 같으면 최고의 배합이고, 합이 되거나 상생으로 작용하면 좋은 배합으로 본다. '명궁불상대'에 해당하면 매우 나쁜 배합으로 해석한다.

　〈표 4〉는 명궁표이다. 월지와 시지를 대입하면 나의 명궁을 알 수 있다. 상대의 명궁도 같은 방법으로 찾는다. 〈표 5〉는 명궁불상대표이다. 명궁불상대는 절대로 만나면 안 되는 궁합이다. 재미도 없고 하기도 싫다. 그러니 불화하고 싸우게 된다. '불상대'에 해당하는 사람은 피해야 한다. 합은 지지의 합과 같다(50P 참조). 불상대의 경우든 최고의 배합이든 몇 번 해 보면 알 수 있겠으나 만나서 몸을 섞는 과정이 복잡하고 번거롭다. 미리 알면 도움이 될 것이다.

---

[9] 지구 주위로 태양이 회전한다고 생각할 때 태양의 겉보기 연중 경로인 천구(天球)에서의 대원(大圓)이 이루는 평면을 황도면이라 한다. 그리고 이 황도 평면이 지구 적도를 지나는 평면과 만드는 각을 황도경사라고 한다. 태양계 내의 실제 운동에서 지구궤도의 평면은 황도면에 해당한다. 즉, 지표면과 지구 궤도면의 교선(交線)은 황도를 지표면에 투영한 것과 같다. 이 교선 위에서 가장 북쪽에 있는 점과 가장 남쪽에 있는 점을 각각 북회귀선과 남회귀선의 위도로 정의한다.

월지 시지	인월	묘월	진월	사월	오월	미월	신월	유월	술월	해월	자월	축월
자	묘	인	축	자	해	술	유	신	미	오	사	진
축	인	축	자	해	술	유	신	미	오	사	진	묘
인	축	자	해	술	유	신	미	오	사	진	묘	인
묘	자	해	술	유	신	미	오	사	진	묘	인	축
진	해	술	유	신	미	오	사	진	묘	인	축	자
사	술	유	신	미	오	사	진	묘	인	축	자	해
오	유	신	미	오	사	진	묘	인	축	자	해	술
미	신	미	오	사	진	묘	인	축	자	해	술	유
신	미	오	사	진	묘	인	축	자	해	술	유	신
유	오	사	진	묘	인	축	자	해	술	유	신	미
술	사	진	묘	인	축	자	해	술	유	신	미	오
해	진	묘	인	축	자	해	술	유	신	미	오	사

〈표 4〉 명궁표

명궁	자	축	인	묘	진	사	오	미	신	유	술	해
만나면 안 되는 명궁	사오미해	오미	묘신유	인진신유	묘술해	자오해	자축사해	자축	인묘유술	인묘신술	진신유	진사오

〈표 5〉 명궁불상대표

4) 궁합론 정리

　MBTI 궁합은 BEST(♥♥), GOOD(♥), BAD(x) 세 가지로 간략하게 표로 나와 있으므로 검사를 실시하고 결과를 비교하면 된다.
　명리학은 보다 복잡하다. 명식을 만들 때 참고해야 할 사항이 더 많고 해석도 까다롭다. 12운성이니, 신살이니, 합이니, 형충파해니, 대운이니, 세운이니 해서 나에게 영향을 주는 많은 요소를 살펴야 한다. 길이라고 해서 고속도로만 있는 건 아니다. 국도도 있고, 지방도도 있고, 비포장도로도 있고, 골목도 있다. 고속도로에도 싱크홀이 있을 수 있고, 산사태가 나서 도로가 매몰될 수도 있다. 비바람이 몰아칠 수도 있고 폭설이 내릴 수도 있다. 명리학에서는 이 모든 것을 살핀다. 폭설이 내렸을 때는 제설차를 가지고 와서 눈을 치워 줄 사람이 필요하다. 이렇게 세밀한 것까지 반영해서 적합한 사람을 찾으려면 전문가가 되어야 한다.
　그러나 나쁜 궁합에 나온 사례와 명궁불상대만 알아도 최악의 경우는 피할 수 있다. 명리학 궁합 중 일부를 예시했을 뿐이지만, 앞으로 나올 성품과 직업과 건강까지 알고 나면 최선은 아니라고 하더라도 차선 정도는 선택할 수 있을 것이다. 정서적으로 맞고, 속궁합도 맞으면 당연히 더 행복할 것이다.
　생존의 문제가 해결되면 개체는 행복을 추구하기 위해 전력투구한다. 시행착오를 줄이고 싶다면 조금 어렵다고 느낄지라도 끝까지 읽는 인내심을 가져야 한다. 어려움을 극복했을 때 성취감도 큰 법이니까.

III.
성품론性品論

1. MBTI 성격

1) 4가지 선호지표

성격론이라고 하지 않고 성품론이라고 한 이유는 성격의 사전적 의미가 '각 개인이 지닌 특유한 성질이나 품성'인 데 비해 성품은 '사람의 성질과 됨됨이'이기 때문이다.

서양의 성격검사가 단순히 개인의 성격 특질에 관한 것이라면 명리학의 성품은 개인의 됨됨이까지 포함한다. 도리道理(사람이 행해야 할 바른 길)를 영어로 번역하면 Duty(의무)가 된다. 도리와 의무는 비슷하면서도 많이 다르다. 도리에는 강요의 의미가 내재되어 있지 않지만, 의무에는 강요가 내재되어 있다. 납세의 의무라는 말은 있지만, 납세의 도리라는 말은 없다. 사람의 도리라는 말은 쓰지만, 사람의 의무라는 말은 쓰지 않는다. 부모의 도리, 자식의 도리라는 말에는 끈끈한 정이 느껴지지만, 양육의 의무, 부양의 의무라는 말에서는 이런 정겨움을 느낄 수 없다.

이처럼 동양철학에는 서양철학과 다른 무엇이 있다. 이런 무엇이 성격과 심리를 탐구하는 방향에도 차이를 가져왔다고 믿는다. 선천적인 성격을 좌우하는 건 유전인자다. 사람의 외모는 개인의 DNA에 내장된 많은 형질 중 표현형이 발현된 결과다. 표현형 이외의 형질은 열성이라는 이름으로 잠재되어 있다. 잠재되어 있건 드러났건 선천적으로 가지고 있다는 사실이 중요하다. DNA란 정자와 난자가 수정되는 순간 저절로 획득한 것이다. 내가 노력해서 얻는 것이 아니다. 성격검사도 명리학도 이런 선천성을 탐구한다.

그러나 성격도 환경의 영향을 받는다. 외향적인 사람도 오랜 기간 억압적인 환경에서 생활하면 내향적인 사람이 되고, 내향적인 사람도 자기표현이 존중받는 환경에서 살면 외향적으로 변한다. 명리학에서도 운세의 흐름에 따라 성격이 변한다고 본다. 본질은 변하지 않으나 환경이나 운세의 흐름에 따라 달라질 수 있다는 의미다.

먼저 성격이 선천적이라는 전제하에 기본 성품을 살펴보기로 하자.

MBTI가 사람의 성격을 빠르고 쉽게 판별할 수 있는 가장 유용한 도구임에는 의심의 여지가 없지만, 개인의 고유한 성격 유형을 파악할 수 있을 뿐 우울증이나 정신질환 같은 정서적 장애는 알 수 없다. MBTI 외에도 수많은 성격검사가 있다.

정서적 장애나 이상심리는 미네소타 대학 연구팀이 개발한 MMPI(Minnesota Multiphasic Personality Inventory)를 통해 알 수 있다. 신뢰도와 타당도가 높은 검사이기 때문에 정신병리 진단에 있어서는 MMPI를 능가하는 검사가 없지만, 피검사자가 임상심리사나 정신건강의학과 전문의가 있는 곳으로 찾아가야 하고, 550문항이나 되는 검사를 해야 하고, 검사와 해석을 위해 상당한 비용을 지불해야 한다는 문제가 있다.

사주팔자의 분석을 통해 정서 장애 가능성을 알 수 있으나 이와 관련된 자세한 사항은 건강론에서 다루기로 하고 이 장에서는 MBTI와 명리학의 성격 유형만 비교하기로 한다.

MBTI는 대립하는 4가지 지표를 사용해 성격 유형을 분류한다. 대립

되는 네 지표의 대문자를 따서 16가지 유형을 정했다. 내향적(I)이고, 직관적(N)이며, 사고형(T)이고, 인식형(P)이라면 INTP가 된다.

지표	선호경향	주요활동	지표
외 향 Extroversion	에너지의 방향은 어느 쪽인가?	주의초점	내 향 Introversion
감 각 Sensing	무엇을 인식하는가?	인식기능	직 관 iNtuition
사 고 Thinking	어떻게 결정하는가?	판단기능	감 정 Feeling
판 단 Judging	채택하는 생활양 식은 무엇인가?	생활양식	인 식 Perceiving

• 외향형과 내향형은 에너지의 방향에 따른 분류이다. 외향형은 에너지가 바깥으로 향하기 때문에 사람을 만나야 에너지를 얻는다. 내향형은 에너지가 안으로 향하기 때문에 자신의 내부로부터, 다시 말해 혼자 있을 때 에너지가 충전된다. 외향형인 사람이 끊임없이 집 밖을 떠도는 건 에너지를 얻기 위해서이고, 내향형인 사람이 오타쿠 아니냐는 오해를 받을 정도로 혼자 있기를 즐기는 것 역시 에너지를 얻기 위해서이다.

고독과 외로움은 다르다. 고독은 '홀로 있는 듯이 외롭고 쓸쓸함'이고 외로움은 '혼자가 되어 적적하고 쓸쓸한 느낌'이다. 내향형은 고독해도 외로움을 느끼지 않는 사람이다. 고독을 즐긴다고나 할까? 외향형은 화가 나면 표정에 금방 드러나지만 내향형은 조용히 자기 자신을 들여다 본다.

- 감각형과 직관형은 정보를 인식하는 방법이 다르다. 오감을 통해 정보를 인식하면 감각형이고, 이면의 의미나 대상들 간의 연관성을 통해 정보를 인식하면 직관형이다. 감각형은 대상을 정확하게 묘사하려고 하고 순서에 따라 설명하려고 하나 직관형은 전체적인 흐름을 파악한 후 설명한다. 감각형은 나무를 보고 직관형은 숲을 본다. 감각형은 반복되는 절차를 따르는 과정에서 집중력을 보이나 직관형은 반복되는 일보다 창조성을 발휘할 수 있을 때 보람을 느낀다.
- 사고형과 감정형은 어떻게 결론을 도출하는가에 따라 나뉜다. 사고형은 매사에 분석적이고 솔직하나 감정형은 자신의 정서를 대입해 공감하려 한다. 사고형은 상황과 자신을 분리하므로 냉정하나 감정형은 자신의 감정과 상황이 분리되지 않아 눈물부터 흘리고 본다.
- 판단형과 인식형의 차이는 어떤 방식으로 결정을 내리는가이다. 판단형은 일정 선에서 결정하거나 판단을 내리기 때문에 신속하게 결정하며 계획적이다. 인식형은 정보를 계속 받아들이며 저울질하기 때문에 결정을 유보하려고 하는 대신 융통성이 있다. 남들이 보기에 판단형은 성질이 급해 보이고, 인식형은 답답해 보인다.

〈표 6〉은 4가지 선호지표의 대표적인 표현 특질이다.[10]

---

10) 한국심리검사연구소, 「MBTI Gs형 프로파일」.

E	**외향형(Extroversion)**		**I**	**내향형(Introversion)**	
	폭넓은 대인관계 유지. 사교적 정열적 활동적			깊이 있는 대인관계 유지. 조용하고 신중하며 이해한 후에 행동	
	외부에 주의 집중 외부활동과 적극성 정열적, 활동적	말로 표현 경험한 후 이해 쉽게 알려짐		내부에 주의 집중 내부활동과 집중력 조용함, 신중함	글로 표현 이해한 후 경험 서서히 알려짐
S	**감각형(Sensing)**		**N**	**직관형(iNtuition)**	
	오감 의존, 실제 경험 중시. 지금 현실에 초점. 정확하고 철저하게 일처리			육감 내지 영감에 의존 미래지향적, 가능성과 의미 추구 신속, 비약적으로 일처리	
	지금 현실에 초점 실제 경험 중시 정확하고 철저한 일처리	사실적 묘사. 나무를 보려는 경향. 가꾸고 추수함		미래, 가능성에 초점 아이디어 신속하고 비약적인 일처리	비유적, 암시적 묘사 숲을 보려는 경향 씨 뿌림
T	**사고형(Thinking)**		**F**	**감정형(Feeling)**	
	진실과 사실에 관심 논리적 분석적 객관적으로 사실 판단			사람과의 관계에 관심 주변 상황을 고려하여 판단	
	진실, 사실에 관심 원리와 원칙 논리적, 분석적	맞다 틀리다 판단. 규범, 기준 중시. 지적 논평		사람, 관계에 관심 의미와 영향 상황적, 포괄적	'좋다, 나쁘다' 판단 나에게 주는 의미를 중시. 우호적 협조

	판단형(Judging)			인식형(Perceiving)	
J	분명한 목적과 방향 있음 기한 엄수, 사전에 철저히 계획, 체계적		P	목적과 방향 변화 가능 상황에 따라 일정 변경 가능 자율적이고 융통성이 있음	
	정리정돈과 계획 의지적 추진 신속한 결론 통제와 조정	분명한 목적의 식과 방향감각 뚜렷한 기준과 자기의사		상황에 맞추는 개방성. 이해로 수용 유유자적한 과정 융통과 적응	목적과 방향은 변형 가능하다 는 개방성 재량에 따라 처 리될 수 있는 포 용성

〈표 6〉 4가지 선호지표의 대표적인 표현

2) 16가지 유형의 성격 특징

MBTI 16가지 유형의 성격 특징을 표로 정리했다.[11]

ESTJ (외향, 감각, 사고, 판단)	
별명	사업가형, 일의 불도저, 모 아니면 도, 속전속결, 기세등등
장점	조직을 이끄는 리더십, 추진력, 규칙 중시, 높은 성과, 합리적
단점	지나치게 일 중심, 속단속결, 정서 관심 무, 이면의 가치 고려 못 함
INFP (내향, 직관, 감정, 인식)	
별명	몽상가, 고독한 로맨티스트, 자유바라기
장점	온정적, 이해심, 관대함, 통찰력, 의미와 신념 중시, 이면을 보는 안목
단점	모든 사람을 만족시키려 함, 일은 많이 벌이나 마무리는 안 됨. 이상과 현실의 구분이 어려움
ENTJ (외향, 직관, 사고, 판단)	
별명	지도자형, 사령관, 카리스마, 조국의 태양, 유아독존, 고독한 개척자
장점	논리적 분석적, 장기적 안목, 추진력, 지적 아이디어, 통솔력, 복잡한 문제에 강함
단점	경청이 약함, 감정을 인정하고 표현하기가 어려움, 독단적 요소, 약한 인내심

---

11) 고영재 저, 『당신이 알던 MBTI는 진짜 MBTI가 아니다』, 인스피레이션.

ISFP (내향, 감각, 감정, 인식)	
별명	성인군자형, 순둥이, 어리버리 천사, 벙어리 냉가슴, 솜사탕
장점	동정적, 겸손함, 여유 있는 일처리, 개방적, 융통성, 예술적 감각
단점	남을 비판하지 못함, 자신의 능력을 알릴 필요, 객관적 분석력, 추진력
ENTP (외향, 직관, 사고, 인식)	
별명	발명가형, 상상 초월, 카오스 이론, 맞짱, 만능 아이디어맨
장점	넓은 안목(흐름 파악), 다재다능, 독창적 혁신가, 자신감, 박식함, 열정적이고 활기참
단점	세부 사항 경시, 일상 반복 취약, 이론에 강하나 현실에 취약, 질서 무시
ISFJ (내향, 감각, 감정, 판단)	
별명	임금 뒤편의 권력형, 아낌없이 주는 나무, 왕배려, 가시고기, 가슴앓이, 현모양처
장점	온정적, 헌신적, 침착하고 끈기 있음(안정감), 세심한 관찰력, 현실감각 뛰어남
단점	주체성 개발 요함, 명령 지시 통제 리더십 약함, 잔걱정 많음(비관적 경향), 현상의 이면을 못 봄
ENFP (외향, 직관, 감정, 인식)	
별명	스파크형, 궤도 이탈, 매일을 새날같이, 영원한 청춘
장점	창의적, 영감과 통찰력, 열정적, 강렬한 호기심, 만남 즐김, 가능성에 도전

단점	일상 반복 약함, 세부사항 간과, 마무리 약함, 조직적 일에 미숙, 일을 너무 많이 벌임
ISTJ (내향, 감각, 사고, 판단)	
별명	세상의 소금형, FM, 우표, 마스터플랜, 락앤락, 보증수표, 지나친 유비무환
장점	강한 책임감, 신중함, 조직적 일처리, 반복에 능한, 치밀함, 비판에 강함, 조직에 충성
단점	타인 감정 무시(관계 취약), 부차적 일에 집착, 지나친 결벽 추구, 변화를 거부
ESFP (외향, 감각, 감정, 인식)	
별명	행동파, 사교적인 유형, 기쁨조, 분위기 메이커, 개구쟁이, 바니, 행복 추구자, 오버걸
장점	친절, 관용적(인간 중심), 대인관계 능숙, 상식 풍부, 분위기 메이커(늘 행복), 대가 없는 도움
단점	일과 놀이 조절 안 됨, 깊이 결여, 마무리 약함, 시간과 돈 관리 취약
INTJ (내향, 직관, 사고, 판단)	
별명	과학자형, 날 설득해 봐, 지적 카리스마, Not exactly, 로댕의 생각하는 사람
장점	강한 내적 신념과 비전, 목적에 대한 의지와 결단, 복잡한 문제에 능함, 냉철한 분석, 뛰어난 통찰
단점	독단적 위험, 팀으로 일해보는 경험 필요, 일과 사생활 균형 요함

	ESTP (외향, 감각, 사고, 인식)
별명	수완 좋은 활동가, 폼생폼사, 발등에 불, 예측불허, 베짱이, 잔머리 대가, Just do it
장점	정에 얽매이지 않음, 선입견 없고 개방적, 예술적 멋과 감각, 타고난 재치와 사교력, 생활 자체를 즐김
단점	이론 개념에 무관심, 마무리 안 됨(책임감 없음), 즉흥적 행동 (시간, 돈 낭비 많음)
	INFJ (내향, 직관, 감정, 판단)
별명	예언자형, 작가, 양파, 내 속엔 내가 너무도 많아
장점	창의력, 탁월한 영감, 독립심, 확고한 신념, 이면의 의미에 대한 통찰력
단점	단순 직업 약함, 지나친 몰두로 현실 경시, 현실감각 필요
	ENFJ (외향, 직관, 감정, 판단)
별명	언변 능숙형, 홍익인간, 수호천사, 관계중독자, 평강공주병
장점	인화 중시, 공동선, 친절과 재치, 타인 존중, 쓰기보다는 말로 잘 표현, 조직을 이끄는 리더십
단점	칭찬과 비판에 민감, 세부 사항 경시, 객관성 유지 관건
	ISTP (내향, 감각, 사고, 인식)
별명	귀차니즘, 너는 너 나는 나, 무관심, 노력절약형, 교양 있는 개인주의자
장점	논리, 분석적 객관적, 사실을 조직화하는 능력, 긴급상황에서도 평정심, 계급 권위에 초연, 공정함
단점	중대사 혼자 고민, 지나친 표현 억제, 인내심 약, 열정과 마무리 요함

	ESFJ (외향, 감각, 감정, 판단)
별명	친선 도모형, 정생정사, Yes man, 사랑의 폭포수
장점	동정심과 동료애, 인화 도모, 양심적, 참을성, 질서정연, 조화 추구의 명수(활력소), 의무와 봉사, 충성심
단점	객관적 분석 없이 동조, 논리성과 전체 맥락 파악에 취약, 속단하는 경향, 주관에 편향된 판단 기준
	INTP (내향, 직관, 사고, 인식)
별명	아이디어뱅크형, 사오정, Let it be, 심리적 아웃사이더
장점	객관적, 논리 비평 강함, 원리 파악과 직관적 통찰, 이해력·연구력 탁월, 관심 분야에 대해 잘 말함(평소 과묵), 지적 호기심
단점	실행력 미약(이론 중심), 일상생활과 상식에 약함, 팀 활동 미흡, 인간미 없어 보임

〈표 7〉 16가지 유형의 성격 특징

2. 명리학 성품

1) 오행에 따른 성질

개개인의 성격은 모두 다르다. 누구는 까칠하고, 누구는 따뜻하다. 누구는 화를 잘 내고 누구는 잘 참는다. 주위에서 용인해 줄 정도라면 우리는 이것을 개성이라고 부른다. 그런데 개성으로 간주하기 힘들 정도의 까칠함이나 공격성을 가진 사람도 많다. 사건이 발생하고, 뉴스에 보도되고 나서야 전문 패널이 나와서 심리적으로 문제가 있었다는 분석을 한다. 이런 사람들은 심리치료를 받아야 문제의 소지를 줄일 수 있다.

뉴스를 탈 정도는 아닐지라도 주변 사람을 괴롭히거나 성가시게 하는 사람이 있다. 가족이나 친구나 지인 중 이런 사람이 있다면 MBTI보다 한층 심층적인 MMPI 검사를 받도록 권유해야 한다. 상술했듯 임상심리사나 정신건강의학과 의사만 검사를 실시할 수 있다. 아무나 시행해서도 안 되고 함부로 해석해서도 안 되는 이유는 전문적인 지식과 임상 경험이 필요하기 때문이다.

그런데 심리검사를 하지 않고도 사람의 성품을 알 수 있다면? 심층적이지는 않더라도 성격과 심리상태를 개괄할 수 있다면? 옛날 옛적 사람들도 이런 생각을 했던 모양이다. 오래오래 고민하고 관찰해서 명식 해석에 적용했다.

우주 만물이 음양과 오행으로 이루어진다는 사실 정도는 이미 알고 있다. 이제 음양오행론을 좀 더 자세히 알아보자. 음양론에서는 세상 만물에 음양이 없는 것이 없는데 제일 큰 속성은 상대성相對性이라고 정의했다. 음과 양이라는 반대되는 두 가지 속성이 반드시 있고, 두 속성은 완벽하게 균형을 이루며, 비록 반대되는 요소라 할지라도 완전히 분리되어 독립적으로 존재할 수 없고, 그 내부와 더 작은 내부 역시 대립되는 두 가지 요소로 구분된다는 것이다.

인체의 세포 하나하나에도 음양이 있고, 물질의 최소 단위인 원자에도 음양이 있다. 원자핵이 양성자와 중성자로 이루어져 있고 전자가 그 주위를 돈다는 사실을 모르는 사람은 없을 것이다. 원자핵과 전자가 분리되지 않는 이유는 정전기적 인력으로 묶여있기 때문이다. 양성자의 상대적 전하량은 +1(양)이고 전자의 상대적 전하량은 −1(음)이다. 중성자의 전하량은 0다. 모든 원자는 양성자와 전자의 수가 같다. 물질의 최소 단위인 원자조차도 음양의 완벽한 균형으로 이루어져 있다. 질병론에서 상세하게 서술하겠지만 세포의 음양 균형이 깨질 때 이상세포가 생긴다.

물리학이 발달하면 할수록 동양의 사유 체계의 우수함이 드러난다. 양자물리학 태동기에 중국 학자들이 제일 잘 이해했다는 말이 있다. 원자의 존재를 전혀 모르는 상태에서 모든 물질에 음양이 있다고 믿고 음양론을 만들었으니 말이다. 재미있는 건 동양철학은 관념적인 것에도 음양의 속성을 부여했다는 사실이다. 삶은 양이고 죽음은 음이며 긍정은 양이고 부정은 음이라는 식이다. 머리가 점점 복잡해진다. 그러나 걱정할 필요는 없다.

이 책에서 서술하는 내용을 이해하기 위해서는 하늘과 땅, 남자와 여자, 밤과 낮, 동서남북의 음양 정도만 알면 충분하다.

양	음		양	음
유	무		시간	공간
기	질		강한 것	부드러운 것
삶	죽음		상·좌	하·우
나아가는 것	물러서는 것		하늘	땅
보이는 것	보이지 않는 것		남자	여자
긍정	부정		낮	밤
시작	끝		동쪽·남쪽	서쪽·북쪽

사주팔자를 이루는 천간과 지지는 쌍을 이루어 5개의 오행에 속해 있고, 각각의 쌍은 음양으로 구분된다. 절대로 바뀌지 않는다. 같은 오행이라도 음이냐 양이냐에 따라 성질이 달라지므로 암기하는 것이 좋다고 서두에서 이미 밝혔다.

사주(네 기둥)에서 먼저 나오는 것은 간이고 나중에 나오는 것은 지다. '갑자, 을축…'할 때 갑과 을은 간이고 자와 축은 지다. 간을 하늘로, 지를 땅으로 생각해 10간을 천간天干, 12지를 지지地支로 명명했다. 10간과 12지의 음양오행을 다시 적는다.

천간 오행	木	火	土	金	水
陽양 +	甲갑	丙병	戊무	庚경	壬임
陰음 -	乙을	丁정	己기	辛신	癸계

III. 성품론性品論

지지 오행	木	火	土	金	水
陽양 +	寅인	午오	辰진 戌술	申신	子자
陰음 -	卯묘	巳사	丑축 未미	酉유	亥해

지지의 음양에서 주의할 사항이 있다. 사와 해는 음양으로는 음에 속하지만 육친으로는 양에 속한다. 까닭은 지장간에 있다. 각각의 지는 2개 혹은 3개의 간을 가지고 있다. 과부가 될 여자의 명식(명암부집)에서 암장된 간이라는 말이 있었다. 남자를 숨겨서 가지고 있다고 했다. 지장간은 숨겨서 가지고 있는 간과 드러내어 가지고 있는 간을 합한 것이다.

〈표 8〉의 월별 지장간에서 정기에 해당하는 게 드러내어 가지고 있는 간이다. 12 지지의 음양을 따질 때와 명식에서 음양을 따질 때가 다르다. 12지의 음양에서 사는 음이고 오는 양이지만, 지장간에서 음인 사의 정기는 병이고, 양인 오의 정기는 정이다. 병은 양의 불이고 정은 음의 불이다. 육친은 정기를 취하므로 내가 갑(양의 목)이라고 할 때 양의 불인 오화는 육친이 상관이고(일간과 음양이 다르다) 음의 불인 사화는 식신이다(일간과 음양이 같다). 양팔통과 음팔통을 따질 때는 12지의 음양을 취하므로 사는 음, 오는 양이고 육친으로 따질 때는 사는 양, 오는 음이 된다. 혼동하기 쉬우므로 반드시 기억하자. 육친의 생성 원리는 129페이지 [그림 1]에 나와 있다.

12지		자	축	인	묘	진	사	오	미	신	유	술	해
음양		+	-	+	-	+	-	+	-	+	-	+	-
월(음력)		11	12	1	2	3	4	5	6	7	8	9	10
지장간	여기	임	계	무	갑	을	무	병	정	무	경	신	무
	중기		신	병		계	경		을	임		정	갑
	정기	계	기	갑	을	무	병	정	기	경	신	무	임
		-	-	+	-	+	+	-	-	+	-	+	+

〈표 8〉 월별 지장간

아, 복잡하다. 명리학자들은 이렇게 복잡한 지장간을 왜 만들었을까? 대답은 간명하다. 자연을 관찰한 결과다. 자연이 그렇기 때문이다. 〈표 8〉처럼 여기, 중기, 정기라는 세 개의 기간으로 나눈 이유도 자연의 이치를 생각하면 금세 이해가 된다. 명리학의 기준은 음력이다. 연이든 월이든 일이든 모두 음력이다(음력 생일을 알아야만 명식을 만들 수 있는 것은 아니다. 사이트나 앱에 입력할 때 음력과 양력을 선택하면 알아서 명식을 만들어 준다).

음력 1월(양력 2월)은 봄이지만 월초에는 찬바람이 불고 기온도 낮다. 전달인 12월의 기운이 남아 있으므로 남을 여餘, 기운 기氣를 써서 여기라 부른다. 월말이 되어야 제대로 봄기운을 느낄 수 있다. 이때를 정기正氣라고 한다. 여기와 중기의 중간 단계가 있다. 아직 날씨는 조금 춥고 변덕스럽다. 이때를 중기中氣라고 한다. 이처럼 각 달은 전달의 영향을 받을 때와 달의 기운이 최고조일 때와 어중간할 때로 나뉜다. 명식을 해석할 때 일반적으로 정기를 취하지만 명암부집처럼 암장간이 중요한 역할을 할 때도 있다.

사주팔자 중 생일의 간, 일간이 '나'라고 했다. 나인 일간 다음으로 중요한 사항은 일간을 생하고 극하는 것이 어떤 오행이냐 하는 것이다. 같거나 생하는 오행이 많으면 내가 강해지고 극하거나 설하는 오행이 많으면 내가 약해진다. 복습하는 의미에서 오행(목화토금수)의 상생·상극을 다시 한번 적는다.

목생화木生火: 나무는 연료가 되어 불을 피우고
화생토火生土: 불은 흙을 따뜻하게 데우고
토생금土生金: 흙이 압력을 받으면 단단해져 보석이 되고
금생수金生水: 아연, 철 같은 미네랄은 물을 풍요롭게 하고
수생목水生木: 물이 있어야 나무가 자란다.

금극목金剋木: 쇠는 도끼와 칼이 되어 나무를 베고 자르고
목극토木剋土: 나무의 뿌리는 흙을 부수어서 양분을 빼앗고
토극수土剋水: 흙은 물을 막아서 흐르지 못하게 하고
수극화水剋火: 물로 불을 끄고
화극금火剋金: 불은 쇠를 녹인다.

이제 본격적으로 일간의 오행에 따라 성격이 어떻게 달라지는지 살펴보자.

목木은 인의예지신仁義禮智信의 **인**에 해당한다. 봄처럼 따스한 기운으로 인정이 많고 기쁨과 희망을 준다. 단단하고 곧게 자라기 때문에 강직하고 정직하다. 육십갑자의 시작이 되니 모든 일에 앞장선다.

갑목甲木은 순양지목純陽之木이라고 하는데 음의 기운은 없고 순수하게 양의 기운만 가진 나무라는 의미다. 진취적인 기상이 있으며 최고를 지향한다. 고개 숙이는 것을 싫어한다. 을목乙木은 음목陰木이다. 태풍에 버티는 나무는 강한 나무가 아니라 부드러운 나무다. 고개를 숙일 때는 숙이며 실리적인 면을 파악한 뒤 어디로 뻗어가야 할지를 판단하니 미래지향적이다.

화火는 인의예지신의 **예**에 해당한다. 병화丙火는 순양지화純陽之火이니 순수한 양간의 특성이 있을 뿐 음의 성질은 전혀 없다. 태양지정太陽之精으로 오양五陽의 으뜸이다. 항상 밝고 명랑하며 얼굴에 웃음을 달고 사는 사람이 많다. 태양은 차별 없이 골고루 빛과 열을 준다. 공평무사하고 밝으나 급하고 저돌적이다. 정화丁火는 실생활에 필요한 불이다. 묵묵히 소임을 다하며 절대로 꺼지지 않는다. 예의 바르고 웃음을 잃지 않으며, 자신이 피곤해도 남을 먼저 생각하는 배려심이 있다.

토土는 인의예지신의 **신**에 해당한다. 토는 중앙에 있으면서 모든 방향을 바라보기 때문에 오행 중 의미가 가장 깊다. 사행(수화금목)을 통괄하며 조절한다. 무토戊土는 항상 무게를 지키며 경거망동하지 않고 심성 또한 후덕하다. 컨설팅이나 중재자 역할을 잘하는 이유는 거짓말하지 않고 모든 사람에게 믿음을 주기 때문이다. 기토己土는 비습지토卑濕之土

이다. 낮은 흙으로서 습기를 머금은 흙이다. 만물의 어머니이고 모든 오행과 유정有情한 관계를 유지한다. 맺은 결실을 저장함으로써 다음 생을 준비한다. 상생 관계라 할지라도 과하지 않고, 상극관계라 할지라도 심하지 않다.

금金은 인의예지신의 **의**에 해당한다. 의리가 강하다. 금은 결실의 계절 가을에 속한다. 열매를 거둔다는 것은 지난 노력의 결과이므로 결실까지의 노력에 대한 잘잘못을 분석하게 된다. 따라서 원리원칙을 중요하게 여긴다. 특히 경금庚金은 원리원칙을 따르는 사람으로 조선 시대라면 삼사에서 직소하는 사람일 것이고, 지금으로 치면 감사원의 청백리쯤 될 것이다. 신금辛金은 인간의 손을 거쳐 태어난 아름다운 금은보화에 비유된다. 법과 질서를 잘 지키며 겉으로는 유하게 보여도 내면은 강한 외유내강형이다.

수水는 인의예지신의 **지**에 해당한다. 지혜로움을 의미하니 말없이 조용히 있다가 기발한 아이디어를 제시하는 사람이 있다면 수의 기를 지닌 사람일 것이다. 임수壬水는 바다처럼 마음이 깊고 넓다. 생각을 많이 하고 지식도 많다. 나뭇가지를 보지 않고 숲을 보며 기발한 아이디어를 제시한다. 그러나 오행의 중화가 깨지면 권모술수에 능하여 간교한 사람이 되거나 음흉한 사람이 될 수 있다. 자신이 하는 일에 대한 자부심이 크다. 각종 봉사활동에 적극적일 것이다. 계수癸水는 기토와 많이 비슷하다. 생명을 키우므로 자애롭고 자신의 일에 대한 자부심이 크다. 어떤 곳에서도 활용되는 물처럼 자유자재로 변신하고 적응할 수 있는 능력이 있다. 음수에 해당함으로 비밀, 음사, 수심, 비애의 작용이 있다.

　십간의 오행상 특성을 간략하게 기술하였다. 단 힘의 강약에 따라 성격이 크게 달라진다는 점을 명심해야 한다. 같은 나무라도 강한지 약한지, 봄의 나무인지 여름의 나무인지 가을의 나무인지 겨울의 나무인지를 따져야 한다. 봄, 여름, 가을, 겨울 중 어느 계절에 속하는지는 태어난 달을 따른다. **반드시 음력**으로 본다.

　음력 1월, 2월, 3월은 봄이다. 4월, 5월, 6월은 여름, 7월, 8월, 9월은 가을, 10월, 11월, 12월은 겨울이다. 월의 지는 정해져 있다. 정해져 있다는 말은 해가 바뀌어도 월의 지는 변하지 않는다는 말이다. 언제나 1월은 인寅, 2월은 묘卯, 3월은 진辰, 4월은 사巳, 5월은 오午, 6월은 미未, 7월은 신申, 8월은 유酉, 9월은 술戌, 10월은 해亥, 11월은 자子, 12월은 축丑이다.

　모든 오행은 계절의 영향을 받는다. 일간인 목이 강하려면 인묘진 월에 태어나야 한다. 이것을 월령을 얻었다고 한다. 화는 사오미 월, 금은 신유술 월, 수는 해자축 월에 태어나면 월령을 얻은 것이다. **일간인 내가 강해지려면 월령을 얻어야 한다.** 일간의 강약을 판별하기 위한 기본 조건이다.

　봄에 태어난 나무는 새잎을 내고 꽃을 피우므로 기운이 왕성하다. 여름에 태어나면 열기 때문에 뿌리와 잎이 건조해져서 봄보다는 기운이 약해진다. 가을에 태어나면 잎이 떨어지고 가지는 점점 말라간다. 기운이 더 약해진다. 겨울은 나무가 잠자는 시기다. 제일 약하다. 이 모든 것들이 성품에 영향을 미친다.

목木은 봄에 제일 강하다. 적당히 강하면 온후독실하고, 측은지심이 있으며 악함을 미워하고, 선을 권장하는 정신이 농후하다. 너무 강하면 아집이 세고 편견에 흐르기 쉬우며 마음도 여자처럼 소심해서 큰일을 하기 어렵다. 가정환경이 열악하면 잔인하고 거짓말을 잘하며 신용이 없는 사람이 되기 쉽다. 너무 약하면 질투심이 많고 무정하다.

화火는 여름에 제일 강하다. 화기가 적당히 강하면 몸가짐이 단정하고 예의바르며 명랑하다. 너무 강하면 성질이 가볍고 조급하며 사치스럽고 자존심은 강하나 의리는 없고 박정하다. 매사를 즉흥적으로 결정한다. 너무 약하면 독설가이고 평생 평온하지 못하다.

토土는 사계에 속한다. 적당히 강하면 중후하고 성실하며 원만하고 믿음직스럽다. 매사에 관대하고 신앙심이 돈독하다. 너무 강하면 예의가 없고 변덕이 심하고 우둔하며 느리다. 너무 약하면 아집이 강하고 인색하다.

금金은 가을에 제일 강하다. 적당히 강하면 의리가 있고 결단성이 있으며 용감하고 혁신을 좋아한다. 그러나 한번 틀어지면 다시는 보지 않으려고 한다. 너무 강하면 살벌하고 불인하며 폭력을 행사하고 인정이 없다. 너무 부족하면 우유부단하고 고집이 세며 인색하다.

수水는 겨울에 제일 강하다. 적당히 강하면 총명하고 지혜가 뛰어나며 다재다능하다. 활발하고 시원시원하며 원만하고 자비심도 있다. 너무 강하면 음침하고 남을 잘 속이며 예의가 없고 권모술수에 능하다. 너무 약

하면 속이 좁고 명랑하지 못하며 어리석어 보인다.[12]

'적당히 강하면'이 중요하다. 오행을 대표하는 성품 중 좋은 면은 적당히 강할 때를 기준으로 한 것이다. MBTI 성격 유형이 건강한 발달을 했을 때를 기준으로 삼는 것과 같다. 신강(적당히 강), 태강(아주 강), 태약(아주 약)에 따라 다음과 같은 특성이 있으니 참고하자.

- 신강(적당히 강) : 매사 자신 있음, 개척자, 우두머리, 주체성, 심지 강, 일 처리는 즉시, 결단력, 인내심, 지구력, 책임감, 통솔력, 문제해결력, 구속받지 않음.
- 태강(아주 강) : 스스로 화를 만듦, 만용, 허약, 응결, 의심, 분탈.
- 태약(아주 약) : 주체성 약, 지구력 약, 인내력 부족, 의존성, 용두사미, 이용당함, 큰일 못함, 열성 부족, 안전 위주, 귀가 얇음. 일을 무서워함.

2) 육십갑자의 성격

명식의 네 기둥은 각각 간 하나와 지 하나로 이루어진다고 여러 번 말했다. 10간과 12지를 순서대로 결합하면 60개가 나온다. 성격을 볼 때 생일의 간지를 우선한다. 육십갑자는 〈표 9〉에 있다. 육십갑자의 성격은 소강(적당히 강)하거나 중화를 이룬(균형을 이룬) 일간 기준이다. 육십갑자의

---

12) 최학림 저, 『사주정해 I 』, 가교

기본 성격을 소개한다.

甲子 갑자	甲戌 갑술	甲申 갑신	甲午 갑오	甲辰 갑진	甲寅 갑인
乙丑 을축	乙亥 을해	乙酉 을유	乙未 을미	乙巳 을사	乙卯 을묘
丙寅 병인	丙子 병자	丙戌 병술	丙申 병신	丙午 병오	丙辰 병진
丁卯 정묘	丁丑 정축	丁亥 정해	丁酉 정유	丁未 정미	丁巳 정사
戊辰 무진	戊寅 무인	戊子 무자	戊戌 무술	戊申 무신	戊午 무오
己巳 기사	己卯 기묘	己丑 기축	己亥 기해	己酉 기유	己未 기미
庚午 경오	庚辰 경진	庚寅 경인	庚子 경자	庚戌 경술	庚申 경신
辛未 신미	辛巳 신사	辛卯 신묘	辛丑 신축	辛亥 신해	辛酉 신유
壬申 임신	壬午 임오	壬辰 임진	壬寅 임인	壬子 임자	壬戌 임술
癸酉 계유	癸未 계미	癸巳 계사	癸卯 계묘	癸丑 계축	癸亥 계해

〈표 9〉 육십갑자

(1) 갑목 일간과 을목 일간

목木의 속성이 인仁이므로 갑목과 을목 일간은 어질고 인정이 많다.

・甲子(갑자)

온화하고 인정이 많다. 공과 사를 분명하게 구분한다. 갑자는 육십갑자의 시작이므로 자신이 최고라는 생각이 있어서 우두머리가 되고 싶어 한다. 지도력도 있고 대인관계도 좋으나 고집이 있다. 자존심과 독립심이 강하여 남에게 간섭받기를 싫어한다. 친구들과 어울리기를 즐기며 돈을 잘 쓴다. 내면적으로는 고독한 면도 있다.

여자도 남자와 같다. 남자를 무시하는 경향이 있을 수 있으니 남자 동료나 상사와의 관계에서 이 점을 유의해야 한다. 남녀 불문하고 과도한 음주는 삼가야 한다.

・甲戌(갑술)

마음이 따뜻하고 인정이 많으며 신의가 있다. 성실하고 책임감도 강하다. 자립심이 강하고 두뇌가 명석하며 직관력이 뛰어나다. 지나치게 책임감을 강조한 나머지 불평과 불만을 살 수 있다. 직선적이나 사람을 한번 믿으면 끝까지 믿는다. 신앙심이 강하고 공부도 열심히 한다. 감성이 풍부하고 낭만적이며 풍류와 주색을 즐긴다. 재물을 가벼이 여기고 사교성이 뛰어나며 권모술수에 능하다. 비만하지 않도록 체중조절에 신경 써야 한다.

· 甲申(갑신)

　인정보다 의리와 명분이 중요하다. 명예욕이 강하여 남들에게 인정받기를 바라고 감투 쓰는 것을 좋아한다. 속을 잘 드러내지 않는다. 부드러운 면이 없고 무뚝뚝하며 융통성이 결핍되어 있다. 겉으로는 화려하나 내면은 빈곤하다. 한 가지 일에 집착하지 못한다. 철두철미한 것 같으면서도 경솔한 면이 있고 인내심이 부족하여 끝맺음을 잘하지 못한다. 귀가 얇은 편이다.

· 甲午(갑오)

　총명하고 명랑하며 쾌활하다. 사색적이고 예술적이며 멋쟁이다. 이상이 높고 창조적이며 도전정신이 강하다. 부드러우면서도 대범하고 강직한 성품으로 모든 일을 공정하게 처리하려 한다. 기능에도 소질이 있고, 예능에도 남다른 재주가 있다. 호기심이 강하다. 굽히기를 싫어하고 타인을 얕보는 경향이 있고, 남을 위해 좋은 일을 해도 결과가 좋지 못하다. 남녀 모두 바람기가 있다.

· 甲辰(갑진)

　명랑하고 쾌활하며 진취적이다. 대인관계가 좋아 사업에 유리하다. 강직하고 인정이 많다. 자존심이 세고 호탕하다. 지도력이 있어 남 앞에 서기를 좋아한다. 명예와 품위에 관심이 많고 학문적 소질이 뛰어나다. 용감무쌍한 행동력과 현실적인 사고, 넘치는 재치로 야망을 실현해 나간다. 서두르는 경향이 있고 간혹 남을 얕보는 듯한 자세와 독선적인 태도를 보이기도 하며 넉살 좋게 자신의 이익을 챙기려는 집념이 강하다. 남에게 베푸는 면이 다소 인색하다.

· 甲寅(갑인)

인정이 많고 원만하다. 명석하고 위풍당당하며 넘치는 자신감을 가지고 있다. 총명하고 고결할 뿐 아니라 독립심이 왕성해 자수성가한다. 박력이 있고 통솔력과 배짱이 두둑하다. 큰 것을 노리는 사람이다. 남녀 모두 재혼하는 경우가 많다.

· 乙丑(을축)

온화하고 내성적이다. 소박하고 인정에 약하고 감상적이며 눈물이 많다. 자비심이 많고 신앙심이 깊다. 보수적인 성격으로 우직할 만큼 근면성실한 사람이다. 소심하고 알뜰하나 고집이 세다. 결단력이 부족하고 상황 판단이 늦고 의심이 많은 면도 있다. 여자는 전형적인 한국 여성상이다. 겸손하고 자상하며 인내심이 강하다.

· 乙亥(을해)

조용하면서도 어질다. 학문적이다. 감수성이 풍부하고 직관력과 예지력이 뛰어나다. 고상하고 덕성과 인정이 많으며 사물에 대한 표현능력이 뛰어나다. 친목과 우애를 중요시하니 절대 무리하지 않는다. 명예욕이 강하고 승진하고자 하는 욕심도 강하다. 어떤 일이든 한 가지 일에 집착하는 경향이 있으나 생각만 할 뿐 실천하지 않는다. 말주변이 부족하다.

· 乙酉(을유)

적응력이 뛰어나 어떤 직장에서도 살아남는다. 성품이 청백하고 단정하며 깨끗하고 아름다운 형상이라 정직하고 사심이 없다. 마음이 유순하고 매사에 소심하며 또 성질이 조급한 듯하면서도 총명하고 영리한 사람이다. 남을 위하며 노력을 하나 결과가 좋지 못하고 모든 일에 방해가 많아 뜻과 같이 잘 안 되는 경우가 많다. 착하고 귀가 여려서 남의 말을 잘 듣는다.

· 乙未(을미)

인정이 많고 현실적이며 침착한 합리주의자이다. 예술적인 재주가 있고 박학다식하다. 창의력이 있고 수리 능력이 뛰어나며 자기주장을 내세우지 않는다. 친목과 우애를 중요시하며 떠들썩하고 복잡한 것을 싫어하고 매사에 무리하지 않는다. 주관이 약해서 남의 의견에 끌려다니는 수가 많으니 자기 생각을 드러내는 것이 좋다. 결단력이 부족하다. 무슨 일이든 확인하려는 성격 때문에 좋은 친구를 만나기 어렵다.

· 乙巳(을사)

인정이 많으며 예의가 바르고 명랑하다. 겉은 온화하고 유순해 보이나 냉정하고 강직한 면이 있다. 성격이 깔끔하고 작은 것에 감동한다. 속정이 많아서 주기만 하고 받지는 못한다. 상상력이 풍부해 공상과 망상을 즐긴다. 말을 잘하며 학문에 능하다. 주관이 약해 남에게 이끌려가는 수가 많다. 성실한 편이지만 대우를 못 받는다. 여자는 음식 솜씨가 있다.

· 乙卯(을묘)

착하고 인자하나 자기주장이 강하고 상대방을 생각해주지 않으며 타협을 잘 못한다. 미래에 대한 욕망이 강하고 아름다운 세계를 동경하며 이상을 꿈꾸는 순진한 내면을 지니고 있다. 외유내강이라 독립심이 강하고 대쪽 같은 기질이라 오직 한 길만을 향해 전진한다. 치밀하고 분명하며 신념이 강하고 맺고 끊음이 분명하다. 대인관계가 원만하지 못해 직장이나 가정에서 고립된 생활을 할 수도 있다. 기분에 살고 기분에 죽는 화끈한 면도 있다.

(2) 병화 일간과 정화 일간

화火의 속성이 예禮이므로 병화와 정화 일간은 예의가 바르고 염치가 있다.

· 丙寅(병인)

예의를 중요시하고 활동적이며 바른말을 잘한다. 솔직하고 꾸밈이 없다. 포부가 크고 이상이 원대해서 용 꼬리보다 뱀 머리가 되려고 한다. 예술적, 기술적 재능이 풍부하고 기본적인 재물이 있다. 화려한 것을 좋아하고 엄숙한 기상이 있으며 위풍이 당당하다. 정열적이며 기력이 왕성하고 지혜가 뛰어나며 판단이 정확하다. 상대를 정복하기 위해 예리하게 관찰한다. 성질이 급해 다툼이 있을 수 있으나 뒤끝이 없다.

여자는 학문과 사치에 관심이 많고 명랑하다. 분위기를 즐기고 기분에 좌우되는 탓에 일시적인 감정으로 남자를 선택하기 쉽다.

· 丙子(병자)

예의 바르고 양심적이다. 정열적이며 용모가 단정하다. 언변이 뛰어나고 문장력까지 겸비한 사람이 많다. 정확한 판단력과 뛰어난 지혜 그리고 왕성한 기력과 설득력을 타고났다. 합리적이나 다소 딱딱하고 고지식하다. 융통성이 부족하고 고집이 세다. 성질이 급하여 한번 화가 나면 물불을 가리지 않고 달려드나 뒤끝은 없다. 한번 시작한 일은 시행착오를 겪더라도 최대한 정열을 쏟아 결국 끝내고 만다.

· 丙戌(병술)

두뇌 회전이 빠르고 솔직하여 비밀과 가식이 없다. 마음이 넓고 인정이 많으며 인간관계와 처세가 원만해서 주위 사람들로부터 인기가 있고 사람들이 잘 따른다. 즉흥적이라 이해득실을 따지지 않고 결정하려는 경향이 있다. 뒤끝이 없고 깨끗하여 매사에 적극적이고 박력이 있다. 한번 화가 나면 불과 같지만, 금방 풀린다. 매사를 강한 추진력으로 밀어붙이며 활동성이 강하다. 의리를 위해서는 용감하게 대처하는 의협심도 있다. 체면을 잘 차린다. 말이 많아서 실수할 수 있으니 생각한 후에 말을 하는 버릇을 기르는 것이 필요하다.

· 丙申(병신)

인정이 많고 자상하며 예의 바르다. 사교성이 있고 돈 버는 방면에 특기가 있다. 머리 회전이 빠르고 끊임없이 새로운 것을 추구하며 경박할 만큼 어떤 일에든 손을 댄다. 신앙심이 깊고 두뇌가 명석하며 성취욕이 남다르다. 호화롭고 화려한 것을 좋아한다. 모방에 천부적인 자질이 있다. 아는 체를 많이 한다. 경솔한 행동을 뒤늦게 후회하는 경우가 있다.

· 丙午(병오)

　예의를 중요시하기 때문에 항상 남을 존중하고 비밀이 없다. 강자에게는 강하고 약자에게는 약하다. 남녀를 불문하고 미남미녀가 많으며 자기주장이 강하다. 머리는 총명하나 남의 간섭받기를 싫어하고 독자적인 행동을 하는 사람으로 승부욕이 강하다. 사람을 쉽게 믿지 않으나 이용당하기 쉽다. 소극적인 면과 개방적인 모습을 겸비하고 있다. 명예와 권위를 세워주면 좋아서 어쩔 줄 모른다. 심하게 화가 나면 물불을 가리지 않으나 뒤끝이 없어 곧 사그라진다.

· 丙辰(병진)

　예의와 신의가 조화된 성품이다. 명랑 쾌활하고 낙천적이다. 언변이 뛰어나고 일 처리를 잘한다. 친화력이 있고 침착하며 끈기가 있다. 적극적이고 기분파에 속하는 사람이 많고 양심적이다. 신앙심이 깊으며 학문에 관심이 많고 마음이 넓은 면도 있다. 한 번 하고자 하면 끝까지 하는 인내심이 대단하다. 명예욕이 커서 남에게 지기 싫어한다. 급하게 실행하는 면도 있으나 겉으로는 잘 드러나지 않는다. 육체적인 일을 싫어한다.

· 丁卯(정묘)

예의를 중요시하며 남을 존중할 줄 알면서도 자기 자랑을 잘한다. 명랑 쾌활하며 낙천적이다. 마음이 깨끗하고 부드러우며 용모도 아름답고 인정이 많다. 두뇌 회전이 빠르고 진취적인 기질이 있으며 지기 싫어한다. 직업과 취미를 조화롭게 병행해서 살아간다. 마음이 포근하고 따뜻하며 대인관계도 원만하고 다정다감하다. 그러나 남녀 모두 배우자에 대해 의심을 많이 하는 경향이 있다. 공부를 잘하나 끈기는 부족하다.

· 丁丑(정축)

예의를 중요시하고 명랑하고 쾌활하며 낙천적이다. 엄숙하고 은밀하면서도 낭만적이다. 정직하고 지혜롭다. 표현력이 뛰어나 말이나 글로 생활하는 직업이 적당하다. 조급한 면이 있고 참을성이 적은 게 단점이다. 대인 관계가 넓지 못하고, 자신을 알아주는 사람만 사귄다. 상대를 배려할 줄 알지만, 지기 싫어하는 성격 때문에 애써 베풀고도 배신당하는 수가 있다. 경쟁 관계에서도 타협점을 찾기 위해 노력해야 한다.

· 丁亥(정해)

예의를 중요시한다. 예술적인 감각이 풍부하다. 사교적이며 교양과 학식을 따지며 문자를 써서 말을 하는 탓에 똑똑하다는 말을 자주 듣는다. 우두머리가 되려는 기질이 있으며 자존심이 강하다. 처세가 너무 좋아 뜻밖의 의심을 받을 수 있다. 자기 관리를 잘하나 인내심이 부족하다. 겉은 화려하나 속은 고독하고 공허한 경향이 있다. 지혜와 예지력이 뛰어나 꿈이 잘 맞다. 칭찬해주면 좋아하고 사람을 골라서 사귄다.

· 丁酉(정유)

예의를 중요시하므로 타인을 존중하나 자신을 드러내려는 성향도 있다. 조용하고 온순하다. 지혜롭고 총명하고 명랑하다. 마음이 깨끗하며 낙천적이다. 감성이 풍부하고 다정다감하며 순진하다. 놀기 좋아하며 대인 관계도 원만하다. 인내력이 부족하고 결벽증이 될 위험이 있다. 이성에 관심이 많으나 수동적이며 수줍음을 탄다. 분위기에 약하고 귀가 얇아서 잘 속아 넘어간다. 독자적으로 일하는 게 좋다.

· 丁未(정미)

솔직 담백하고 진취적이다. 총명하나 내성적이다. 두뇌 회전이 빠르고 남에게 지기 싫어하여 앞서가는 타입이다. 양심적으로 처세하여 대인 관계가 좋고 독립심이 강하다. 성격이 진실하고 거짓이 없으며 남에게 베풀어 주기를 좋아해서 따르는 사람이 많다. 높은 이상과 집념을 가슴에 품고도 내색하지 않으며 조용히 추진해 나간다. 발끈하는 기질이 있으나 뒤끝이 없고 매사에 정열적이다. 보수적인 성품으로 적극성이 부족하다. 마음속에 있는 말을 숨겨두거나 비밀을 지키지 못한다. 체면을 잘 차린다.

· 丁巳(정사)

예의를 중요시하기 때문에 남들을 존중해 주면서도 은근히 자기 자랑을 한다. 명랑하고 쾌활하며 낙천적이다. 순수하다. 강한 상대를 만나면 도전하고자 하고 승부욕도 있다. 혼자 있기를 좋아하고 우아한 것을 선호한다. 시작할 때는 전적으로 몰두하나 지구력이 부족해 마무리가 허술하다. 자기주장이 강해 대인 관계가 원만하지 못하고 남을 믿지 못하는 경향이 있다. 급히 서두르다 오해를 받기도 하고 자신이 한 일에 대해 후회를 하기도 한다. 자존심이 강해 오히려 손해를 보는 경우가 종종 있다. 겉으로는 온화한 듯 보이나 내적으로는 시기와 질투, 투기와 요행심이 있다.

(3) 무토 일간과 기토 일간

토土의 속성이 신信이므로 무토와 기토 일간은 신앙심이 강하고 신용을 중요하게 여긴다.

· 戊辰(무진)

신의를 중요시하며 신앙심이 강하다. 말과 행동이 일치한다. 중후한 느낌을 주며 위엄이 있다. 대인 관계를 신중히 하여 남과 잘 충돌하지 않는다. 자기 일에 충실하고 자존심과 명예욕이 강하다. 다재다능하며 과묵하다. 지혜가 있고 총명하여 환경에 적응을 잘하고 외교에도 능숙할 뿐 아니라 인자하고 덕망도 있다. 마음은 크나 복이 적다. 배우자를 전적으로 신뢰하지 못한다.

· 戊寅(무인)

매사 신중하게 처신하기 때문에 남과 충돌하지 않고 자기 일에 충실하며 신용을 중요시하고 신앙심도 깊다. 총명하며 인자함을 근본으로 삼고 살아가는 사람으로서 인망이 높고 신용도 있으며 머리도 좋다. 예술적인 재능이 있고 이상이 높고 포부가 크다. 자기 분수를 잘 지키며 도량이 넓고 성실하다. 말과 행동이 일치한다. 외유내강에 명예를 중히 여기고 자존심이 강하여 자기주장을 굽히지 않는 고집스러운 면도 있고, 작은 부분까지 신경 쓰는 소심함도 지니고 있다. 자존심이 강하기 때문에 업신여김을 당하면 불같이 화가 나니 자제력을 키워야 한다.

· 戊子(무자)

중후하면서도 주관이 강하고 신용과 의리를 지킨다. 절개와 지조를 중요시한다. 다재다능하고 한 가지 일에 집착하는 성향이 강하다. 사색을 즐기며 재물에 관심이 많고 고집이 센 편이다. 신앙심이 깊으며 종교나 철학 계통에도 관심이 많다. 신용이 무엇보다 중요하고 통이 커서 큰 사업을 꾸준하게 진행한다. 욕심과 욕망이 많아서 가정보다 바깥일을 중요시한다. 점잖은 척하지만 내심은 냉정하다.

· 戊戌(무술)

도량이 넓고 성실하며 말과 행동이 일치한다. 매사 신중히 처신하여 무분별한 인간관계를 맺지 않으며 사람들과 충돌이 많지 않다. 신앙심이 깊고 자기주장이 뚜렷하다. 학문에 관심이 깊으며 중후한 인품을 지니고 있어 신망과 존경을 받는다. 타인의 일에 발 벗고 나서는 대표적인 성격의 소유자이다. 절대 지기 싫어한다. 고집이 세다. 자신의 성질을 누그러뜨리지 못하고 자신도 모르게 우쭐해져 상대에게 예의를 갖추지 않는 경우가 있으니 주의를 요한다. 친구와 형제를 좋아하여 이것이 화근이 되는 수도 있다.

· 戊申(무신)

의협심이 강하고 정의롭다. 강직하고 재주가 있으며 신용을 중요하게 생각하고 생활한다. 한 번 계획한 일은 묵묵히 수행하여 반드시 성취해내고야 만다. 하늘에서 내린 성품이 고독하므로 혼자 있는 것을 좋아하고 자기가 하는 일에 전념하다 보니 대인 관계가 소홀해질 수 있다. 신앙심이 깊은 사람이 많고 우직하나 다소 인색한 면도 없지 않다. 자신이 하고자 하는 일에는 결코 주위의 간섭을 받으려 하지 않는다. 의식주가 풍족하다. 다소 탁탁한 내면을 지니고 있으며 냉정하다. 이기적인 행동으로 타인에게 불쾌감을 준다. 남자는 계략에 빠져 결혼하는 수가 있다.

· 戊午(무오)

두뇌가 명석하고 배짱이 크며, 남에게 지기 싫어하는 성격으로 승부욕과 명예욕이 강하다. 고집이 세고 좋고 싫음이 분명하다. 화를 잘 내고 웃기도 잘한다. 재물에 대한 관심도 많다. 신의는 있으나 고지식한 편이라 한번 믿으면 끝까지 믿는 경향이 있어서 사기나 손해를 볼 수 있다. 자기 위주로 행동하여 좋지 않은 일로 망신을 당할 수 있으니 절제력을 키워야 한다. 사치와 낭비를 좋아하여 겉은 화려하지만 속은 빈곤하며 자기 마음대로 일을 주도해 나가려는 경향이 짙다. 무슨 일이든 지나치게 서둘러 실패를 자초하기 쉬우니 적절한 자기 관리와 여유로운 마음가짐이 필요하다. 결혼이 늦다. 성미가 급하여 일을 그르칠 수 있다.

· 己巳(기사)

여려 보이지만 속은 강직하다. 조용하고 부드러운 성격으로 대인 관계가 좋다. 학문에 관심이 많고 상식이 풍부하며, 견문도 넓다. 매사 성실하고 신중하게 처신하므로 다툼이 적다. 자기 일에 충실하고 신용이 있으며 토속적인 종교나 기타 종교에 관심이 많고 철학 계통의 일을 많이 한다. 내성적이나 자신의 의지를 관찰시켜 나가는 추진력이 있다. 때로는 독단으로 흘러 고독하게 지내기도 한다. 눈치가 빠르나 이중적인 면이 있다. 겸손과 덕성은 지녔으나 결단성이 부족하다.

· 己卯(기묘)

성격이 조용하고 부드러우나 다른 사람을 의심하는 경향이 있다. 의협심도 있고 뚝심도 있으며 믿음직스럽다. 성실하고 신중하게 모든 일을 처신하여 신용이 높고 신앙심이 깊어 종교를 가지거나 철학 계통에 관심이 많다. 자존심이 강하고 명예를 중요시한다. 지는 것을 싫어한다. 원만한 생활을 유지하기 위해서는 자존심을 너무 내세우지 않는 것이 좋다. 내성적이라 혼자 있기를 좋아하고 사람을 가려 사귄다. 이상적 성격을 지녔으니 대중적이지 못하다. 배우자가 나에게 의지하는 경향이 있다.

· 己丑(기축)

신앙심이 깊은 사람이 많으며 종교나 철학 계통에 관심이 많다. 말주변이 없고 수줍음을 잘 타나 고집은 황소다. 빈틈없는 자기 관리로 남들 앞에서 실수하는 예가 드물고 성실하며 사명감이 투철하다. 의협심이 강하면서도 조용하고 온화한 성격으로 대의와 중용을 지키며 남들과 사이좋게 지낸다. 말수가 적고 착실하며 희생정신이 강해 주변 사람들에게 인정받는다. 부지런하고 한 가지 일에 집착한다. 타인을 의심하는 경향이 있다.

· 己亥(기해)

외유내강형으로 실속이 있으며 형식보다는 실리를 추구한다. 두뇌 회전이 빠르고 선견지명이 있다. 온순하면서도 예지력이 뛰어나고 현실적이고 부지런하며 실속을 차리는 사람이다. 다소 보수적이며 신용이 있다. 대의를 중히 여기고 중용을 지키기를 좋아하며 성실하고 말과 행동이 일치한다. 꼼꼼하며 논리적이지만 진취적인 면이 부족해 드러내 놓고 큰일을 하지는 못한다. 종교와 철학 계통에 관심이 많다. 의심하는 마음이 있다. 배신을 잘 당한다.

· 己酉(기유)

마음이 청백하고 깨끗하여 사심이 없다. 생활력이 강하고 신용을 중시하며 약속을 잘 지킨다. 온화하고 착실한 성품에 명랑하고 쾌활하며 유머 감각도 뛰어나 원만한 대인 관계를 유지한다. 세심하고 치밀하며 소극적인 성격으로 인하여 조그만 일에도 의기소침해지고 잔소리가 많다. 순박하고 부드러우나 남을 의심하는 경향이 있어 사람들과 벽을 쌓고 지내기도 한다. 신앙심이 깊으며, 우주의 신비, 사후 세계에 대한 호기심도 많다. 매사를 자기 주관대로 살아간다. 여자는 스토커를 만날 우려가 있다.

· 己未(기미)

온순하고 내성적이면서 총명하고 희생정신이 투철하며 성실하다. 합리적 성격의 소유자로 매사가 꼼꼼하고 착실하다. 의협심이 강하고 진실하며 신의가 있다. 논리가 정연하고 바쁘게 움직인다. 인내심이 강하고 봉사심도 있어서 타의 모범이 된다. 무슨 일이든 최선을 다한다. 학문과 어학에 관심이 많으며 신용이 좋아 주위로부터 인정받고 신앙심이 깊다. 고집이 세고 저항하는 기질이 있다. 보수적이다.

(4) 경금 일간과 신금 일간

금金의 속성이 의義이므로 경금과 신금 일간은 정의와 의리를 중요하게 여긴다.

· 庚午(경오)

본성이 단단하고 차갑다. 명예욕이 있고, 정의를 위하여 용감하게 나서는 결단력이 있다. 굽히기 싫어해 타협할 줄 모르고 자존심을 내세운다. 새로운 것을 좋아한다. 체력이 강인해 운동선수가 되면 좋다. 의리를 소중히 여겨 한번 믿은 사람은 끝까지 신뢰하지만 한번 틀어지면 뒤도 돌아보지 않는다. 친밀해지기도 쉽고 헤어지기도 쉽다. 여자는 외강내유하며 자유분방한 남자를 좋아하기 때문에 남성의 바람기를 잡아야 행복한 부부 생활을 할 수 있다. 남편이 외도한다고 해도 타고난 운명이라고 생각해야 한다.

· 庚辰(경진)

성격이 강하다. 웅지가 높고 욕망이 커서 작은 것은 보려고 하지도 않고 큰일만 생각하는 경향이 있다. 주관이 강하고 진취적이며 통솔력이 있다. 의협심이 있고 정의를 주장하며 용감하고 결단력이 있다. 영웅호걸 같은 기질이라 잘되면 단체의 수장이 되나 그렇지 않으면 조폭이 된다. 자기중심적인 사고방식과 독선적인 행동이 내재되어 있다. 한번 믿으면 변함이 없으나 마음에 들지 않으면 뒤도 돌아보지 않는 냉정한 성격이다. 반골 기질이 강해 다툼이 생긴다. 자신의 이익을 위해서는 수단과 방법을 가리지 않는 면도 있다. 겉은 화려하나 속은 공허하고 외로우며 고독하다.

· 庚寅(경인)

바른 마음과 바른 정신을 가졌다. 의리와 인자함을 근본으로 삼으며 꿈과 이상이 뛰어나고 포부가 크다. 불의를 보면 참지 못하고 달려드는 용맹함과 의협심이 남다르다. 온화하고 따뜻하며 예의가 바르고 인정이 많은 점도 있다. 호탕하고 풍류를 즐기며 다재다능한 팔방미인형이다. 성질이 다소 급하고 민감하며 끈기가 약한 편이므로 인내력을 겸비해야 한다. 의견 충돌이 있을 때는 자기 의지를 쉽게 굽히지 않는다. 사소한 것을 무시한다. 한번 싫으면 뒤돌아보지 않는다.

· 庚子(경자)

　의리를 중요시하며 정의를 추구하는 용감한 성격의 소유자로 결단력이 매우 강하다. 논리적이고 명예욕이 강하다. 혁신적인 기풍이 있어 비판적인 사고와 혁명 정신을 겸비하고 있다. 자신을 과시하거나 남을 업신여기는 행동을 하지 않아야 존경을 받는다. 쌀쌀한 기운을 내뿜는 기질이 있어 차갑고 엄숙하며 쉽게 다가가기 어려운 사람이다. 성품 또한 청백하여 돈이 따르지 않고 모이지도 않는다. 여자는 미인이나 고독하다.

· 庚戌(경술)

　의리를 중요하게 생각한다. 정의를 추구하고 타인을 위해 희생하는 자비심이 있다. 겉은 차갑고 무섭게 보이나 내면은 온화하고 부드러운 외강내유의 품성을 지니고 있다. 소탈하고 화끈하며 투명하다. 고집이 세고 약간은 타인을 무시하는 경향이 있으며 자기주장이 강하다. 나서기를 좋아하고 통솔력이 있다. 두뇌 회전이 빠르며 매사에 활동적이다. 잘못한 일은 바로 털어놓는다. 지구력이 부족해 시작은 잘하나 마무리를 하지 못한다. 모든 것을 두려워하지 않고 정열적으로 밀고 나가나 그로 인한 좌절도 많다.

· 庚申(경신)

　모든 일에 능력이 탁월하고 임기응변에 능하다. 온후 총명하고 독립심이 강하다. 원칙주의자이다. 겉으로는 대단히 강한 것 같으나 내면적으로는 유순하고 성품이 좋아 타인들로부터 칭찬을 받는 사람이다. 불굴의 기상이 돋보이고 마음이 넓고 주체 의식과 우월성이 강한 성격의 소유자이다. 자기 자신에 대한 믿음이 강하다. 배짱이 두둑하고 결단력이 있으며 강한 성품에 저돌적인 추진력을 지니고 있다. 지휘력이 좋고 용인술에 뛰어나며 원칙을 좋아하고 의리가 대단히 강하다. 한번 믿으면 팥으로 메주를 쑨다 해도 믿지만 한번 틀어지면 부모형제간이라도 좀처럼 관계가 회복되지 않는다. 평생 많은 일로 분주하고 여행을 좋아한다.

· 辛未(신미)

의리를 중요하게 생각하면서도 냉정하다. 부드러우면서도 날카로운 면이 있는 이중적인 성격이다. 명석하나 예민하고 자존심이 강하다. 변화를 좋아하고 성격이 깔끔하다. 정의를 부르짖고 불의에 대항하는 등 용감하고 결단력도 강한 반면에 남과 융화하기 어렵고 쉽게 친해지지 못한다. 자기 마음에 들지 않으면 뒤도 돌아보지 않는 직선적인 면이 있고 고집이 세다. 끈기와 지구력이 약해 큰 성취는 이루기 어렵다. 서예나 어학에 재능이 있다. 경제적인 관념이 투철하다.

· 辛巳(신사)

착하고 온화하며 감수성이 풍부하다. 공사 구분이 뚜렷하고 판단력과 지혜가 뛰어나다. 형식에 얽매이지 않으며 겉모습은 부드러워 보이나 속으로는 당차고 야무진 면이 있어 실속을 차린다. 남의 말을 잘 듣고 속기도 잘하지만 한번 계획한 일은 끝까지 해내는 근성이 있다. 이익에 민감하고 절대 무리하지 않는다. 이해심이 많으며 유머 감각도 풍부하다. 타인의 시선을 의식하는 편이고 주목받기를 좋아해 가끔 허세를 부리기도 한다. 언변은 좋으나 자기가 한 말에 책임지지 못해 고민에 빠지는 경우가 있다. 성공하려면 낙천적인 마음과 긍정적인 사고가 필요하다.

· 辛卯(신묘)

　새로운 것을 추구하고 정의를 부르짖는 용감한 성격으로 결단력이 있다. 꾸미지 않아도 깔끔한 용모로 타인의 시선을 끈다. 소심하고 냉정하며 학문에는 별 관심이 없다. 성격이 날카로워 남들에게 냉정하다는 평을 받는다. 돈 관리는 반드시 자기가 하고, 경영자로서 결함은 없으나 융통성이 없고 소극적이어서 직원들은 답답하다. 쓸데없는 고집 때문에 어렵게 쌓은 재산을 몽땅 날리는 경우가 있으니 남의 조언이나 충고를 귀담아들을 필요가 있다. 내면이 삭막하고 사소한 것에 목숨 거는 경향이 있다.

· 辛丑(신축)

　의를 중히 여기고 정의를 부르짖는 용감한 사람으로 결단력이 강하다. 남녀 모두 꾸미지 않아도 외모가 깔끔하고 깨끗하다. 주위가 지저분한 것을 싫어하며 상대방의 외모도 중요시한다. 한번 마음먹으면 끝까지 밀고 나가는 추진력이 있다. 외면적으로는 모든 일을 참고 순종하는 듯하나 내면적으로는 행동력을 가지고 있다. 신경이 예민한 편이고 금전적으로 인색하며 지기 싫어한다. 제멋대로인 경향이 있어 고독하다. 먼 세상을 동경하고 그리워하는 향수를 지니고 있기도 하다.

· 辛亥(신해)

명예와 의리를 중요시한다. 독립심이 강하고 지혜가 뛰어나며 착실하고 이성적이다. 남녀 모두 미남미녀가 많으며 암기력이 뛰어나고 봉사 정신이 있어서 주위의 칭찬과 존경을 받는다. 중용을 지키며 동정심과 인정이 많아 인간관계가 좋다. 새로운 것을 추구하며 지혜가 출중하여 표현력이 뛰어나고 언변 또한 좋다. 소심하고 내성적인 성향으로 혼자 있기를 좋아한다. 문학, 예술 방면에 소질이 많으며 독자적인 예술 세계를 만든다. 후덕하고 강인한 기상이 있어도 확실치 않으면 의심이 많다. 상대의 얘기를 귀담아듣는 편이지만 냉정하고 차다는 말도 많이 듣는다. 누군가를 원망하는 감정을 쉽게 가지며 작은 일에도 마음이 상하는 등 심리적 변화가 심하다. 여자는 애교가 많다.

· 辛酉(신유)

쌀쌀하고 냉정해 주위로부터 차갑다는 말을 듣는다. 의리를 중히 여기고, 꾸미지 않아도 깔끔한 지적인 외모의 소유자다. 자존심이 강하고 결단력이 있다. 직선적이라 쓸데없는 오해를 받으며 사소한 일에도 쉽게 날카로워지고 불의를 보면 참지 못해 용감하게 나서기도 한다. 매사를 순리적으로 처세하는 편이나 고집이 세서 한번 미우면 뒤도 돌아보지 않는다. 불행이 닥치면 안절부절못하고 원만히 해결하지 못한다. 감정 억제 능력이 부족하여 분노와 슬픔을 억제하지 못하고, 타협에 미숙하다. 상대에게 불쾌한 얘기를 직선적으로 하는 까다로운 성미이다. 문학적 예술적 기질이 있으며 고독과 외로움을 잘 느낀다.

(5) 임수 일간과 계수 일간

수水의 속성이 지智이므로 임수와 계수 일간은 지혜롭고 숫자에 밝다.

· 壬申(임신)
머리가 좋다. 하나를 배우면 열을 터득한다. 학문적 자질이 뛰어나서 예술, 문화, 책을 좋아한다. 마음이 넓고 영리하며 언변이 좋다. 옳다고 생각하면 끝까지 주장한다. 유머와 재치가 넘친다. 끈기가 있고 여러 가지 면에서 재주가 뛰어나다. 포용력이 있고 활달해 신망을 받는다. 솔선수범하며 모범적이고, 통솔력도 있다. 속에는 불같은 성미가 있으면서도 겉으로는 온화하다. 대인관계가 좋으나 변덕도 있고, 냉정하고 이기적인 면도 있다. 여자는 남편과 의견 충돌이 많아 불편한 관계에 놓일 가능성이 있다.

· 壬午(임오)
심성이 온후하고 머리 회전이 빠르다. 호기심과 연구심이 왕성하다. 재치와 순발력이 뛰어나다. 이중 플레이에 능하고 인기에 민감하다. 성격이 조급하고 주체성이 부족하다. 유머와 인간미가 넘치나 때로는 사려가 깊지 못하다. 친해지기도 쉽고 헤어지기도 쉽다.

· 壬辰(임진)
두뇌 회전이 빠르고 독립심이 강하다. 공격적이고 자만심과 자존심이 강하다. 명예욕과 승진욕이 매우 크다. 뜻한 일은 결국 해내고야 마는 추진력이 있다. 고집은 세나 마음은 넓은 편이다. 웅변이나 대화를 잘해서 타인의 마음을 휘어잡으며 유머 감각이 있어서 인기가 높다. 친한 친구와 언쟁을 하다가도 돌아서면 잊어버리는 화통한 성격이며, 자신의 주장을 관철시키려 애를 쓰고 임무에 대한 책임감이 강하다. 여자는 무언가를 요구할 때만 애교를 부린다.

· 壬寅(임인)

타의 추종을 불허할 정도로 빠른 두뇌 회전력을 지녔다. 강한 것에 굴복하지 않는 기상으로 권력이나 큰일 앞에서도 태연하게 난국을 헤쳐 나간다. 남들과 대화하기를 좋아하고 매사에 능동적이며 남을 잘 공경하여 대인관계가 원만하고 처세에 능하다. 쉽게 굽히지 않는 강직한 면도 있으나 폭넓은 마음과 해박한 지식으로 상대방을 편하게 하는 재주가 있다. 대체로 심성이 곱고 포용력이 있으며 유머 감각 또한 탁월하다. 고집이 대단히 세나 다소 우유부단한 면도 지니고 있다. 우유부단한 성격 탓에 좋은 기회를 놓치기도 한다. 꿈과 포부가 크나 모든 일이 생각만큼 성과를 거두지 못해 안타까운 사람이다.

· 壬子(임자)

지혜와 재능이 뛰어나고 모든 일에 의욕적이며 진취적이다. 시작한 일은 반드시 끝까지 해내고야 마는 지구력과 인내력도 겸비하고 있다. 화나면 물불을 가리지 않는다. 통솔력과 포용력이 뛰어나지만, 고집이 세고 자기주장이 강해 타인을 가볍게 여기는 경향이 있다. 한곳에 머물러

있기를 싫어한다. 유머와 재치가 넘치나 반항심도 대단하다. 시기하는 마음과 질투심이 내면에 있다. 출세하면 도도해진다.

· 壬戌(임술)

온화한 성품에 두뇌 회전이 빠르며 남에게 간섭받는 것을 싫어하고 자기 의지대로 행동하려 한다. 쾌활하고 활동적이다. 지기 싫어하며 명예욕이 왕성할 뿐 아니라 용모가 수려하다. 폭넓은 지식과 달변으로 타인의 마음을 사로잡는다. 상대방의 마음을 읽어내는 능력이 있어 큰 부자가 되는 사람도 많다. 그러나 자존심이 너무 강하여 화가 나면 자기 성질을 참지 못한다. 미워하는 사람은 끝까지 미워하고 좋아하는 사람은 끝까지 좋아한다. 인정이 솟구칠 때는 자신을 희생해서라도 상대방을 도우며 처세에 능하고 예지 능력이 뛰어나다. 과격하거나 반항적인 감정을 자제해야 하고 유연한 인간관계를 유지해야 함을 명심해야 한다.

· 癸酉(계유)

머리 회전이 대단히 빨라 아이디어를 창출해 내는 발명가 소질을 타고났다. 조용히 살고 싶어 하며 마음이 청백하고 깨끗하여 아름다운 형상이다. 그러나 물이 너무 맑으면 고기가 살지 않듯이 지나치게 결벽한 성격이 오히려 병이 되는 경우가 있다. 신중해서 안정을 추구하며, 완벽하다고 생각될 때 비로소 행동에 옮기는 치밀함을 지니고 있어 실수를 잘하지 않는다. 사심이 없고 정직하다. 성격이 까다롭고 매정해서 다른 사람들과 잘 융화하지 못하고 홀로 고독하게 지내기도 한다. 다른 사람의 과오나 결점을 잘 찾아내 그로 인한 불평불만이 많고 남과 화합하기 어렵다. 관용이 절대적으로 필요하다. 매사에 몰두하는 편이며 남을 위해 희생하나 결과가 좋지 못하고 구설이 따른다.

・癸未(계미)

지구력과 끈기가 강하며 신용과 예의를 중요시하고 머리 회전이 빠르다. 성격이 까다롭고 신경이 과민해서 겉으로 보기에 무정한 경우가 많다. 자존심이 강하고 은근히 자기를 과시하려는 경향이 있다. 상황 판단이 빨라 아이디어 창출에 남보다 탁월하다. 진취적 사고만 지닌다면 발명가 소질이 있다고 볼 수 있다. 말주변이 좋아 말에 조리가 있다. 실속 있는 것을 추구하며 신중히 검토하고 완벽하다고 생각할 때 비로소 행동에 옮기므로 실패할 확률이 거의 없다. 위기가 닥쳐도 능히 대처할 줄 아는 지혜가 있고, 시련이 와도 좌절하지 않는다. 모험심과 투기심이 적어서 편안하게 인생을 살려고 한다. 반항심이 내재되어 있어서 일을 그르치는 경우도 있고 자존심을 지나치게 내세우다 불이익을 당하기도 한다.

・癸巳(계사)

두뇌가 총명하여 남들이 생각지도 못하는 부분까지 생각해 낸다. 원칙을 중요시한다. 안정을 추구하는 형으로 돌다리도 두드려가며 건너고, 매사에 치밀하고 조심스러워 실패할 확률이 대단히 낮다. 부드럽고 지혜로우며 이해심이 많은 장점이 있는 반면에 조급하고 변덕이 많다는 단점이 있다. 언변이 뛰어나다. 외교적인 수완이 있고 대인 관계와 친구 관계가 좋으나 고집이 세고 직선적인 면도 있다. 돌아다니기를 좋아하고 이성에 대해 관심이 많으며 인기도 높다.

· 癸卯(계묘)

두뇌 회전이 아주 빠르며 하나를 들으면 열을 알 정도로 총명하다. 자기주장이 강하고 고집이 세며 반항심도 있다. 승부욕과 명예욕이 강해서 남에게 지기를 싫어한다. 마음이 넓고 재치가 있다. 단체의 우두머리보다는 참모 역할을 잘하며 기획력과 사무 능력이 우수하다. 매사 능동적으로 대처하고 말을 잘하는 행동가이지만 행동하기 전에 신중히 검토하므로 실패하는 일이 별로 없다. 인기를 얻고자 하는 마음을 가지고 태어났으며 사람들로부터 사랑받는다. 남에게 실수하는 일은 거의 없으며 성장을 잘하고 잘 큰다. 공짜는 안 먹고 실력대로 행사한다. 이득에 민감하다.

· 癸丑(계축)

총명하여 이해심이 빠르고 순간적인 재치가 있어 처세에 능하고 아이디어 창출에 타의 추종을 불허한다. 합리적 사고방식을 지녔으며 공정하다. 믿음이 있고 부지런하다. 명랑하고 활달하나 집념이 강해 대립하고 투쟁하기를 좋아한다. 성질이 급하고 배타적이면서 고집도 세고 자존심 또한 강하다. 자기 위주로 생각하는 성향 때문에 비난받을 수 있음을 인지해야 한다. 일에 있어서는 책임감이 강하여 맡은 바 임무를 충실히 수행하고 한 가지에 몰두한다. 타고난 재능과 소질을 키워나간다면 두각을 나타낼 가능성이 높다.

· 癸亥(계해)

두뇌 회전이 빠르고 기획력이 우수하여 참모 역할을 잘한다. 지혜가 가득 차 있어서 생각에 끝이 없다. 공부와 연관이 커서 학자에게 많다. 성격이 다소 급하고 신경이 예민하지만 무슨 일이 닥치면 매사 신중히 검토하고 완벽을 기한 후에 비로소 행동에 옮기는 양면성을 가지고 있다. 침착하고 내성적이기는 하나 때로는 과격한 성격으로 돌변하기도 하며 한번 입을 열면 뛰어난 논리로 사람들을 압도한다. 수단과 방법을 가리지 않고, 겉과 속이 다르며 이익에 민감한 면이 있다. 성격이 자유분방한 탓으로 바쁘게 살아가게 된다.

3) 육친六親

(1) 육친의 생성 원리

육친은 인간관계를 아우르므로 반드시 이해해야 하는 용어. 정인이니 정재니 정관이니 하는 단어를 위에서 이미 보았다. 어떻게 해서 그런 용어를 만들었는지 살펴보자. 기준은 '나'에 해당하는 **일간日干**이다. 나를 생生하는 것을 인성印星이라 하고, 내가 생하는 것을 식상食傷이라 하며, 내가 극剋하는 것을 재성財星이라 하고, 나를 극하는 것을 관성官星이라 하며, 나와 같은 것을 비겁比劫이라 한다. **편인, 식신, 편재, 편관, 비견은 일간과 음양이 같은 것이고, 정인, 상관, 정관, 정재, 겁재는 일간과 음양이 다른 것이다.**

[그림 1]은 갑木의 육친 관계다. 갑은 양의 목(+ 나무)이다.

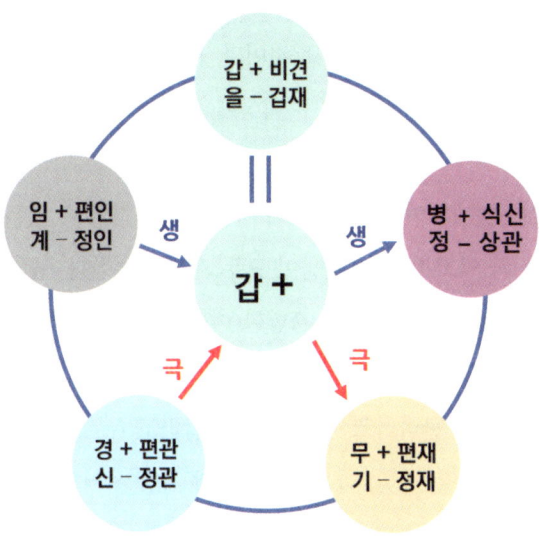

[그림 1] 갑의 육친 관계

나를 생하는 오행 중 양인 임은 편인, 음인 계는 정인이다.
내가 생하는 오행 중 양인 병은 식신, 음인 정은 상관이다.
내가 극하는 오행 중 양인 무는 편재, 음인 기는 정재이다.
나를 극하는 오행 중 양인 경은 편관, 음인 신은 정관이다.
나와 같은 오행 중 양인 갑은 비견이고, 음인 을은 겁재이다.

을, 병, 정, 무, 기, 경, 신, 임, 계, 9개의 육친도 같은 원리로 정하면 된다.

- 비겁(비견 겁재)은 내가 아닌 타인이면서 나와 동등한 입장에 있는 존재다. 형제, 자매, 친구, 선후배, 동업자, 동료, 경쟁자, 방해자 등이 비겁에 속한다.
- 식상은 나의 두뇌가 만들어낸 것이다. 나의 말과 행동, 활동, 살아가기 위한 노력, 개발 등이 모두 식상에 해당한다. 여자에게는 자식이 된다.
- 내가 극하는 대상이 재성이다. 내 마음대로 움직일 수 있는 물질적인 것들(재물)과 먹고 마시는 것들이 모두 재성에 속한다. 남자에게는 아내, 내연녀, 애인, 상간녀를 포함한 여자가 된다. 정재는 아내, 편재는 애인이라고 하나 편재가 하나만 있을 때는 아내로 본다.
- 관성이란 나를 관리하고 다스리며, 억압하고 누르는 것이다. 관재, 송사, 전쟁, 질병, 재앙, 죽음, 폭력, 강제력 등 우리의 삶을 간섭하고 억압하고 통제하는 요소들이 관살에 해당하나, 규칙과 도덕, 질서, 윤리, 법률, 국가 등 삶을 규칙적이고 모범적으로 관리하는 요소들도 관성이므로 명예나 관록에 해당한다. 남자에게는 자식이 되고 여자에게는 남편이 된다. 정관은 남편 편관은 애인, 정부, 내연남, 상간남이다. 그러나 편관이 하나만 있을 때는 남편으로 본다.
- 나를 생하는 자를 인성이라고 한다. 인(印)이라는 글자의 뜻은 도장이다. 요즘은 도장 대신 서명을 한다. 서명을 해야 비로소 계약이 성립되니 나의 존재를 증명할 수 있도록 해 주는 모든 것들을 뜻한다. 크게는 내 삶에 필요불가결한 물과 공기, 햇빛 등 자연 모두를 뜻하고, 육친으로는 내 존재의 시작에 해당하는 어머니를 뜻하며, 거주지나 집이 인성에 해당한다. 정인은 어머니, 편인은 계모, 유모, 양모로 보

나 편인이 하나만 있을 때는 어머니로 본다.

(2) 육친의 상생

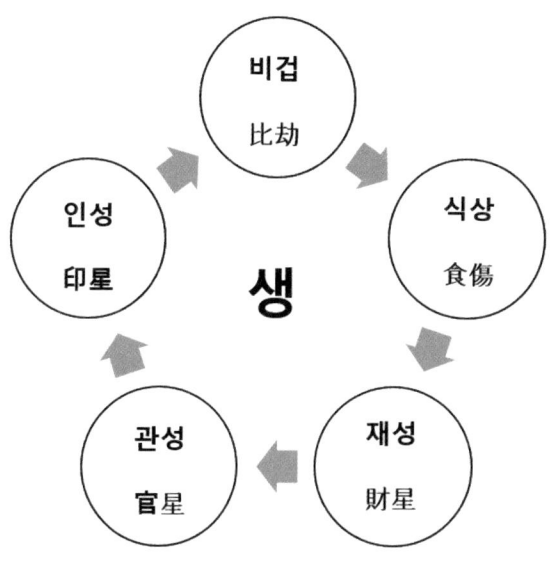

[그림 2] 육친의 상생

오행의 상생처럼 육친도 생해 주는 관계가 성립한다. 생하는 존재는 생 받는 존재의 뿌리와 같다. [그림 2]는 육친의 상생 관계다. 풀어서 설명하면 다음과 같다.

- 비견 겁재는 식신 상관을 생한다. 내가 쇠약하거나 병들어 있으면 식신 상관을 도울 수 없으므로 비겁이 와서 도와주기를 기다린다. 일

간이 강해져야 하기 때문이다.
- 식신 상관은 정재 편재를 생한다. 식상이 있으면 재성이 있어야 하고, 재성이 있으면 식상이 있어서 재를 생해 주는 것이 좋다. 그래야 재물이 모인다.
- 정재 편재는 정관 편관을 생한다. 재는 재물인데 명예인 관의 뿌리가 된다. 돈이 있어야 명예를 가질 확률이 높아진다. 매관매직이라는 말이 옛날부터 있었다. 국회의원 선거도 대통령 선거도 돈이 있어야 한다. 모든 선거에는 돈이 필요하다.
- 정관 편관은 정인 편인을 생한다. 인성은 학문에 해당하니 관이 인을 가진 것은 공부하여 과거에 합격하는 것이고 기술을 배워서 취직하는 것이다.
- 편인 정인은 비견 겁재를 생한다. 이는 어머님이 나를 낳아 기르고, 아는 것이 힘이 되는 것과 같다. 서명 날인한 문서를 가지면 권리가 생긴다.

(3) 육친의 상극

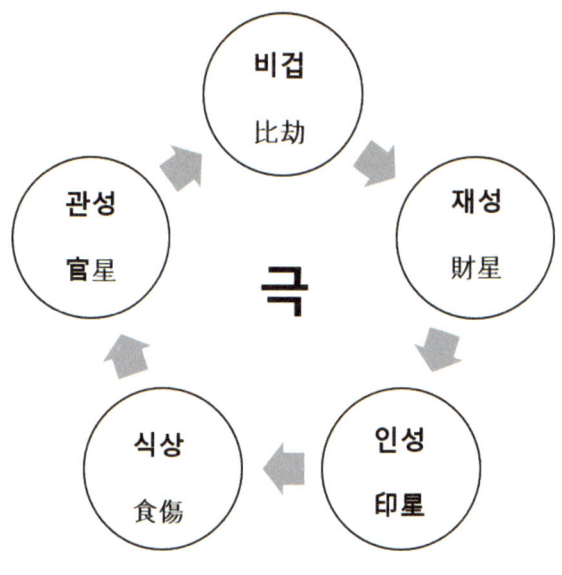

[그림 3] 육친의 상극

[그림 3]은 육친의 상극을 나타낸 것이다. 나를 둘러싸고 있는 육친끼리 어떻게 싸우는지 보자. 정인은 어머니다. 명식 중에 약한 정인이 있는데 정재가 몹시 강한 남자가 있다. 정재는 아내다. 아내인 정재가 어머니인 정인을 마구 공격한다. 어머니와 아내가 견원지간[13]이 된다. 남자는 아내와 어머니 사이에서 고초를 겪는다. 정재가 강하니 자연히 아내 편을 들게 된다. 평소의 생각이나 마음과는 상관이 없다. 결혼 전에 아무리

---

13) 개와 원숭이 사이라는 뜻으로, 사이가 몹시 좋지 않은 관계를 비유적으로 이르는 말

효자였던 남자도 결혼하고 나면 태도가 돌변한다. 야속한 운명이지만 어쩔 수 없다. 내 가정의 평화를 위해 어머니와 연을 끊기도 하는데 운에서 또 정재를 만나면 어머니가 돌아가시기도 한다.

여자 명식에서 상관은 자식인데 상관이 강하고 남편인 정관이 약하면 남편보다 자식이 우선이다. 상관이 정관을 극하기 때문에 상관이 아주 강하면 과부가 될 수 있고, 과부가 되면 재혼하지 않고 자식만 보고 산다.

※ '**나**'가 아주 약한 사람은 남녀 막론하고 친구를 더 좋아한다. 가족의 조언보다 남의 말을 더 잘 듣는다.

친구가 나와 같은 비견 겁재이기 때문이다. 남자가 마마보이가 되는 것도 같은 이치이다(나를 생하는 인성이 엄마이므로). 자식보다 친정 엄마나 형제자매가 우선인 여자도 마찬가지다.

비겁이나 인성에 의지해야 내가 존재할 수 있기 때문이다. 오묘하지 않은가? 육친의 상호작용에 관해 잘 알면 인간의 행태를 이해하는 데 크게 도움이 될 것이다.

[그림 3]을 풀어서 설명하면 다음과 같다.

- 비견 겁재는 정재 편재를 극한다. 비견 겁재가 너무 강하면 아내와 재물을 극하니 아내와 백년해로하기도 어렵고 부자가 되기도 어렵다. 내가 약할 때 비견 겁재는 동조자이며 동업자가 되나, 내가 강할 때 비견 겁재는 경쟁자로 변해 아내와 재물을 겁탈한다.

- 정재 편재는 편인 정인을 극한다. 비유하면 아내를 얻어 어머니를 떠나는 것이고, 공부하는 이가 돈과 여자 때문에 학문을 등한시하는 것이다.
- 편인 정인은 식신 상관을 극한다. 식상이 너무 강할 때는 편인 정인이 식상을 제압해 주어야 한다. 조화가 잘 이루어지면 창의력이나 재주가 있고, 표현력이 뛰어나 문학, 예술, 학문 등에서 두각을 나타낸다.
- 식신 상관은 정관 편관을 극한다. 식신 상관은 일간의 기운을 뺌으로써 약하게 하고, 정관 편관은 일간을 극함으로써 약하게 하는 것이니 약하게 한다는 의미에서는 둘 다 같다. 그러나 정관 편관이 너무 강할 때는 식신 상관이 도움이 된다. 조직폭력배가 설칠 때는 동네 양아치 집으로라도 숨어야 한다.
- 정관 편관은 비견 겁재를 극한다. 비견 겁재가 많으면 자아가 강하고 독선과 독단에 치우치기 쉬우나, 정관 편관이 있으면 엄격한 훈련과 통제 속에서 스스로를 단련하는 셈이 된다.

생도 지나치면 화가 되고 극도 적당하면 복이 된다. 자연의 이치가 그렇다. 물이 나무를 생육시킨다지만 물이 너무 많으면 나무가 물 위에 둥둥 뜨게 된다. 흙이 따뜻해야 만물이 자랄 수 있다지만 너무 많은 열기는 땅을 바짝 말린다. 물속에 미네랄이 너무 많으면 경도가 지나치게 높아져서 마실 수 없는 물이 되니 정수기를 이용해서 걸러야 한다. 작은 불에 많은 나무를 넣으면 불이 꺼진다.

명리학에서 중요하게 여기는 건 중화中和다. 중화는 덕성이 중용을 잃지 않은 상태다. 균형을 이루는 게 좋다는 의미다. **균형**이라는 단어를 명심하자. 자연이 제일 좋아하는 것도 균형이다. 먹이사슬의 균형이 깨지면 생태계가 망가진다. 명리학은 오행이 어떻게 중화(균형)에 이르게 해 주는가가 핵심이다. 많은 것은 줄여 주고 부족한 것은 보충해 주어야 한다. 저울이 한쪽으로 기울어지는 것보다 균형을 이루는 게 좋은 이유는 뛰어난 사람이나 빈천한 사람(극단값)보다 보통 사람이 절대적으로 많기 때문이다. 정규분포 곡선은 종 모양이다. 가장 높은 점(중앙값, 최빈값)을 중심으로 좌우로 일정하게 기울어진다. 좌우 극단으로 갈수록 급격하게 수치가 낮아지는데 이 값을 극단값이라고 한다. 극단값은 적은 수로 평균에 영향을 주는 값이다. 빌 게이츠는 너무 돈이 많아서 극단값이고 노숙자는 돈이 너무 없어서 극단값이다. 평균 소득을 산출할 때 빌 게이츠도 노숙자도 제외한다.

마찬가지로 명식의 해석에 있어서도 비범한 사람의 경우에는 그들에게 맞는 해석을 별도로 해야 한다. 대통령이나 왕, 예술의 거장, 거부 등 상위 몇 프로에 속하는 사람들. 이런 사람들에게는 균형을 맞춰야 한다는 원칙이 통하지 않는다. 극단값에는 극단값에 맞는 법칙이 있다.

이 책에서는 평범한 보통 사람을 중심으로 서술하기로 한다.

기억하기 쉽도록 상기 내용을 요약했다.

자신의 명식을 만든 다음 육친을 적어 보자.

※ 육친의 구분은 일간과 음양이 같은지 다른지가 기준이다.

사주팔자(명식)에서 '**나**'는 일간(**생일의 천간**)이다.
'나'인 일간과
음양이 같으면 편인, 식신, 편재, 편관, 비견.
음양이 다르면 정인, 상관, 정재, 정관, 겁재.

· 내(생일의 천간)가 갑목(+)일 때
나를 생하는 오행은 인성: 양인 임수(+)는 편인 음인 계수(-)는 정인
내가 생하는 오행은 식상: 양인 병화(+)는 식신 음인 정화(-)는 상관
내가 극하는 오행은 재성: 양인 무토(+) 진토(+)는 편재 음인 기토(-) 미토(-)는 정재
나를 극하는 오행은 관성: 양인 경금(+)은 편관, 음인 신금(-)은 정관
나와 같은 오행은 비겁: 양인 갑목(+)은 비견, 음인 을목(-)은 겁재

· 내(생일의 천간)가 을목(-)일 때
나를 생하는 오행은 인성: 양인 임수(+)는 정인, 음인 계수(-)는 편인
내가 생하는 오행은 식상: 양인 병화(+)는 상관, 음인 정화(-)는 식신
내가 극하는 오행은 재성: 양인 무토(+) 진토(+)는 정재, 음인 기토(-) 미토(-)는 편재
나를 극하는 오행은 관성: 양인 경금(+)은 정관, 음인 신금(-)은 편관
나와 같은 오행은 비겁: 양인 갑목(+)은 겁재, 음인 을목(-)은 비견

육친의 명명 원리

III. 성품론性品論

(4) 육친의 속성

· 정인 · 편인의 속성

정인 : 지혜, 자애, 학문, 인정
편인 : 게으름, 위선, 병난病難, 이별, 도식倒食(밥상을 뒤엎는 것).

정인은 친어머니이고 편인은 계모나 유모에 해당한다. 정인이 없고 편인만 있으면 어머니로 본다. 정인은 바르고 공정하며, 명예를 중시하고 덕을 베푸는 마음이다. 합리적인 면이 강하여 과거의 전통이나 문화, 스승의 학문이나 법통, 가문을 그대로 유지하고 보호하려는 성향이 강해서 변화를 선호하지 않는다.

편인은 눈치가 비상하고, 기회주의적이며, 상황 대처가 빠르기는 하나, 밥그릇이자 복에 해당하는 식신을 극하는 작용을 해서 도식(밥상을 뒤집어 엎음)이라 불린다. 결론 없이 용두사미가 되기 쉽고, 변덕이 있으며, 이론에만 치우치고, 생각이 지나쳐 자신을 해치는 등의 흉함이 있게 된다. 표본을 추출해 전체를 파악하는 능력이 있어서 신속하고 빠른 판단이 가능하다. 장점으로 작용할 때는 전문 분야에서 두각을 나타낼 수 있다. 인내하는 힘이 정인보다 월등하게 커서 특정한 분야에서는 뛰어난 실력을 보인다.

· 비견 · 겁재의 속성

비견 : 독립, 분리, 자아
겁재 : 강압, 교만, 파괴, 실패

형제, 자매, 친구, 동업자, 동기, 경쟁자, 방해자 등이 비견 겁재에 속한다.
비겁은 나 자신을 의미하기도 한다. 자신감, 자아, 끈기, 추진력, 자존심, 독립심, 신념 등이 모두 비겁에 속한다. 음양이 같은 비견은 동업자에 가깝고, 음양이 다른 겁재는 경쟁자나 적에 가깝다. 자신감이 지나치면 자만심, 고집, 의심, 충동적, 강제적, 저돌적, 억압적, 독선적이 되고 시기, 질투를 겪고 배신, 사기를 당한다.
일간이 약할 때는 크게 도움이 되므로 단편적으로 판단해서는 안 된다.

· 식신 · 상관의 속성

식신 : 풍족한 의식주, 낭만, 유행
상관 : 방해, 모사謀事, 재능, 창조

식신 상관은 여자에게는 자식이 되고, 남자에게는 자식인 관을 치는 존재가 된다. 식신은 명랑하고 음악에 소질이 있으며 낙천적, 만족, 안락, 평안, 쾌락 등의 의미를 가진다. 봉사, 희생정신, 동정심, 육아, 보육

등은 식상에 해당한다.

상관은 표현력이 풍부하다. 선호하거나 싫어함이 분명하고, 속마음을 숨기지 못한다. 예술적 감각이 뛰어나고 임기응변에 능하다. 너무 강하면 총명함이 지나쳐 법과 규칙을 무시하고 자신의 재주를 과신하여 거만하고, 편법을 써서라도 남들 위에 군림하려고 한다. 자존심이 강해서 잘난 척한다는 말을 들을 만큼 자신이 제일인 줄 아는 경향이 있다. 파격적이고 때로는 자유가 지나쳐 방종으로 흐를 수 있다.

※ 식신, 상관은 모두 머리가 좋으나 상관은 예술적인 일에 좋고, 식신은 학문이나 연구에 더 적합하다. 갭 투자를 하면서 눈 하나 깜박이지 않는 사람은 상관생재이고, 합법적으로 금전을 굴리는 재주가 있는 사람은 식신생재이다.

· 정재 · 편재의 속성

정재 : 관용, 축재, 근면, 성실
편재 : 금전의 출납, 투기, 허욕, 색정色情

남자에게 정재는 아내이고 편재는 애인이자 아버지이다. 정재가 없고 편재 하나만 있을 때는 아내가 된다. 여자에게 편재는 아버지이고 시어머니다.

정재는 단정하고 원만하다. 근검절약이 지나쳐 수전노가 되기도 하나 재물의 부침이 적다. 현실 감각이 뛰어나고 소유욕이 강하며 지극히 근면하다. 변화를 선호하지 않으며 결과가 확실해야 움직인다.

편재는 재물을 아끼는 마음이 적어 호방하고 풍류객이며 금전 출입도 크고 부침이 심하다. 큰돈을 기부하는 건 편재의 작용이다. 결과보다 과정에서 겪는 경험을 중요시하는 성향이 때로는 결과를 무시하고 도전하게 만든다. 이성 교제 시 유흥적인 흥미가 사라지면 소유욕도 사라지는 경향이 있다. 투기성이 강하고 친구와의 의리를 중시한다.

※ 정재는 편재보다 일간이 더 강할 것을 요구한다. 정재는 일정하게 급여를 받는 직업이 좋다.

· 정관 편관의 속성

정관 : 도덕, 명예, 보수와 인격
편관 : 강권, 억제, 개혁, 투쟁, 부상, 질병

정관 편관은 남자에게는 자식이자 명예이고, 여자에게는 남편이나 애인이다. 정편관은 책임감, 사명감, 정당함, 명예, 평화, 공평함, 의협심, 충성, 강직함, 복종, 강박, 예의, 자기통제, 편굴함 등의 뜻을 가진다.

정관은 합리성이고 객관적이다. 명예, 덕, 모범 등이 되고, 편관은 투쟁성과 권위, 야성野性을 뜻한다. 편관은 앞서 기술했지만 강압적 통제, 카리스마, 권위, 외압이다.

❊ 정관이나 편관은 일간인 '나'가 강할 것을 요구한다. 특히 편관은 내가 강하지 못하면 해악이 크기 때문에, 내가 약한데 편관이 있을 경우

편관이라고 하지 않고 칠살七殺이라 부른다.

비유하자면 편관은 관우의 청룡언월도와 같다. 삼국지에 관우가 82근이나 되는 청룡언월도를 휘둘렀다고 나와 있다. 82근을 kg으로 환산하면 49.2kg이 된다. 약 50kg이다. 크로스핏을 할 때 보통 남자는 20kg 바벨, 여자는 15kg 바벨을 쓰는데 봉 무게까지 합하면 남자는 40kg, 여자는 30kg 정도가 된다. 기본 바벨에 10kg을 더 얹어야 청룡언월도의 무게와 같아진다. 말 위에서 청룡언월도를 자유자재로 휘두르기 위해서는 내 힘이 아주 아주 세야 한다. 힘이 약하면 휘두르기는커녕 낙마하기 십상이다. 마찬가지로 내 힘이 강해야 편관을 총지배인으로 부릴 수 있는 것이다.

명식에서 편관의 힘이 나보다 훨씬 강한 사람은 일단 얌전하다. 남녀 불문하고 조용하다. 자신의 의견을 적극적으로 개진하지도 않는다. 비겁하다는 말을 들으면서도 있는 듯 없는 듯 자리에 앉아 있는 사람이다. 직장에서든, 집에서든, 친구 사이에서든 마찬가지다. 만일 주위에 그런 사람이 있다면 찌질하다고 흉보지 말고 아, 강한 편관에 치어서 기가 죽어 있구나, 하고 이해해 주면 된다. 칭찬과 격려를 해 주면 관계도 좋아지고 나도 스트레스를 덜 받을 것이다.

4) 신살神煞

신살도 성품에 영향을 미친다. 신살이란 일간을 돕는 길한 귀신(길신)과 해를 끼치는 흉한 귀신(흉신)을 합한 것이다. 천을귀인처럼 이름만 들어도 왠지 나를 도울 것 같은 유익한 신이 있는가 하면, 백호대살처럼 말만 들어도 기분 나쁜 살이 있다. 수십 종의 신살 중 성격에 영향을 주는 괴강살魁剛煞, 양인살羊刃煞, 십악대패살十惡大敗煞 정도만 참고하자. 괴강과 양인이 있는 사람은 성격이 엄청 강하다. 십악대패가 있는 사람은 마음씨가 나쁘다. 이런 사람에게 진심을 털어놓아서는 안 된다. 이용당하거나 배신당하기 쉽다. 명식이 불량하면 헤어져야 한다. 명심하자.

괴강은 경진, 경술, 임진, 임술이고 양인은 양(+) 일간이 12운성 중 제왕을 만나는 것이다. 음(-) 일간의 경우에는 양인을 취하지 않는다. 십악대패는 10개의 일주인데 갑진, 을사, 임신, 병신, 정해, 경진, 무술, 계해, 신사, 을축이다. 육십갑자 중 10개나 된다. 마음씨 나쁜 사람을 만날 확률이 꽤 높다고 할 수 있다. 십악대패살이 있어도 천을귀인이나 천덕합 월덕합 같은 길신이 있으면 흉이 감해진다.

5) 충沖

궁합에서는 천충지충을 모두 따졌지만 성품에서는 지충만 참고한다. 충이 있으면 성급하고 충동적으로 일을 저지르며 화가 났을 때 감정 조절이 잘되지 않는다.

지충	자	축	인	묘	진	사
	오	미	신	유	술	해

지지의 충은 심각하다. 천간의 충은 지지가 화해시킬 수 있지만 지지의 충은 천간의 도움으로 말릴 수 없다. 지는 간의 뿌리이고, 간은 지의 싹이기 때문이다. 싹에 결함이 있어도 뿌리만 상하지 않으면 나무가 살아남지만, 뿌리가 썩으면 죽기 때문이다.

충의 나쁜 점을 줄일 방도가 있다. 길신(나를 돕는 신)이 있거나, 충이 되는 지지가 다른 지지와 합이 되면 된다. 합은 연애와 같다고 했다. 은애하는 마음이 커서 싸울 마음이 사라진다. 그렇다고 해서 흉이 완전히 사라지는 것은 아니다. 방파제가 파도의 충격을 줄여 주는 것과 비슷하다. 파도 자체가 일지 않는 것은 아니다.

3. 성격 추론

1) 성격 추론 순서

- 일간의 음양을 구분한다. 양은 동적이고 음은 정적이다. 양은 솔직하고 음은 엉큼하다. 일주에 따른 성격을 찾아본다(육십갑자의 성격 특징은 이미 상술하였다).
- 월령을 얻었는지 확인한다. 일간의 강약과 주중 오행의 많고 적음, 육친의 분포를 살핀다.
- 일간인 나에게 꼭 필요한 것이 무엇인지 찾아낸다. 해당되는 육친의 특성을 참고한다. 인성이면 공부를 잘하고, 재성이면 재물에 관심이 많고, 관성이면 명예나 관직에 관심이 많다. 식상이면 먹을 복이 있고, 비겁이면 자존심이 강하다.
- 양인, 괴강, 십악대패 같은 신살을 참고한다.
- 형·충·파·해는 지지끼리 싸우고 미워하며 해를 끼치는 작용인데 충이 있다면 꼭 참고해야 한다. 내가 약해져서 마음이 불안정할 뿐만 아니라, 급하고 충동적으로 일을 저지르게 되기 때문이다.

2) 십간별 성격 예시

(예시 1) 갑甲 일간

❋ 여자

갑목	**갑목**	계수	을목
비견	+	정인	겁재
자수	자수	미토	축토
정인	정인	정재 음력 6월	정재
목욕	목욕	묘	관대

　일간은 갑이고 일주는 갑자다. 육십갑자의 성격에서 갑자는 온화하고 인정이 많고, 공과 사를 분명하게 구분하며, 자신이 최고라는 생각이 있다고 했다. 자세히 살펴보자.

　음력 6월(양력 7월) 더위가 기승을 부릴 때 태어난 나무인데 12운이 묘다. 생명력이 끝나서 묘에 들어가 있다. 그런데 일지와 시지가 자수이고 월간이 계수다. 연지 축토는 젖은 흙이다. 오뉴월 염천에 태어난 나무지만 목마르지 않다. 천간에 갑목과 을목이 하나씩 더 있다. 친구도 많고 어머니도 많으니 힘이 충분히 세다. 강자에게는 강하고 약자에게는 온정을 베풀 줄 안다. 마음이 어질어서 주위 사람을 잘 보살피고 의지도 강해서 자신의 길을 개척해 나간다. 활동적이고 매사 자신감이 넘친다.

　일과 육아를 병행하는 '워킹맘'이다. 육아 휴직을 마치고 복귀했더니 책상이 없어졌다. 회사의 처분에 스트레스받지 않고 여기저기 이력서를 내며 버티다가 연봉을 두 배나 준다는 회사로 이직했다. 그때서야 상사가 제발 있어 달라고 붙잡았지만 뒤도 돌아보지 않고 떠났다. 갑자 일주의 명식이 양호하면 남녀 불문하고 이처럼 배짱이 있다.

❊ 남자

　옛날 옛적에 게으른 아들과 단둘이 사는 가난한 여자가 있었다. 여자가 집을 비우고 멀리 여행할 일이 생겼다. 게으른 아들이 밥을 해 먹을 리 없다고 생각한 여자는 궁리 끝에 떡을 만들어서 실에 꿴 다음 아들 목에 걸어주고 떠났다. 아들이 걱정되어 서둘러 집으로 돌아온 여자가 큰 소리로 아들을 부르며 마당으로 들어섰다. 아무 기척이 없었다. 설마 하고 방문을 열었더니 아들은 말라붙은 떡 목걸이를 한 채 죽어 있었다. 너무 게을러서 목에 걸린 떡도 먹지 않고 굶어 죽었다는 이야기다.

임	갑(甲)	정	갑
편인		상관	비견
신	신	축	오
편관	편관	정재 음력 12월	상관
절	절	관대	사

    이런 명식을 가진 사람을 만나면 굶어 죽은 게으름뱅이를 떠올려야 한다. 남자는 아무것도 하지 않고 집 안에 앉아서 밥만 축내며 살았다. 계획적이지도 않고 책임감도 없었다. 왜 그런지 살펴보자.

    남자는 축월(음력 12월) 엄동설한에 태어난 나무다. 땅이 꽁꽁 얼어 있다. 간절하게 원하는 건 햇볕이다. 연지 오와 월간 정은 불이다. 그러나 음의 불이기도 하고, 신금에 뿌리를 내린 임수에 의해 꺼질 지경이다. 언 땅을 녹이기에는 역부족이다. 게다가 일지와 시지의 신금 칠살이 나를 극한다. 12운성도 절, 절, 사로 최약이 3개다. 얼어붙은 땅에 있는 최약한 나무가 칠살의 극까지 받고 보니 비겁하기 그지없다. 정신적으로든 육체적으로든 게으르고 목의 특성인 인자함이나 연민도 없다. 추워서 밖으로 나가기도 싫다. 반면 공상은 잘한다. 달걀 하나를 가지면 어느새 소가 되어 있을 만큼 허황한 꿈을 꾸다 인생을 다 보낸다. 처자식은커녕 자신의 몸 하나 간수하기도 어렵다.

    ※ 갑신 일주는 세력이 강할 때조차 좋은 기질이 적다. 위 명식의 남자는 최약해서 속기를 잘하고, 돈도, 명예도, 아내도, 자식도 지키지 못한다.

(예시 2) 을乙 일간

❋ 남자

임	을乙	갑	계
정인		비견	편인
오	사	자	사
식신	상관	편인	상관

• 남자는 자월에 태어난 을목이다. 을목이 상관을 깔고 앉아 있다. 일지 상관인 남자는 아내의 비위를 잘 맞춘다고 궁합론에서 적었으나 이 남자는 그렇지 않다. 식신 1개, 상관 2개가 있다. 과유불급이라는 말이 딱 들어맞는 경우다.

　인성(정인 1, 편인 2)이 3개 있다. 아내인 재성은 없는데 아내와 싸우는 인성이 많아 결혼해도 해로하지 못한다. 좋은 성정이 별로 없다. 상관은 잘난 체하고(식신도 상관의 무리가 된다, 3개 이상 모이면 당을 이룬다), 편인은 사기성이 있다(정인도 편인의 무리가 된다). 화에 해당하는 식상이 3개 있어 얼어붙은 물을 녹이지만 재성이 없어서 생재하지 못한다. 돈에 집착하나 모이지 않는다.

　갭 투자로 아파트를 여러 채 샀다. 원리금을 상환하느라 거지처럼 살았다. 진정한 하우스 푸어였다. 나무젓가락을 쓰고, 이불은 누덕누덕 기워서 덮었으며 난방도 냉방도 하지 않고 살았다. 중년에 아내와도 사별했다.

(예시 3) 병丙 일간

❋ 여자

임	**병화**	병	무
편관		비견	식신
진	오화	진	진
식신	겁재	식신	식신
관대	제왕 양인	관대	관대

• 병오 일주다. 일지에 양인이 있고, 12운이 관대, 제왕으로 4개 모두 강하며, 월간이 비견이다. 일간이 힘이 있다고는 하나 진토가 3개, 무토가 1개로 식신이 태과하다(지나치게 많다). 시간에 하나 있는 편관을 식신이 극함이 심하다. 제살태과[14]면 진법무민[15]이 되니 남편이 무력하게 된다.

성품은 솔직하고 비밀이 없다. 남녀 불문하고 미남미녀가 많다는 병

---

14) 제살태과(制殺太過): 살은 나를 극하므로 의당 제압하는 게 길하나 그 살을 너무 과하게 제하였다는 뜻
15) 진법무민(盡法無民): 관살이 기력이 다하여 따르는 자가 없다는 뜻.

오 일주의 특성처럼 미인이고, 식신이 많아 피부가 백옥처럼 희다. 총명하나 간섭받기를 싫어하고 주관이 강해 매사를 자기 뜻대로 한다. 부모의 극렬한 반대에도 불구하고 박사 과정 중 삭발하고 불문에 귀의했다. 남편인 편관을 인정사정없이 극하니 어찌 보면 최선의 선택을 했다고 볼 수 있다.

※ **남자**

계수	**병**화	갑목	병화
정관		편인	비견
사화	자수	오화	자수
비견	정관	겁재	정관
건록	태	제왕 양인	태

• 남자는 예의 바르고 정열적이며 용모가 단정하다. 월지에 양인이 있다. 월지 양인이 일지 양인보다 더 강하다(월령이 중요하다). 시지 사와 연간에 병이 있어 오뉴월 염천의 화기가 엄청 강하다. 그러나 일지에 정관 자수를 깔고 앉아 있고 2개의 수가 더 있어서 해갈할 만큼의 물을 가지고 있다. 수생목 목생화하니 순리를 따르고 합리적이다. 다소 고지식한 면이 있으나 융통성은 있는 편이고, 체력단련을 비롯해 자기 관리를 잘한다. 상황이나 필요에 따라 근무지를 이탈하기도 하는 등 과단성도 있다.

한번 시작한 일은 시행착오를 겪더라도 최대한 정열을 쏟아 결국 끝내고 만다. 환경적으로 물이 필요하나 많은 수와 화가 싸우는데(수화상극) 갑목이 중간에서 화해를 시키니(수생목 목생화) 엄마에게 잘하는 효자다.

(예시 4) 정丁 일간

※ 여자

을	**정**화	병	무
편인		겁재	상관
사화	미	진	신
겁재	상관	상관	정재

• 솔직 담백하고 진취적이며 사교성이 좋다. 오빠, 언니라는 말이 술술 나온다. 두뇌 회전이 빠르고 남에게 지기 싫어서 앞서가는 타입이다. 화려하게 꾸미는 것을 좋아하고 언변이 좋아 사람의 비위를 잘 맞춘다. 재물을 굴리는 능력이 있는데, 상관이 3개라 법을 무시한다. 투기적이든, 방법이 나쁘든, 돈만 벌면 된다고 생각한다. 갭 투자는 물론이고 다른 사람의 면허나 자격증을 내 걸고 장사하는 일도 마다하지 않는다. 시류에 따라 업종도 자주 바꾼다. 겁재와 상관이 강해서 운세의 흐름이 나쁘면 남편과 사별한다.

❀ 남자

정	정화	무	을
비견		상관	편인
미	묘	자	미
상관	편인	편관	상관

• 남자는 겉으로는 온화한 듯 보이나 내적으로는 시기심과 질투심이 강하고 투기성과 요행심이 있다. 육친의 구성이 위의 여자와 상당히 비슷하나 월지가 편관이다. 강한 상대를 만나면 도전하고자 하고 승부욕도 있다. 여자 명식의 상관은 남편을 치나, 남자의 상관은 명예와 자식을 친다. 말이 없는 편이나 은근히 자기 자랑을 한다. 외모를 중시해 옷이나 액세서리에 신경을 많이 쓴다. 이기적이고 자기주장이 강해 대인관계가 원만하지 못하고 남을 믿지 못하는 경향이 있다. 베푸는 데도 인색하다.

(예시 5) 무戊 일간

❋ 여자

신	**무토**	계	갑
상관		정재	편관
유	자	유	오
상관	정재	상관	정인

• 여자는 돈에 관심 없는 고상한 사람인 척하나 내면으로는 돈 계산을 하는 이중적인 성격이다. 일간이 정재를 깔고 앉아 있고, 월간도 정재인데 상관이 3개 있다. 상관은 재의 뿌리가 되는데 자신이 최고라는 생각을 하게 만든다. 돈은 없어도 고상한 척하는 이유다. 돈을 벌기 위해 나쁜 짓을 하지 않는 건 정인 때문이다. 미약한 정인이라도 상관을 다스린다.

상관이 강한 여자 중에 소설가가 많다. 천부적인 재능을 타고난 사람도 있겠으나 지적인 허영심이 작가에 대한 로망을 부추기는 면도 있다. 고상하게 잘난 척하고 싶은 것이다. 그러나 감각적인 면이 분명히 있어서 표현력이 뛰어나고 묘사를 잘한다.

남자

임수	**무토**	무	을
편재		비견	정관
자수	신	자수	미
정재	식신	정재	겁재

• 인색하고 돈에 집착한다. 자존심은 없다고 봐도 무방하다. 실리를 얻을 수 있다면 체면은 중요하지 않다. 물인 재성이 3개나 있고, 신자 합수국이 되어 재성이 태과하다. 한겨울의 얼어붙은 땅이라 태양인 편인을 간절히 원하나 없다. 일지가 식신이라 창의성이 있고, 창의성을 발휘할 수 있는 전문적인 직업을 가지면 인성(화) 운에 돈을 모은다. 단 투기는 금물이다. 신용은 있으나 치졸한 면이 있어 큰 발전은 기대하기 어렵다. 무신 일주 남자는 사기 결혼을 당하기 쉬우니 조심해야 한다. 사기를 당하거나 계략에 빠져 결혼을 하더라도 헤어지지는 않는다. '나'에 비해 재성이 강해서 돈이 모이지 않고, 처덕을 보기도 어렵다. 결혼하지 말고 취미생활을 하며 자유롭게 사는 편이 나을지도 모른다.

(예시 6) 기토 일간

❋ 여자

무	기토	경	병
겁재		상관	정인
진토	사	자수	신금
겁재	정인	편재	상관
신자진 삼합 수국			

• 여자의 성격은 조금 복잡하다. 삼합이 되어 지지가 본래의 성질을 잃기 때문이다. 월지 자 아래에 편재라고 적혀 있다. 월지 자와 연지 신(상관), 시지 진(겁재)이 삼합하여 물(편재)이 된다. 재성이 떼거리로 모여 있다는 뜻이다. 돈에 집착하고 형편이 넉넉해도 계산이 서야 지갑을 연다. 인색하고 품위가 없다. 상관은 재를 생하는데 자신이 최고인 줄 알아서 돈은 쓰기 싫어하면서도 대우받기를 바란다. 합이 많은 사람은 엉큼하다. 말수는 적은 편이고 눈치가 빠르나 이중적인 면이 있다. 자신의 의지를 관철시켜 나가는 추진력이 강하나 때로는 독단으로 흘러 고독하게 지내기도 한다.

※ 삼합은 지지 3개가 합이 되어 제왕성이 되는 지의 오행과 성질이 같아지는 것이다. 제왕성이란 삼합의 가운데에 위치하는 자, 오, 묘, 유를 말한다.

지지 삼합	신**자**진	인**오**술	해**묘**미	사**유**축
변화 오행	수	화	목	금

❀ 남자

기	**기**토	을목	계
비견		편관	편재
사	묘목	묘목	해
정인	편관	편관	정재

• 기묘 일주는 조용하고 부드러우며 자존심이 강하고 명예를 중요시하는 좋은 점이 있으나 이 남자는 일간이 너무 약하다. 저돌적인 면이 부족할 뿐만 아니라 엄청나게 자기방어적이다. 나를 극하는 편관이 3개나 있다. 해묘도 합이 되어 목이 되므로 편관 칠살은 귀신 귀鬼가 된다. 심약하여 잘 놀라며 경기驚氣도 잘한다. 항시 위축되고 열등감에 사로잡혀 자학을 잘한다. 칠살 귀鬼가 강하니 일에 대한 두려움이 많고 인내력과 지구력도 부족하다.

(예시 7) 경庚 일간

❋ 여자

기	**경**금	갑	임
정인		편재	식신
묘	인	진	인
정재	편재	편인	편재
인묘진 삼합 목국			

• 여자는 자존심이 상하면 절대 못 참는 성격이다. 자존감까지 낮아서 걸핏하면 자존심 상했다며 까칠하게 군다. 인묘진 삼합으로 편인도 재성이 되니 지지 4개가 전부 재성이고 월간에도 편재가 있다. 일간 경금이 자신을 버리고 재성을 따라가면 종재격이 된다. 그런데 경이 양간이고 월지 진과 연간 기가 토생금으로 일간을 생하고 있으니 자존심 상해서 차마 재성에 종속되지 못한다. 최약해야 나를 버리고 온전히 상대에게 복종할 수 있다.

　재물을 좇으나 막상 손에 쥐는 건 없다. 자식인 식신이 강한 재성에 기운을 다 빼앗기니 자식이 무력하다(잘 안 된다). 유전병이나 불치병을 앓는 자식이 있을 수도 있다. 남편은 관성인데 재성의 생이 지나쳐 역시 성공하기 어렵다. 물이 나무를 생하나 물을 많이 주면 뿌리가 썩는 것과 같은 이치다. 강한 자존심으로 인해 화합이 어려우니 대인 관계에 어려움이 많고 고독해진다.

❈ 남자

　명식은 청淸 탁濁을 중요하게 여긴다. 설명을 듣지 않아도 청한 명식이 탁한 명식보다 좋다고 생각할 것이다. 육친의 음양이 뒤섞이지 않으면 청하고, 뒤섞여 있으면 탁하다. 비견이 있는데 겁재가 있고, 정관이 있는데 편관이 있고, 정재가 있는데 편재가 있고, 식신이 있는데 상관이 있고, 정인이 있는데 편인이 있는 것을 탁하다고 한다.

　아래 명식의 남자는 청수한 외모와 인품의 소유자다. 불의를 용납하지 않으면서도 화합을 위해 절제할 줄 안다. 공부를 잘하고 학문으로 업적을 이루며, 국가를 위해 일하는 사람이 된다. 경은 오행 중 금에 속하는데 금의 특성이 의義이기 때문에 옳지 않은 일은 결코 하지 않는다. 내면이 강인해서 외부의 압력에 굴하지도 않는다. 사는 오행이 화인데 화의 특성이 예禮이므로 예의 바른 사람이기도 하다.

을	**경**금	신	을
정재		비견	정재
유	신	사	사
겁재	비견	편관	편관
경신	무임경	무경병	무경병
사유 반합(금)			
제왕	건록	장생	장생

• 정재, 정재, 편관, 편관, 비견, 비견, 겁재가 있다. 비견과 겁재의 음양이 다르기는 하나 겁재 유는 사와 합이 되어 금으로 변하기에 음양이 크게 중요하지 않다. 그러니 남자의 명식은 보기 드물게 청하다. 청하다고 해도 구성이 잘못되면 결코 좋은 명식이라고 할 수 없다. 그런데 남자의 명식은 일간이 강하고 편관도 강하다. 편관이 강하면 칠살七煞이라고 부른다고 했다. 나를 극하는 정도가 지나쳐 나를 죽이는 살이 된다는 의미다. 그런데 편관 사는 유와 합이 되어 금으로 화하니 나의 충실한 부하가 된다. 편관은 장수이니 내가 관우나 장비를 거느린 것과 같다. 암장된 무가 3개 있다. 무는 편인이다. 역시 청하다. 인성은 학문성이니 제갈량을 데리고 있는 셈이다. 제갈량과 관우와 장비를 다 가진 귀한 명식이다.

(예시 8) 신辛 일간

❋ 남자

계	**신**금	을	을
식신		편재	편재
사	유	유	축
정관	비견	비견	편인
사유축 삼합 금국			

　강한 금국의 기운을 설하는 수가 있고 수의 생을 받는 목이 있는데 목이 편재다. 편재는 유동성 재물로 큰돈을 의미한다. 금의 기운이 재물로 화하게 된다. 꾸미지 않아도 깔끔한 지적인 외모의 소유자로 대중의 인기를 먹고 살아가는 직업을 가지게 되고 돈도 많이 번다. 문학적, 예술적 기질이 있으나 고독과 외로움을 잘 느낀다.

　성품은 의리를 중히 여기고 자존심이 강하고 결단력이 있다. 쌀쌀하고 냉정해 주위로부터 차갑다는 말을 듣는다. 직선적이라 쓸데없는 오해를 받으며 사소한 일에도 쉽게 날카로워지고 불의를 보면 참지 못해 용감하게 나서기도 한다. 매사를 순리적으로 처세하는 편이나 고집이 세서 한 번 미우면 뒤도 돌아보지 않는다.

(예시 9) 임壬 일간

❊ 여자

정	**임수**	을	신
정재		상관	정인
미	진	**미**	유
정관	편관	정관	정인

• 임수 일간이라 머리가 좋고 공부를 잘한다. 나를 극하는 관성이 3개 나 있으나 관성의 생을 받는 정인이 2개 있다. 정인은 나를 생한다(관생인 인생일간). 그러니 나는 약하지 않다. 정인이 나를 도우므로 아버지보다 엄마의 적극적인 지원을 받는다. 상관생재, 재생관, 관생인, 인생일간으로 생하는 작용이 돌아가니 성품이 원만하고 합리적이다.

관운이 있어서 시험만 보면 붙고 남편 복도 있다. 과학고와 서울대를 졸업하고 MIT에서 박사 학위를 받은 후 로스쿨을 거쳐 뉴욕에서 변호사로 활동 중이다.

❈ 남자

계	**임**수	무	병
겁재		편관	편재
묘	신	술	신
상관	편인	편관	편인

• 겁재, 상관, 편재, 편관, 편인이 있다. 오행을 고루 갖추었다. 일간이 임수라 머리가 좋다. 성격은 편관을 중심으로 파악해야 한다. 편관이 강하나 편인과 상관이 있어서 편관을 잘 다스려 준다. 카리스마 있으며 공명정대한 성품이다. 관직에 인연이 있고, 편관이 편재의 생을 받으므로 돈과 관련된 분야(금융계)에서 일한다. 사람을 다스리는 능력이 뛰어나고 리더십이 있다. 부정 청탁과는 거리가 멀지만 접대할 줄도 알고 받을 줄도 아는 사람이다.

(예시 10) 계癸 일간

❈ 여자

겁재의 특성은 강압, 교만, 파괴, 실패이고, 편인의 특성은 눈치가 비상하고 기회주의적이며, 상황 대처가 빠른 것이다.

계	**계수**	무	임
비견		정관	겁재
해	해	신	신
겁재	겁재	편인	편인

• 남편을 비단 방석에 앉혀 두고 모실 사람에 예시했던 여자다. 일간이 계수이니 머리가 비상하고 특히 숫자에 강하다. 수백 개 주식 차트가 머릿속에 다 들어 있었다. 아들이 우리나라 4대 회계법인 중 하나의 대표였는데 엄마 머리를 닮았다고 본다. 편인과 겁재가 3개씩 있으니 좋은 성품일 수 없다. 돈을 벌기 위해서라면 나쁜 짓도 서슴지 않는다. 물건을 빼돌리거나 사기를 능히 칠 수 있다. 경찰이나 검찰에 소환되어도 눈 한 번 깜박이지 않고 오리발을 내민다. 명식에 식상이 없으니 자식은 있지만 정을 주지 않으며 오직 남편한테만 지극한 정성을 바친다.

※ **남자**

경	**계수**	계	을
정인		비견	식신
신	유	미	미
정인	편인	편관	편관

• 일간이 계수라서 머리 회전이 대단히 빠르고 아이디어를 창출해 내

는 발명가 소질이 있다. 계유 일주는 마음이 청백하고 깨끗하다. 사심이 없으며 정직하고, 정직한 사람을 좋아한다. 내면은 인간적이고 따뜻하나 겉으로 표현을 못 한다. 정서적으로 친밀한 관계를 맺기 어려워 공감 능력이 떨어진다는 말을 듣는다. 까다롭고 매정한 면이 있어서 다른 사람들과 잘 융화하지 못하고 홀로 즐기는 취미생활을 선호한다. 주위에서 보기에 심하다 싶으면 분열성 인격장애를 의심해 보아야 한다. 매사에 몰두하는 편이며 남을 위해 희생하나 결과가 좋지 못하고 구설이 따른다.

나를 극하는 편관 미토는 한여름의 흙이다. 개울물인 계수를 바짝 말린다. 내가 의지할 곳은 오로지 정인과 편인 금이다. 인성은 육친상 어머니다. 어머니에게만 지극한 효심을 보이고 아버지와는 사이가 좋지 않았다. 아버지인 편재는 나를 극하는 편관의 뿌리가 되기 때문이다.

※ '끌림'이란 자신의 의지와 상관없이 일어나는 현상이다. 아들만 좋아하는 엄마, 아내밖에 모르는 남편, 친구 좋다고 매일 나돌아다니는 사람 등등 이해할 수 없는 행태를 흔히 본다. 명식을 알면 왜 그렇게 관계를 맺는지 알 수 있다.

(예시 11) 괴강

괴강은 신살 중 하나이다. 괴강살이라고 부른다. 최고 아니면 최하 즉 극과 극을 달린다. 괴강은 약해지는 것을 싫어해 관성을 기피하고 중첩

되어 있는 것을 좋아한다. 괴강살이 있는 여자는 남편이 불의의 사고를 당할 위험이 있다.

❋ 여자

무	**임**수	을	무
편관		상관	편관
신	술	묘	인
편인	편관	상관	식신
	괴강		

• 육친을 설명할 때 편인은 유모나 계모라고 했지만, 하나만 있을 경우 엄마 노릇을 제대로 못하는 엄마로 보기도 한다. 게다가 편인이 시지에 있다. 연은 조상 자리, 월은 부모 자리, 일은 배우자 자리, 시는 자식 자리로 본다. 엄마가 시에 있으니 자식처럼 구는 엄마이다.

아버지가 명망 있는 분이고, 경제적으로 유복했으나 어린 시절 내내 엄마에게 맞고 자랐다. 정서 장애가 있는 엄마는 자신의 기분에 따라 이유 없이 딸을 때렸다. 아버지는 딸이 맞는 모습을 보면 가슴이 찢어진다고 하면서도 아내를 말리지 못했는데, 말리면 자기가 없는 사이에 아이를 더 때리지나 않을까 두려워서라고 했다.

괴강은 살이기 때문에 반드시 일간이 강해야 한다. 매를 맞으면서도 엄마에게 복종한 이유는 나의 기운을 빼는 식상과 나를 극하는 편관이 각각 3개씩 있어서 내가 의지할 곳이 편인밖에 없기 때문이다. 괴강이자 편관이 일지에 있으니 결혼하면 매 맞는 아내가 될 수도 있다.

남자

경	**경**금	경	정
비견		비견	정관
진	진	술	**유**
편인	편인	편인	겁재
괴강	괴강	괴강	

• 괴강이 3개다. 괴강은 일간이 강하고 중첩되어 있는 것을 좋아하는데 이처럼 3개나 있는 경우는 흔치 않다. 경금 3개, 유금 1개가 있다. 진은 유와 합이 되어 금으로 변한다. 일간이 매우 강해 괴강을 능히 다스릴 수 있다. 어떤 일을 하더라도 평균 이상이 되나 운세의 흐름에 따라 부침浮沈이 심하다. 사업을 하면 돈이 크게 들어왔다가 한순간에 나가기도 하고 관직으로 나가면 고위직에 올랐다가 나락으로 떨어지기도 한다. 운세의 흐름이 중요하다고는 하나 어느 분야에 있건 반드시 다시 일어선다. 불굴의 의지로 난관을 헤쳐 나가는데 오직 자신의 주관과 판단에 의지해 매사를 결정한다. 고난을 극복하는 능력 역시 선천적으로 가지고 나온다.

이 사람은 자존감은 물론이고 자기효능감과 회복탄력성이 매우 높다.

자기효능감은 특정한 상황에서 자신이 적절한 행동을 함으로써 문제를 해결할 수 있다고 믿는 신념 또는 기대감을 말하고 회복탄력성은 실패나 부정적인 상황을 극복하고 원래의 안정된 심리적 상태를 되찾는 성질이나 능력을 말한다.

  괴강이 3개 있는 사람보다 더 강하고, 더 판단력 있고, 더 과단성이 있는 사람은 찾기 어렵다. 그러니 절대 남의 말을 안 듣는다. 또한 철저하게 본능과 욕망을 제어할 수 있다. 도박판에서도 감정적으로 배팅하는 일이 결코 없다. 숫자에 밝다. 꼼꼼하며 자기 본위이고 냉정하나 마음 한 편에는 따뜻함이 있다.

(예시 12) 십악대패살

※ 여자

경금	**정화**	을목	갑목
정재		편인	정인
술토	해수	해수	술토
상관	정관	정관	상관
	십악대패		

- 좋은 궁합에서 다른 여자다. 이 여자는 모든 사람을 멸시한다. 무시

하는 게 아니라 멸시한다. 정관 2개는 바다 같은 물이라서 편관의 작용을 한다. 상관이 많은 사람도 자기가 제일인 줄 알지만, 잘난 척하는 것과 멸시하는 것은 다르다. 편관은 멸시한다. 일간이 약하고 편관이 강한 남자는 조폭 똘마니가 된다. 성정이 잔인하다는 말이다. 이 여자는 상관 2개에 정관 2개가 있다. 잘난 척하면서 동시에 멸시한다. 정인이 있어서 자기 마음에 드는 사람에게는 살뜰하게 대하나 편인도 있어서 언제 변덕을 부릴지 모르고, 사람을 잘 속인다. 십악대패살까지 있어서 본심이 무엇인지 도저히 알 수 없다. 상대를 적이라고 생각하면 제거하기 위해 수단과 방법을 가리지 않는다. 이런 사람이 잘해 주더라도 결코 속아서는 안 된다. 배신이라는 개념조차 없을 정도로 의리와는 거리가 멀다. 오직 자기만 사랑하는 사람이기 때문이다. 상관과 정관 때문에 신약한 이 여자가 평균 이상의 삶을 산 이유는 회동제궐會同帝闕 때문이다. 회동제궐이란 임금님이 사는 궁궐 즉 술해를 명식에 갖추었다는 뜻인데, 이 여자는 지지가 술해해술로 되어 있어 귀한 신분 출신이고 평생 돈 걱정은 하지 않고 살았다. 그러나 성품이 좋지 않으므로 말년에 외로워진다.

❊ 남자

무	**임수**	임수	정화
편관		비견	정재
신금	신금	인목	유
편인	편인	식신	정인
	십악대패		

• 카리스마 있는 금융계 관리로 나왔던 남자와 일주(임신)가 같다. 한 사람은 금융계 관리가 되고 한 사람은 마피아의 중간 보스가 되었다. 그런 차이는 어디서 올까? 일단 일간이 임수이니 머리가 좋다. 사업체를 경영할 능력이 충분해 머리 쓰는 마피아가 된다. 그런데 이 남자는 일간이 변한다. 일간 임수와 연간 정화가 합이 되어 목으로 변한다. 인월(목월)에 태어났기 때문에 화격化格이 성립된다.

월지 인목은 식신이다. 식신이 신금(편인)과 충이 된다. 식신이 충을 받는 데다 인성이 에워싸고 극하니 타인의 손가락질을 받는 직업을 가지게 된다.

편인이 경금인 관계로 칼을 들고 싸우게 된다. 십악대패살이 있어서 망설이지 않고 상대를 공격하고 의뢰인을 배신하기도 한다.

※ 십악대패살이 있어도 명식이 양호하면 진심이 있고, 천을귀인 같은 길신이 있어도 나쁜 점이 상쇄된다.

(예시 13) 충冲

❁ 제왕절개 여자 1

역술가에게 의뢰해 사주를 받아서 제왕절개 수술로 태어났다. 역술가는 반드시 사명감을 가지고 택일해야 한다. 천간지지가 모두 충이 되도록 하면 안 된다. 단순히 돈을 버는 직업이라고 생각하지 말고 한 사람의 인생을 좌우할 수도 있다는 무거운 책임감을 가지고 임해야 한다. '제왕절개 여자 2'는 택일이 잘 된 명식이다.

신	**기토**	을	계
식신		편관	편재
미	해	축	사
비견	정재	비견	정인
을신 충, 축미 충, 사해 충			

• 기토 일간이 축월에 태어나 뿌리가 튼튼하다. 미토도 있고 정인도 있어 내가 강하다고 볼 수 있으나 천간 을신이 충이 되고 지지도 축미 충, 사해 충으로 모두 전투 중이다. 뿌리가 흔들리니 나무가 흔들리는데 나무끼리도 싸운다. 본질적으로 반항심이 내재되어 있어서 윗사람을 잘 모시지 못한다. 자존심을 지나치게 내세우다 불이익을 당하거나 일을 그르치는 경우가 있다. 소극적인 성격으로 인하여 조그만 일에도 의기소침해

지고 잔소리가 많다. 남을 의심하는 경향이 있어 사람들과 벽을 쌓고 지내기도 한다. 제멋대로 살아간다. 스토커를 만날 우려가 있다.

❄ 제왕절개 여자 2

경	**을목**	병	갑목
정관		상관	겁재
진	묘목	인목	오
정재	비견	겁재	식신
인묘진 방합			

• 을목 일간이 연간에 갑목을 만났다. 음목과 양목이 모두 있다. 을목은 갑목이 있는 것을 좋아한다. 이를 등라계갑[16]이라 한다. 을목은 넝쿨나무이니 타고 올라갈 큰 나무가 있어야 한다는 뜻이다. 지지는 월지가 인이고 일지는 묘, 시지는 진이다. 인묘진 방합을 이루었다. 소위 말하는 천지교태[17]를 이루었다. 왕한 목의 기운을 설하는 식상이 있고, 식상은 재를 생하고, 재는 관을 생하니 재물도, 남편도 명예도 모두 가지는 좋은 명이 된다. 자비심이 많고 예의도 바른 따뜻한 사람이다.

※ 이런 의문이 생길 것이다. 날과 시를 받아서 수술로 태어나게 하면 아이의 인

---

16) 등라계갑: 등나무 넝쿨이 갑에 의존하여 존재한다는 것
17) 천지교태: 천의 기와 지의 기가 서로 크게 합하였다는 뜻

생이 바뀔까? 바뀐다. 그조차도 운명이라고 보기 때문이다. 출산 예정일이 정해져 있기 때문에 일주일 정도 범위 내에서 좋은 명식을 택하는 일은 무척 어렵다. 하지만 제왕절개 여자 1처럼 택일해서는 안 된다. 자신 없으면 거절하는 것이 도리일 것이다.

남자

기토	**갑목**	을목	갑목
정재		겁재	비견
사화	진토	해수	술토
식신	편재	편인	편재
사해 충, 진술 충			
남자			

- 남자는 갑진 일주다. 대인관계가 좋아 사업에 유리하다. 문제는 충이다. 비견 겁재가 있고 편인도 있어 일간이 강할 것 같으나 사해 충, 진술 충으로 충이 겹쳐 있다. 제왕절개 여자 1과 마찬가지 현상이 일어난다. 명예와 품위에 관심이 많고 학문적 소질이 뛰어나나 노력에 비해 성과가 적다. 집을 떠나게 되고 마음이 불안정하다. 서두르는 경향이 있고 간혹 남을 얕보는 듯한 자세와 독선적인 태도를 보인다. 남에게 베푸는 면이 다소 인색하다. 편재와 편재가 충이 되니 아버지와 인연이 박하다.

※ 일간이 양이면 외향형일 확률이 높고, 음이면 내향형일 확률이 높다. 일간이 강하면 외향형일 확률이 높고 약하면 내향형일 확률이 높다. 확률상 그렇다는 의미다. 일주별 성격에서 혼자 있는 것을 좋아하는 사람이나 조용한 것을 좋아하는 사람은 내향형이다. MBTI의 16가지 유형과 함께 명리학 성품론을 참고하기 바란다.

IV.
직업론職業論

명리학이 태동한 이후 오랫동안 농업 사회였다. 18세기 후반 영국에서 시작된 산업혁명 이후에야 비로소 산업사회가 도래했다. 동양은 200년도 채 되지 않는다. 조선 시대의 직업은 우리가 흔히 아는 사・농・공・상이 전부라고 해도 과언이 아니다. 사는 관직에 오른 사람이고, 농은 농사를 짓는 사람이다. 공에 속하는 직업은 대장장이나 목수 혹은 가내수공업으로 생활에 쓰일 만한 무엇을 만드는 사람이었을 테고, 장사꾼은 상에 속했다. 중인에 속하는 사람들로 통역관과 의사가 있었다. 종교인과 예술가의 지위는 미천했다. 지금과는 많이 다르다.

근대를 지나 현대에 들어오면서 직업의 가짓수는 괄목할 만큼 늘어났다. 직업 사전에 등재된 것만 따져도 12,000개가 넘는다. 명리학을 통해 직업을 감별하거나 추천하는 일이 어려운 이유다. 지금이 어떤 때인가? 메타버스 시대가 아닌가. 어떤 사람이 메타버스와 관련된 일을 할지 정말 알기 어렵다. 직업심리검사가 더 적확할 수 있다.

프로이트가 사람의 정신(마음)도 병들 수 있으며 정신의 병이 신체화되어 나타난다고 발표한 이후 심리학은 발전에 발전을 거듭해 왔다. 인문학적 탐구와 자연과학적 방법론을 결합한 탓에 지금은 마음을 검사할 수 있게 되었다.

'직업심리검사'라는 명칭에서 우리는 직업 적성에 관한 연구도 심리학의 발전에 힘입은 바 크다는 사실을 알 수 있다. MBTI에서 규정한 직업과 직업심리검사 결과를 함께 반영한다면 자신의 직업 적성을 파악하기가 조금 더 용이할 것이다. 직업심리검사는 고용노동부가 주관하는 워크넷(https://www.work.go.kr)에서 하면 된다. 고용노동부는 청소년과 성인을 대상으로 총 20여 종의 심리검사를 개발하여 무료로 제공하고 있다. 워크넷 회원가입 후 즉시 검사가 가능하며 결과는 검사 완료 직후, '검사 결과 보기'를 통해 알 수 있다. 청소년의 자기이해 및 진로탐색, 대학생 및 성인의 자기이해 및 직업탐색, 성인을 위한 직업적응검사, 세 가지가 있다.

  서양식 직업심리검사가 적성과 소질에 기반한다면 명리학은 운명을 바꾸기 위해 혹은 개척하기 위해 어떤 직업을 가져야 할 것인가에 초점을 맞춘다. 먼저 MBTI 직업부터 알아보자.

1. MBTI 직업

궁합론과 성품론에서 MBTI에 관한 많은 내용을 소개했다. 여기서는 MBTI의 16가지 성격유형의 심리기능 순위를 결정할 때 어떤 글자(특질)가 주가 되는지 살펴본 다음 적절한 직업군을 찾기로 한다. 유념할 사항은 **마음은 움직이는 것이므로 검사 결과가 영원불변하다고 생각해서는 안 된다**는 사실이다. 근본적인 것은 바뀌지 않으나 마음의 역동성에 의해 검사 시점에 따라 다른 결과가 나올 수 있다. 이 점이 명리학과 차이가 있다. 명리학에서 변화를 주는 건 10년 단위의 대운의 간지와 직업과 배우자의 간지 정도이다.

16가지 유형의 심리기능 간 영향력을 미치는 순위는 〈표 10〉과 같다.[18] 순위를 정할 때 에너지의 방향도 포함된다. 사고형 T의 경우 외향적 사고 Ti와 내향적 사고 Te로 구분한다. 이렇게 구분하는 이유는 성격유형이 유형역동에 기인하기 때문이다. MBTI에서 말하는 성격은 단순히 **I+S+T+J**가 아니다. 성격이란 마음에 내재된 심리기능 간의 상호작용에 의해 겉으로 드러나는 면이다. 인간의 DNA에 수많은 유전자 정보가 담겨 있지만 모두 발현되는 게 아닌 것과 마찬가지다. 아버지의 눈은 홑꺼풀이고 어머니의 눈은 쌍꺼풀인데 딸은 쌍꺼풀이다. 이때 쌍꺼풀은 표현형이고 홑꺼풀은 잠재형이다. 잠재되어 있던 유전자는 손자를 거쳐 증손자에 가서 나타날 수도 있다. 이처럼 MBTI 성격 유형도 결과로서 겉으로 드러난 특징이라고 이해하면 된다.

명리학은 성격의 표현형과 잠재형 모두를 아우른다. 드러나지는 않지

---

18) 고영재 저, 『당신이 알던 MBTI는 진짜 MBTI가 아니다』, 인스피레이션.

만 감춰져 있는 중요한 특질도 파악할 수 있다. 엉큼하다거나 하는 면들 말이다.

순위	1위	2위	3위	4위
ESTJ	Te	Si	N	Fi
INFP	Fi	Ne	S	Te
ENTJ	Te	Ni	S	Fi
ISFP	Fi	Se	N	Te
ENTP	Ne	Ti	F	Si
ISFJ	Si	Fe	T	Ne
ENFP	Ne	Fi	T	Si
ISTJ	Si	Te	F	Ne

순위	1위	2위	3위	4위
ESFP	Se	Fi	T	Ni
INTJ	Ni	Te	F	Se
ESTP	Se	Ti	F	Ni
INFJ	Ni	Fe	T	Se
ENFJ	Fe	Ni	S	Ti
ISTP	Ti	Se	N	Fe
ESFJ	Fe	Si	N	Ti
INTP	Ti	Ne	S	Fe

〈표 10〉 16가지 유형의 심리위계

〈표 10〉에 있는 16가지 유형의 심리위계에서 ESTJ의 심리위계를 살펴보자. 1위는 사고인데 사고의 방향은 바깥쪽이다(Te). 2위는 감각인데 감각의 방향은 안쪽이다(Si). 직관은 방향성이 없다. 감정의 방향은 안쪽이다(Fi).

ESTJ는 사고와 감정은 외향적이고 감각은 내향적인 사람이다. 나머지 유형도 같은 방법으로 분석한다.

MBTI의 16가지 유형에 따른 직업분류표는 〈표 11〉과 같다. 워크넷의 직업심리검사 결과와 MBTI와 명리학 적성까지 모두 참고해서 선택의 방향을 정한다면 시행착오를 줄일 수 있을 것이다.

유형	직업
ESTJ	경영 관리자 (기업, 공무원), 은행원, 영업직, 학교장, 군 장교
INFP	순수예술가(작가, 연주가 등), 카운슬러, 교육, 컨설턴트, 성직자, 선교사
ENTJ	CEO, 경영 컨설턴트, 판사, 검사, 변호다, 재무분석가, 공인회계사
ISFP	초등학교 교사, 사회복지사, 미용사, 가정간호사, 물리치료사, 요리사, 디자이너
ENTP	정치가, 정치분석가, 전략기획자, 컴퓨터 분석가, 광고 기획자, 언론인, 배우, 사진작가
ISFJ	비서, 초등교사, 간호사, 치위생사, 사서, 교육행정, 실내장식가
ENFP	저널리스트, 작곡가, 작가, 예술가, 카피라이터, 특수교사, 상담가, 성직자, 언어치료사
ISTJ	공무원, 회계사, 감사, 국세청 관리원, 은행 감독관, 교사, 행정가
ESFP	초등·유치원 교사, 운동코치, 응급실 간호사, 개 조련사, 개그맨, 이벤트 기획자, 소매업자, 여행사
INTJ	컴퓨터 시스템 분석가, 의사, 판사, 기자, 격영 컨설턴트, 논설위원, 작가, 과학자, 교수
ESTP	형사, 소방관, 사립탐정, 보험영업직, 딜러, 트레이너, 운동선수, 기업가, 도매상

유형	직업
INFJ	소설가, 시인, 극작가, 작곡가, 디자이너, 화가, 심리상담, 사회복지, 성직자, 수녀
ENFJ	언론인, 홍보전문가, PD, 정치인, 외교관, 심리학자, 성직자, 교사, 인력개발 전문가
ISTP	카레이서, 조종사 전기 기계 토목 기사, 물리치료사, 방사선 기사, 은행원, 증권분석가
ESFJ	간호사, 언어치료사, 초등 교사, 상담가, 전문 봉사자, 성직자, 판매원, 비행기 승무원
INTP	컴퓨터 프로그래머, 시스템 분석가, 전략기획, 신경과 의사, 물리학자, 철학자, 고고학자, 교수

〈표 11〉 MBTI 16유형에 따른 직업

2. 명리학 직업

대한민국은 부동산 공화국이니 부동산 투기를 해서 돈을 버는 명식을 좋은 명식이라고 할 수 있다. 주식이나 코인으로 큰돈을 버는 명식도 마찬가지다. 그러나 어떤 명식은 부동산 투기나 주식과 코인을 하면 죽을 수도 있다. 자신이 죽을지도 모른다고 생각하면 그 길로 들어서지 않을 것이다. 배는 좀 아프겠지만 죽는 것보다 나을 테니까. 궁금할 것 같아서 사례부터 들고 본론에 들어가기로 한다.

❈ 부동산 투기하면 안 되는 명식

계	기	갑	정		
편재		정관	편인		
유	미	진	유		
식신	비견	겁재	식신		
장생	관대	쇠	장생		
	기	무	정	병	을
	유	신	미	오	사

- 이 명식은 금신격[19]이다. 일간 기토는 월간 갑과 합이 되어 토로 변해 화기격도 된다. 토가 강하므로 금수운은 반기고 화토운은 꺼린다. 편

---

19) 金神格(금신격) : 日干이 甲이나 己이면서 生時가 乙丑, 己巳, 癸酉인 경우

재가 있어서 투자에 대한 갈망이 언제나 있다.

   비견 겁재는 재물을 파괴한다. 이 명식에서 비견 겁재에 해당하는 오행은 토다. 그러니 부동산에 투자하면 안 되는 것이다. 상속받은 재산이 굉장히 많았는데 무토 기토 대운에 부동산 투기로 거의 다 날렸다. 신도시 개발 정보를 미리 얻어서 땅을 사기도 하고 인근에 임야를 사기도 했다. 개발할 시점이 되어 가서 보니 컨테이너 집이 여러 개 들어서 있었다. 점유권을 주장하는 컨테이너 집 거주자들과 소송하느라 많은 비용을 들였지만 패소했다. 임야는 생태 보전 지구 2등급으로 지정되어 도로 이외의 개발이 불가능했다. 재개발을 바라며 빌라를 사기도 하고 휴양지의 펜션을 사기도 했으나 모두 실패했다. 물려받은 재산을 가만히 가지고 있었으면 큰 부자가 되었을 것이다.

❋ 기획 부동산으로 큰돈을 버는 명식

   편인이 강한데 편재 운이 오면 큰돈을 번다. 복권이 당첨될 수도 있고, 지략이나 사기나 투기로 재물을 얻는다.

신	정	을	계
편재		편인	편관
해	묘	묘	사
정관	편인	편인	겁재
			무경병
		신	임	계	갑
		해	자	축	인

• 편인이 3개 있다. 편인은 반드시 편재가 있어서 다스려 주어야 한다. 밥상을 뒤집어엎는 성질이 있기 때문이다. 시간의 신금이 연지 사중 경금에 뿌리 내리고 있어서 튼튼하다. 신해 대운에 큰돈을 버는데 온천을 개발한다고 하여 투자자를 끌어모았다. 실제로 수질이 양호한 목욕탕을 지어 영업했다. 제2, 제3의 관정을 뚫는다고 소문을 내어 인근의 야산을 비싸게 팔았다. 온천수가 나오지 않아서 투자한 사람들이 모두 망했다. 30대에 거부가 되었는데 땅으로 돈을 번 이유는 토(식신 상관)가 금(편재 정재)의 뿌리가 되기 때문이다. 오행의 구성이 다르면 주식이나 M&A 등 다른 업종과 관련이 있다.

만일 이런 명식의 사람이 동업하자고 하거나 투자를 권유한다면 결단코 거부해야 한다. 자기만 돈을 벌고 동업자는 망한다. 편인은 사기성이 있다는 사실을 잊지 말자.

❀ 주식이나 코인을 하면 안 되는 명식

　남자든 여자든 자기(일간)가 강해야 돈과 배우자와 자식을 잘 거느릴 수 있다. 차가 커야 많은 사람과 많은 물건을 실을 수 있는 것과 같은 이치다. 트위지나 모닝에 실어봐야 얼마나 싣겠는가. 그러니 자신이 약하다면 투기는 금물이다. 재물이 들어올 때는 조용히 들어오지만 나갈 때는 풍파를 일으킨다.

　운로가(대운의 흐름이) 고속도로라면? 대형차는 크게 성공하고, 경차도 작은 성취를 이룰 수 있다. 그러나 메뚜기가 잘 나가봐야 한철이다. 잠깐의 행운에 그치고 만다. 내가 작은 차라면 욕심내면 안 된다. 반드시 명심해야 한다.

경	**무**	계	정
식신		정재	정인
신	자	묘	유
식신	정재	정관	상관

• 식상 3개, 정재 2개, 정관 1개로 나를 극하고 설하는 것이 많아 일간이 약하다. 이런 사람은 봉급 생활을 하는 게 좋다. 따박따박 들어오는 월급으로 만족해야 한다. 주식이나 코인은 편재에 해당한다. 사업성 돈이고 투기성 돈이다. 내가 재물을 거느릴 힘이 없는데 큰 재물을 탐하면 망하는 길밖에 없다. 사업을 해서도 안 된다.

　다만 일간이 무토이니 저축해서 부동산을 취득하는 것은 좋다.

최대 관심사인 부동산과 주식이나 코인 투자에 관해 서술했다. 이제 어떤 일을 하고 사는 게 좋을지 생각해 보자. 한때 공무원 열풍이 불어서 공시족이란 말이 생겨났다. 그런데 최근 들어 엄청난 경쟁을 통과한 젊은 공무원의 퇴직이 몇 배로 늘어났다는 뉴스가 나온다. 5년 이내에 퇴직하는 젊은 공무원들이 가치를 둔 건 **'정말 좋아하는 일'**이 아닐까. 직업은 나의 삶을 유지하기 위해 필요한 재화를 취득해야 하는 일이지만, 동시에 성취감과 행복감을 얻을 수 있어야 하는 무엇이다. 어쩌면 삶의 목표가 될 수도 있다. 하루하루, 매일매일 내 몸을 담고 맞이해야 하는 그런 것.

어른들은 젊은이들에게 자신이 좋아하는 일을 하라고 조언하지만 좋아하는 일을 하면서 생활을 유지하는 사람은 극히 드물다. 생존을 위해 하루하루 하기 싫은 일을 하면서 살아가는 사람이 훨씬 많다. 인간은 빵만으로 살 수 없다는 말이 떠오른다. 시행착오를 겪기 전에 정말 좋아하는 일이 무엇인지 알 수 있다면 얼마나 좋을까.

영재로 꼽히는 몇몇 사람은 어린 시절 이미 자신의 적성을 발견한 사람이다. 그러나 절대다수의 아이들은 자신이 정말 좋아하는 것이 무엇인지 모른 채 학창 시절을 보낸다. 직업심리검사도 명리학도 이런 혼란을 줄이고자 개발된 것이다.

직업이 일상에서 매일 견뎌야 하는 일이기 때문에 물상에 대한 이해를 조금 더 할 필요가 있다. 목화토금수라는 오행의 분류는 조금 막연하다. 만물을 어떤 오행으로 분류할 것인가. 반도체에 쓰이는 세라믹이나 스텔스기에 쓰이는 신물질은 어디에 속하는가. 예전에는 없었던 새로운 학문은 어떤 분류에 넣어야 하나.

물상物象의 물物은 만물, 일, 무리, 종류라는 자의(글자의 뜻)를 가지고 있다. 철학적으로는 인간의 감각으로 느낄 수 있는 실재적 사물, 또는 느낄 수는 없어도 그 존재를 사유할 수 있는 일체의 것을 말한다. 상象은 코끼리, 상아, 모양, 그림이라는 뜻이다. 물상은 형체가 있거나 없거나를 포함한 만물의 모양이라고 이해하면 될 듯하다. 직업을 유추하려면 물상에 대한 이해가 반드시 필요하다.

자본주의 시대이니 재물이 모든 가치에 우선한다. 예전에는 사주팔자를 해석할 때 공부 잘해서 과거에 합격하는 사주를 으뜸으로 쳤다. 지금은 공부 잘하는 사주보다 돈을 굴리는 능력이 있는 사주를 으뜸으로 친다. 자본의 힘이 영원한 데 비해 권세는 유한하기 때문이다. 마음에 들지 않는 지배자는 다음 선거에서 떨어뜨리면 된다. 그런데 돈은 다르다. 돈만 있으면 죽은 사람 살리는 것만 빼고 뭐든지 할 수 있다고들 한다. 가까운 미래에는 죽은 사람도 살릴 수 있을지 모른다. 냉동했다가 해동하는 방식으로. 냉동 인간이 되어 환생할 날을 기다리는 사람이 진짜 있다.

가장 극적으로 신분이 상승한 직업군은 공연예술가 그룹이다. 가수, 배우, 탤런트, 아이돌 같은 연예인은 돈과 명예를 모두 가질 뿐만 아니라 존경의 대상이 되기도 한다. 배우 배용준은 일본에서 욘사마로 불린다. '사마'란 일본에서 왕족과 같이 고귀한 신분이나 존경받는 사람 뒤에 붙여 주는 칭호다. 이제 공부 잘하는 사람은 서열이 3위로 내려앉았다. 그러니 아이들이 공부를 열심히 하지 않는다고 혼내지 말자.

각설하고 물상에 대해 알아보자. 한 사람이 부자가 되었다면 거기엔 분명히 이유가 있다. 부를 스스로 쌓았다고 생각하기 쉬우나 운運의 도움이 없으면 불가능하다. 세습으로 부자가 된 사람은 다르겠으나 자수성가로 부를 이룬 사람의 경우에는 운세의 특별한 도움이 있어야 한다. 말단 직원으로 입사해 대기업 사장이 되는 경우도 마찬가지다. 자신의 용신에 해당하는 분야에서 일하지 않는다면 불가능하다. 23페이지에서 '**총지배인**'을 기억하라고 했다. **총지배인이 바로 용신**이다. 나의 용신이 금이라면 중공업이나 자동차 회사에서 일하는 게 좋다. 이 용신에 관해서는 상세하게 별도로 설명하겠다.

내 명식에서 나무가 재물이라면 갑甲과 인寅이 함께 있는 게 좋다. 갑은 상이고 인은 물이다. 인지된 상이 구체적인 물로 드러나 나타난다는 보장이 없다. 따라서 만질 수 있고 볼 수 있으려면 물이 드러나야 한다. 돈이 보인다고 말하는 사람이 있다. 내 눈에도 돈의 흐름이 보일 수 있다. 그러나 보이기만 하면 안 되고 내가 손으로 잡을 수 있어야 한다. 그래야 내 주머니에 넣을 수 있다.

특별히 재물을 탐하지도 않았고, 욕구조차 없었음에도 불구하고 부자가 되는 경우도 있다. 재성이 목이라고 가정했을 때, 운의 천간에 갑목 재신財神이 도래했기 때문에 돈을 벌겠다는 의지가 생긴 것이고, 운의 지지가 인목이라는 재신으로 향했기 때문에 손에 돈을 쥐게 된 것이다. 갑은 의지고 물은 손에 쥐는 돈이다. 갑도 목이요, 인도 목인데 영향력은 이렇게 다르다. 인목은 개인의 의지나 분발심과는 무관하다.

내 명식에 재가 용신인데 오행상 나무라면 물과 상, 즉 갑인이 모두 있어야 한다. 그래야 크게 부자가 된다. 상만 나타나고 물이 나타나지 않으면 돈을 보기만 했을 뿐 가지지는 못한다. 결론적으로 상에 속하는 갑은 물인 인을 보지 않는 한 무용無用한 것이다. 물상은 대운을 살필 때 특히 중요하다. **대운이란 10년 주기로 바뀌는 운세의 단위**이다. 계산하는 방법이 여간 복잡하지 않다. 원리를 깨우쳐서 계산하려고 하지 말고 **앱이나 웹사이트**에서 찾아보면 된다.

십간의 물상과 관련된 직업을 개괄한 내용이 〈표 12, 13〉에 나와 있다. 개념만 이해하자. 목이 필요하다고 하여 무조건 나무와 관련된 직업이라고 생각하면 안 된다. 목이 **어떤 육친에 해당하는지에 따라 판단**해야 하는데 표에 나오는 십간의 물상과 십간에 따른 직업과 육친별 직업 특성을 참고하기 바란다.

간	물상
갑목	소나무와 같은 큰 나무, 동량목(棟梁木), 목재, 통나무, 의복, 열기구, 서적, 火木(마른 통나무), 전주, 가로수, 기둥, 고층 건물, 석탑(石塔), 안테나, 탑, 동상(銅像)
을목	목재, 섬유질, 화초, 유실수(有實樹), 식물, 채소, 잔디, 묘목(苗木), 유목(幼木), 습목(濕木), 섬유, 의류, 종이, 공예품, 옷장, 피아노, 오르간, 지팡이, 손잡이
병화	광선(光線), 전기(電氣), 광명(光明), 태양열, 연료, 열기구, 화약, 폭발물, 인화물질, 방사선, 조명기구, 컴퓨터, 화공약품, 사진-필름, 안경, TV, 간판, 네온사인, 정신병원, X선, 연료공장
정화	촛불, 화롯불, 등대, 금속을 녹이는 용광로, 가마솥, 연탄불, 온열기구, 화약, 인화물질, 화공약품, 고무제품, 통신기구, TV, 컴퓨터, 전자렌지, 전선, 사진, 필름, 활자, 레이저광선, 방사선, 미용재료, 조명기구, 전등, 석유, 가스, 살아있는 불, 약물, 독극물

간	물상
무토	높고 넓은 큰 산, 언덕, 강과 호수를 막는 제방, 광장, 운동장, 성곽, 축대, 마른땅(燥土), 병풍, 기와, 토석(土石), 암석, 골재, 고물, 도자기
기토	정원, 화원, 작은분지(盆地), 옥토(沃土), 잔디밭, 도로, 하늘의 구름(雲), 전답(田畓), 습토(濕土), 농토, 토기류, 혼수품, 과일, 식품류, 건축자재, 시멘트, 석회
경금	제련되지 않은 철금속, 무쇠, 원석(原石)바위, 금고, 은행, 무기고, 기계, 농기구, 자동차, 중장비, 총포, 열차, 검인(劍刃), 전선, 수도관, 정화조, 터널, 비행기, 절단기
신금	金의 결정체(結晶體), 금은보석, 정밀금속류, 불상(佛像), 유리, 시계, 다이아몬드, 화폐, 현금, 창문, 마취약, 마늘, 생강, 고추, 전선류
임수	큰비, 눈, 바다, 강물, 정자, 난자, 비밀, 음사, 정사, 음료수, 술, 액체, 해초류, 어류, 미생물, 종자, 세탁기, 수돗물
계수	연못, 저수지, 흐르는 시냇물, 실개천, 온천, 음료수, 염류, 해초류, 어류, 필묵, 세탁기, 상선, 어선, 양어장, 지하실, 암실, 해수욕장, 산부인과, 사창가

〈표 12〉 십간의 물상

간	직업
갑목	출판업, 독서실, 신문, 방송, 목재소, 교사, 교수, 연구직, 법조계, 관상대, 의상실, 지물포, 분식점, 문방구, 화원
을목	교육자, 식물원, 화원, 가구점, 목공예품, 양장점, 양복점, 방직, 제지공장, 청과물, 한약, 한약 건재상, 출판업, 음악, 문방구, 분식집, 지물포
병화	조명기구, 전기, 전기계통의 연구직, 의사, 교사, 간호사, 필름, 액세서리, 간판, 극장업, 주유소, 석유공장, 이발관, 미용실, 용접, 백화점, 통신사업, 광고업소, 보도홍보기관
정화	정신과 병원, 조명기구 관련업체, 전기용품, 전자계통, 안경점, 사진관, 방사선사, 병원, 광고업, 극장, 예식장
무토	부동산, 중매, 토산품 중개업, 도서관, 국회, 법원, 경찰서, 형무소, 운동기구상, 표구사, 등산 장비, 골동품, 도자기, 관광산업, 사찰, 교회, 영농 등
기토	부동산, 영농, 토산품, 골동품, 도자기, 식품점, 토건회사, 교회, 절, 예식장, 중매업 등
경금	비철금속, 공구, 기계, 철재, 조선, 중장비, 군인, 스포츠맨, 깡패, 살인자, 경찰, 의사, 여행사, 교사, 간호사, 중공업, 침구사 등
신금	금, 은, 보석상회, 금속세공, 세균검사, 의사, 산부인과, 침구사, 은행, 군인, 경찰, 주류, 양조장
임수	목욕탕, 수산물 관련 직종, 수도사업국, 수영장, 양어장, 양조장, 수력발전, 카페, 교사, 교수, 판·검사, 법조계, 경찰관
계수	비서, 유류, 양조장, 산부인과, 비뇨기과, 장의사, 목욕탕, 해수욕장, 식품, 양어장 등

〈표 13〉 십간에 따른 직업

1) 육친별 직업 특성[20]

⁂ 정인

정인과 편인은 모두 명예, 평판, 정신적 미적 가치를 추구하는 별이기는 하나, 정인은 학문에 더 큰 재능을 보인다. 상업이나 사업에 투신하는 것보다 공무원, 정계, 교육계, 예술계로 나가면 재능을 발휘할 수 있고, 학자, 연구자, 작가, 종교가로 실력을 떨칠 수 있다. 서비스 업종이나 육체적인 직업은 맞지 않지만, 운동처방사나 재활트레이너처럼 사람을 보살피는 직업은 무방하다. 이상적인 것을 추구하므로 이에 맞지 않는 직업은 수입이 좋더라도 만족하지 못한다.

정인이 있고 식신이 있으면 사회적 신용과 제삼자의 도움으로 상업이나 사업에서 성공한다. 정인이 상관을 만나면 제조업, 판매업, 공업 등에는 맞지 않고 예술 방면에서 크게 성공한다. 정인은 문서에 해당하므로 부동산과도 관계가 있다. 부동산 중개, 여관, 호텔업과도 인연이 있다. 정관이 있어 관인상생이 되거나 칠살이 있어 살인상생[21]이 되면 공직에 복무한다. 관성이 없으면 학문이나 예술계 또는 문인 등이 좋다. 편재를 만나면 중개업이나 부업으로 자산이 늘고 편인을 만나면 두 가지 업을 가지다가 명리를 모두 잃을 우려가 있다. 인성이 많으면 자기 과신이 강

---

20) 공성윤 저, 『사주학핵심강의 2권』, 퍼플
21) 살인상생(殺印相生): 나를 극하는 칠살(편관)이 인성을 도우면 인성은 나를 돕는다. 칠살이 나를 돕도록 인성으로 하여금 중개하게 하는 것.

하여 한 군데에 만족하지 못하며 여러 직업을 전전하거나 적성과 맞지 않은 직업을 얻어 방황하게 된다. 정편인이 혼잡하면서 많으면 소심하고, 반드시 투잡을 뛴다.

대학교수

인성이 용신(총지배인)이면 공부를 잘한다.

임	**정화**	기	정
정관		식신	비견
인	해	유	미
정인	정관	편재	식신

• 정화 일간이 유월(음력 8월)에 태어나 약하다. 그러나 연간 정화 비견에서 시작해 비견 생 식신 → 식신 생 편재 → 편재 생 정관 → 정관 생 정인 → 정인 생 일간하므로 모든 기가 일간으로 모인다. 오행이 주류하고 특히 마지막에 정관이 정인을 생하고 정인이 일간인 나를 생하니 관인상생이다. 공부도 잘하고 성품도 좋으며 관성이 튼튼해 대학교수가 된다.

편인

편인은 변화가 많고 다양성이 있는 대중적인 직업에 많다. 부업이 있거나 직업 변동이 잦은 편이다. 자유업이라야 길하고, 직장 생활은 오래 하지 못할 뿐만 아니라 이곳저곳 계속 옮겨 다니게 된다. 특이하고 전문적인 재능이 필요한 의사, 예술가, 예능인, 화가, 작가, 역술가, 종교인이나 토킹바 같은 접객업도 무난하다. 단 편인은 고독한 별이므로 편인이 많으면 사교적이거나 외교적인 직업은 좋지 않다. 여자는 기예를 가르치거나 미용, 분장 같은 최신 유행과 관계있는 업종에 종사하면 크게 발전하고 인기를 얻는다.

편인이 비견을 만나면 본업 이외의 다른 일에 손을 대다가 실패한다. 식신을 만나면 단독 사업은 성공하고 공동 출자는 실패한다. 편재를 만나면 매사 성공하며 로또에 당첨되거나 하는 등의 일확천금을 얻기도 한다. 정인을 만나면 모든 일에 불안정하고 실패가 많으며, 정관을 만나면 본업 이외의 일로 능력을 발휘한다. 학문적으로는 이공계, 교육계, 예체능계, 각종 기능, 공학, 의학, 연극, 영화, 무용, 음악이다.

❈ 요가 강사(여자)

기	**병**	병	기
상관		비견	상관
축	인	자	유
상관	편인	정관	정재

• 병 일간이 한겨울인 자월에 태어났다. 상관이 3개 있다. 상관은 재주가 많다. 연기를 하거나 방송을 하거나 몸을 쓰는 무용과 관련이 있다. 상관은 내 기운을 뺀다. 정관은 나를 극하고 정재는 내가 극한다. 그러니 나는 몹시 약하다. 일지 편인에 의지하는 수밖에 없으니 편인이 용신이다. 편인 역시 예체능계 적성이니 요가 강사가 된다. 인성이 용신이라 공부를 열심히 한다. 박사 학위를 받았다.

비견

비견과 겁재는 독립과 자유를 뜻한다. 비견은 사회에서 지도자 위치에 서기를 좋아하며, 양일간은 공익적 자유업에 종사하고, 음일간은 기술업에 종사하는 경우가 많다. 비겁과 상관이 명식에 있으면 타인과의 동업은 절대 불가하다. 이유는 상관은 자신을 드러내는 것이고, 능력과 부지런함에 해당하는데, 단기간 성과를 내는 일에는 식상의 순발력이 능력을 드러내지만, 결국에는 식상이 관성을 상하게 하고 비겁은 재성을 상하여 사업이 궤도에 오를 무렵이 되면 재관을 가진 다른 사람에게 사업체를 몽땅 넘겨주게 되는 경우가 많기 때문이다.

식상이 함께 있으면 업종의 수명이 길지 않은 아이디어 사업이나 단시일 내에 성패가 결정되는 직종이나, 전문직, 특수한 재능이 필요한 직업, 전문기술 등에 종사하는 게 좋다. 정관과 인성이 사주에 있으면 변호사, 건축가, 세무사, 종교 방면이 길하다. 재성을 만나면 상업으로 대성한다. 천을 귀인을 만나면 예술 방면이 좋고, 건록·제왕이 있으면 사업가가 적당하다. 비견의 학문은 인류학, 인구학, 사회학, 정당론, 정치학, 노동 노사문제, 인권 문제, 인간관계와 관련한 것들이다.

❉ 겁재

겁재가 많으면 차분하게 하는 일은 성격에 맞지 않으니 활동적인 직업, 현장 영업인, 기술자 등에 적합하다. 보좌역을 철저히 하면 발전 기회를 잡을 수 있으며, 부업 또한 성공하나 고정적인 직업에 일정하게 종사하기는 힘들다. 겁재는 편관이 있어 제압해 주는 게 좋다. 편관이 있으면 편관에 해당하는 직업을 따르는 것이 좋고, 식신이 있어 식신으로 화하면 전문직이나 특수한 재능이 필요한 직업에 종사하는 것이 좋다. 정관을 만나면 공동 사업에 성공한다. 편재를 만나면 금융업 중개업 등이 적성이 맞다. 관성이 있으면 기술직 혹은 군에 투신하면 좋다. 건록을 만나면 독자사업으로 성공하고, 12운 제왕을 만나면 다방면에 능력이 있다.

※ 본래 겁재는 사업으로 발생하는 이득이 되는 재성을 겁탈하는 육친이라, 겁재가 많은 자가 동업을 하게 되면 반드시 경쟁자에게 사업의 이득을 강탈당하게 되어 패가망신을 자초하니 절대 금물이다. 겁재는 성패가 다단하다. 겁재가 희신[22]이나 용신이 되면 투기적인 사업도 가능하다. 겁재의 학문은 사회복지론, 범죄론, 청소년문제론, 외교, 신문방송학, 고용, 채권 문제 등에 해당한다.

---

22) 희신(喜神): 일간이나 용신을 돕는 오행

식신

식신은 실무적이고 견실한 직업, 의식주와 연관되는 직업, 생필품과 관계된 직업이 적성에 맞다. 식음료업, 서비스업, 생산업, 직물, 유아용품, 의약, 식품점, 소매상, 카페, 바, 식당, 가구점, 의류, 건축, 부동산 중개, 주택 등 의식주와 직접 관련이 있는 업종과 관련이 있다. 재성이 있으면 생필품을 팔거나 부동산업으로 축재할 수 있다. 일지 식신이나 천간 식신이면 대개 공공기관에서 근무하는 경우가 많은데, 재정직 공무원, 금융관계 등의 일도 무난하다.

식신격은 봉급생활자나 문화방면이 양호하다. 식신제살食神制殺[23]은 무관, 군인, 경비원 등이 적성이고, 식신생재食神生財[24]는 외교, 영업, 약품, 음료, 식료, 부동산 등과 관련된 업종으로 이윤을 얻는다. 식신격에 관살혼잡[25]이면 비생산적 업무나 역술업 등에 종사한다.

식상용재食傷用財[26]는 학문과 관련된 사업이 적합하다. 식신이 귀인을 만나면 물질적인 혜택을 받아 공동 사업으로 성공한다. 만약 편재가 있으면 주위의 도움으로 발전하므로, 매사 적극적인 추진이 성공의 열쇠가 된다. 식신이 편관을 만나면 실패가 많고 곤란을 당하므로, 독자적인 성공은 쉽지 않다. 편인을 만나면 남의 일로 손실을 보며, 정관을 만나면

---

23) 식신제살: 편관이 강해 내가 괴로울 때 식신으로 편관을 극하여 내가 살게 되는 것.
24) 식신생재: 총지배인이 재성인데 재성이 좀 약할 경우 식신으로 재성을 돕는 것.
25) 관살혼잡(官殺混雜): 명식 중에 정관과 편관이 함께 있는 것.
26) 내가 강하고 총지배인인 재성이 약할 경우 식신으로 하여금 재성을 생하게 하여 총지배인을 돕는 것.

노고가 적고 이익의 혜택이 많다. 식신의 학문은 경영학, 경제학, 식품학, 영양학, 의약, 농학, 임학, 동물사육학 등이다.

부동산업(남자)

기 토	정화	병	정
식신		겁재	비견
유금	유금	오화	유금
편재	편재	비견	편재
식신생재			

• 정화일생이 오월에 태어나고 비견 둘, 겁재 하나로 일간이 강하다. 지지에 유금 3개가 있어 금과 화가 대치되어 싸우고 있다. 오뉴월 염천이라 화의 기운이 훨씬 강해 금이 녹아버릴 지경이다. 시간에 기토(식신)가 있어 화(비견)로 하여금 화생토하게 한 후 토생금으로 편재의 기운을 북돋아준다. 식신생재食神生財로 기토가 용신이다. 토가 식신이 되니 부동산업으로 돈을 번다.

상관

상관은 미적, 감각적, 창조적, 분석적, 비평적인 업무 같은 전문직이 많으며, 인성을 동반하고 명식이 양호하면 변호사나 국가 고위직도 가능하다. 단조로운 일은 적성에 맞지 않다. 예술적인 심미안이 있어서 조각가, 건축가, 도예가 등에 적합하고, 작가, 음악가, 서예, 미술가, 큐레이터 등 감성적이고 섬세한 직업을 가지는 것이 좋다.

상관이 인성을 만나면 작가, 종교인, 철학가, 변호사 등으로 이름을 얻는다. 명식이 양호하면 고위공무원도 된다. 겁재를 만나면 파산이나 해산의 흉조를 암시하므로 공동 사업에는 적당하지 않다. 편인을 만나면 본업 외에 다른 일에 손을 대다가 실패하고 보증으로 인한 손실을 당한다. 상관의 학문은 교육, 심리, 언어, 음악, 기상학, 철학, 언론, 관광, 웅변, 통신, 전자공학 등에 해당한다.

❀ 소설가(남자)

계	**임**수	정	기
겁재		정재	정관
묘	자	축	해
상관	겁재	정관	비견
해자축 방합			

- 임자일생이 축월에 태어났다. 임자일은 육십갑자 중 3위 안에 드는 강한 일주다. 그런데 해자축 방합이 되고 계수까지 있다. 세상천지가 온통 물이다. 종왕격이다(241p 종격용신편 참고). 강한 수의 기운을 빼 주는 상

관 묘목이 용신이 된다. 자신이 최고인 줄 알고 허세가 심하다. 글은 아주 잘 쓴다. 인간 내면의 심리를 파헤치는 심오한 글보다 묘사가 탁월하고 감각적인 글을 쓴다. 남녀 불문하고 상관이 많거나 상관이 용신인 사람 중에 소설가가 많다.

정재

정재는 안정성을 위주로 돈을 버는 별이다. 복잡한 업무나 사교적인 업무는 편재의 역할이다. 봉급생활자, 문화업, 소매 판매업, 경리가 좋고, 일간도 강하고 재도 강하면 독자적인 상업, 사업, 제조 및 현금을 취급하는 직업도 좋다. 고향보다 타향에서 성공한다. 역마[27]가 있으면 활동성이 생기므로 사업으로 이윤을 얻을 수 있고, 교통·운수 등도 좋다.

정재가 명식과 운에서 정관을 만나면 고급기술을 가지는 것이 좋으며, 사회적으로 지위와 명예를 얻는다. 대기업, 공기업 등에서 크게 성공한다. 겁재를 보면 손실이 크고 항상 사람과 재물로 인한 문제를 경계해야 한다. 식신을 보면 도움이 많아 경제적인 신용을 얻어 크게 성공한다. 편재를 보면 금전 출입이 많고, 이익도 많으나 돈벌이의 가짓수가 늘어나 다른 사업을 벌이는 경우가 많다. 정재의 학문은 경제학, 재정, 회계, 경리, 계리, 설계, 통화, 금융 등이다.

---

27) 역마살(驛馬煞): 한곳에 안착하지 못하고 이리저리 떠돌아다니게 만드는 액운

❈ 경리

계	무土	정	기
정재		정인	겁재
해	자	축	미
편재	정재	겁재	겁재
해자축 방합			

무 일간이 축월에 태어났다. 지지 해자축이 방합이 되어 정재의 기운이 매우 강하다. 겁재가 3개 있다. 정인은 화생토 하니 토에 편입된다. 비겁인 토와 정재인 수의 세력이 막상막하다. 돈을 다루는 부서에서 봉급 생활을 한다.

❈ 편재

정재가 노력의 대가로 정당하게 얻는 재물로서 안정적이고 견실하며 단조로운 일, 봉급생활 등으로 얻는 재물이라면 편재는 자극적이고 투기성이 있으며 모험적이고 활동적이고, 도전적인 사업으로 얻는 재물이다. 편재는 활동의 암시가 강하여 역마驛馬의 뜻이 있다. 재정을 운용하는 데 탁월한 소질이 있고, 외교, 매매, 교통, 운수 등 활동적인 일이 적성에 맞다. 도매업, 금융, 회계, 세무 등과 관계가 있다. 봉사 정신이 있으므로 보모, 간호사, 영양사 등의 직업에 종사하는 경우도 많다.

편재가 있으면 필히 신약신강身弱身强[28]을 따져야 하며, 신왕재왕身旺財旺[29]이면 사업으로 큰 재물을 얻는다. 신은 일간을 말하는데 일간이 강한데 재가 약하면 공업과 관련된 기술 계통이며, 재가 강하고 일간이 약하면 인성에 의지해야 하므로 월급쟁이다. 편재가 천·월덕귀인,[30] 문창귀인[31] 등을 만나면 교육자, 변호사 등에 적합하다. 자영업인 경우 기술이 필요한 판매업을 하면 크게 성공하는데 특히 금융, 귀금속, 무역 계통에서 성공한다.

비견이 있으면 본업 이외의 사업에 손을 대다가 손해를 보고, 식신이 있으면 친지의 원조를 받아 이익을 보거나, 기업에 소속된 경우에도 발전이 있고 자영업에 종사한다면 번영의 기회가 되는 경우가 많다. 상관이 있으면 아랫사람 혹은 동료들과 돈과 얽힌 문제가 발생할 소지가 있고, 정재가 있으면 두 가지 돈벌이를 동시에 가지는 꼴이라 부업을 하는 경우가 많다. 편재의 학문은 경영, 재정, 무역, 금융, 부동산, 화폐론 등에 해당한다.

---

28) 신약신강: 일간인 내가 약한지(신약) 강한지(신강)
29) 신왕재왕: 일간인 나도 강하고 재성도 강함
30) 천·월덕귀인: 천덕귀인과 월덕귀인, 명식 중의 흉살을 변화시켜 흩어지게 함
31) 문창귀인: 창의력과 학식이 뛰어나게 해 주는 학문의 신

❊ 사업가

경	**을목**	임	임
정관		정인	정인
진	미	**인목**	인
정재	편재	겁재	겁재
신왕재왕			

- 을 일간이 인월에 태어났다. 겁재, 겁재, 정인, 정인으로 내가 몹시 강하다. 편재와 정재가 있어 재성도 강하나 내가 더 강하다. 내가 조금이라도 더 강해야 내 돈이 된다. 신왕재왕에 해당하니 사업을 해서 수백억 원의 부를 쌓았다.

❊ 정관

사회적 지위나 권력에 그 뜻이 있으므로 공무원, 회사원, 정치가, 법률가, 행정 실무자 등이 좋다. 명예와 신용을 중히 여기며 공무원, 학자, 금융계 같은 꼼꼼하고 정직을 요하는 직업에 투신하면 성공한다. 특히 명식에 정관과 정재가 있으면 고정된 직업으로 특별한 어려움 없이 차근차근 발전한다.

정관은 공적인 일에 두각을 나타낸다. 관리와 경영에 관한 능력이 뛰어나 실업가로서도 크게 발전할 수 있다. 정관이 비견을 보면 부모의 사업을 계승하고 편재를 보면 신용을 얻어 상업·공업 등에서 성공하는 경우가 많다. 정인이 있으면 문관文官이다. 정관이 공망[32]되거나 충형을 만나면 직업을 잃거나, 방황하는 형상이 되어 쉽게 직업을 바꾸고 오랫동안 한 직장에 머물지 못하게 된다. 정관의 학문은 헌법, 행정법, 민법, 상법, 국어, 국사 등이다.

국책은행원

을	**갑**목	정	신
겁재		상관	**정관**
해	자	유	해
편인	정인	정관	편인

- 갑 일간이 유월에 태어났다. 겁재 1, 편인 2, 정인 1로 일간은 강하다. 유금(정관)은 정화(상관)의 극을 받고 해수(편인)에 설기 당하니 약하다. 정관이 강해져야 하니 연간 신금(정관)을 용신으로 삼는다. 운에서 편관 칠살(신금申金)이 와서 관살이 함께 나를 극하더라도 일지 자와 합이 되니 두려워하지 않는다. 관을 생하는 재운과 관운이 오면 승진가도를 달리게 된다.

---

[32] 공망(空亡): 하나의 빈 것이라는 의미. 천간의 갑과 지지의 자부터 순서대로 짝을 지으면 계유에서 끝난다. 나머지 지지 술과 해는 배합할 간이 없으니 공망이라 부른다. 흉성이 공망이면 길하고, 희신이 공망이면 힘을 잃는다.

⁂ 편관

편관은 경쟁과 파괴의 뜻이 있으므로 경쟁하는 업무나 군인 경찰 등이 좋다. 의리가 있고, 때에 따라 눈물도 보이는 인정이 있으며, 강한 카리스마를 가져 작은 집단의 우두머리가 될 소질을 가지고 있다. 토목이나 건축 분야의 현장 감독이나 사장이 되면 좋다. 청부업, 건달, 일용직 잡부 등도 해당되고, 직감력과 재능을 살려 예술가, 작가도 가능하다. 사업 면에서는 수출, 수입, 밀수, 부동산, 식품업 등이 좋으며, 고용되어 근무할 때는 출판사, 해외상사, 증권회사, 보험사정인 등이 적합하다. 스스로가 우두머리가 되어 자신의 책임하에 전권을 행사할 수 있는 직종이 적합하다.

재자약살[33]은 경찰관, 교도관, 소방관, 형사 등이 양호하고 제살태과이면 가난한 선비이며, 신왕하면서 양인이 편관을 대동하면 무관이 좋다. 살인상생이면 문장가, 종교인, 서기, 회계, 대기업의 고위직 임원이다. 신약에 칠살이 많거나 관살혼잡하면서 인성이 없거나, 칠살을 제복시키지 못하면 편파적이고 싸움을 좋아하는 폭력배나 시정잡배이고, 칠살이 많으면서 약한 인성에 의지하면 고생스러운 일에 종사하는 경우가 많다.

---

33) 재자약살(財滋弱殺): 관살을 총지배인으로 삼으려는데 관살이 미약할 때 재로 관살을 돕게 하는 것.

고위공직자

계	**병화**	임	임
정관		편관	편관
사	인	자	진
비견	**편인**	정관	식신
살인상생			

• 일간 병화가 자월에 태어났으나 일지 인목의 생을 받고 시지에 사화가 있어 약하지 않다. 편관 칠살이 인목을 생하니 칠살의 기운은 자연히 설(泄:새어 나가다)된다. 인목 편인을 용신으로 삼는다. 관살이 중첩하여 있다 하나 겁낼 것이 없다. 이것이 살인상생이다. 관직에 나가 고위직에 올랐다. 관인상생이나 살인상생은 공직에 나가면 좋다.

2) 오행에 따른 직업

목, 화, 토, 금, 수의 오행에 속하는 직업을 나열하니 참고하기 바란다.

• 목木

목재 혹은 식물과 연관되거나 성장과 관련 있는 대부분의 제조업이 해당된다.

농작물, 목재 종이 제품, 가구, 꽃집, 옷, 신발, 물건, 서적의 출판 및 소매업. 문방구, 도서, 종이, 의류, 방직, 원예, 공예. 목제품, 가구, 목기, 원예, 목공예, 분재, 차 제조 및 판매, 인테리어, 요리사, 식품업. 교사, 문학, 문예, 비서, 의복, 섬유, 야채와 과일, 한약재, 식품 재료, 종교 물품, 정치계 등이다.

교육 종사자는 목에 속한다고 볼 수 있다. 지식을 전해 학생을 성장시키기 때문이다. 만약 자신이 학문을 탐구하면 교수가 된다(화火가 있어야 한다).

※ 목이 재성이고 희신이면 부자가 되는 능력을 보유해 티끌 모아 태산이 된다. 목이 기신[34]이면, 경영자는 대부분 낡은 틀에 매달리고, 봉급쟁이는 하위직에 머문다.

• 화火

화는 지혜로 사색하여 업적을 남기는 모든 일이 해당된다. 과학자(의학계), 의사, 사상가(종교), 발명가, 예술가, 작가, 법관, 변호사, 국회의원, 평론가, 심리학자, 연설가, 설계 및 광고 등이다.

전자 언론매체를 총괄한다. 촬영, 영화, 텔레비전, 방송국, 컴퓨터, 인터넷, 신문, 잡지 등, 전자 매개물로 다시 넓혀보면 연예 업무, 기자, 분장사, 헤어디자이너 등이 여기 속한다.

고열성, 화약성, 광명성 등 불이나 빛을 사용하는 모든 업종. 열에너

---

34) 기신(忌神): 일간이나 용신을 극하거나 힘을 빼는 오행

지, 동력, 광원, 조명, 조명장식, 가연성 물질, 기름, 술 제조, 가스 가공 및 제조, 식품, 뷔페식당, 수공예, 주물, 백화점, 의복, 인쇄 제작업, 화로, 화학, 도금, 의약품, 음료 가공, 수공예, 액세서리, 요리사, 기계 가공품, 제조공장, 화장품, 무희, 백화점, 인쇄소, 조각, 플라스틱 수지, 고무, 안경, 유리, 화학공업, 석유, 미용실, 이발소, 사진, 반도체, 전선 및 각종 케이블, 전자제품 수리, 석유업 등이 해당된다.

※ 불은 무형이므로 물질이 없고, 다만 정신과 사상을 대표하고, 금전(물질)과 상반된다. 고로 화가 재성이고 희신이면 금전을 더러운 흙처럼 본다. 돈을 물 쓰듯 할 수 있다. 이익을 가볍게 보고 명예를 중시하며, 친구 사귀기를 좋아하며, 남의 곤경을 급히 해결하려 한다. 만일 화가 기신이면, 돈이 없어도 절제하지 않고 마구 소비하여 항상 빚을 잔뜩 진다.

• 토土

토는 엄청난 지하자원을 품고 있다. 일체의 천연자원 개발 작업, 모든 흙, 탄광, 석유 및 천연가스 채굴 등이다.

토지에 투자하거나 건물을 건설하는 토지의 매매, 부동산, 건축이 해당된다. 농장, 농산물을 저장하는 창고업, 모든 농목축, 사료, 농기계의 매매, 농산물 중매, 소개, 관리업, 농작물 위탁판매상, 대리점, 시멘트업, 석재, 도자기, 건축자재, 모래 자갈업, 레미콘 회사 등.

농민 혹은 토양 연구자, 용수기, 전당포, 골동품 감정사, 중간 상인, 소개업, 대서, 서기, 변호사, 간호사, 비서, 고급 관리 혹은 고등직업, 상조

회사, 죽은 사람을 위한 장식업, 묘지 관리와 묘지 건축, 위탁판매상, 피혁업, 제화업 등.

토와 나머지 금, 목, 수, 화의 기운이 내포되면 직업 종류가 대단히 많아서 다 기록하기 어렵다. 아래에 간단히 살펴보면

金: 보석상은 흙에서 옥석을 얻고 가공해 판매한다. 공장에서 아름답게 세공하는 작업이 모두 토중금土中金과 관련이 있다.
水: 모든 수리 공사 및 자원 개발의 목적이 있는 수력 발전, 선박 업무 작업은 모두 토중수土中水라고 부른다.
木: 재배 농작물의 이익, 혹은 토목 공사나 모든 것이 자원을 개발한 기술을 토중목土中木이라고 한다.
火: 지혜로 자원을 개발하는 것이고, 제조업이면 설계가 되고, 과학 기술을 운용하고 진행하고 탐구하여 개발된 생산 물품이 된다. 혹은 인적자원 회사, 회사의 인사부 등이 토중화土中火이다.
土: 건물 소유주 혹은 상점 소유주, 임대업이 토중토土中土다.

※ 토가 희신이고 인성인데 연주 혹은 월주에 있으면 거물로 태어났다. 대운이 형·충이 아니면, 평생 동안 평온해 의식에 지장이 없다. 만일 토가 재성이면서 통근[35]하고 투출[36]하면 상업을 하고 장사 중에 재물에 들어올 수 있고 이윤이 안정적이다. 편재가 통근 투출하면 대운에 다시 재성을 만나야 하고 투자하여

---

35) 통근: 천간에 있는 오행이 지지에도 있는 것(암장도 포함).
36) 투출: 지지에 있는 오행이 천간에 드러나 있는 것(암장도 포함).

이익을 볼 수 있다, 그러나 흙은 자원이고 편재이므로 큰 재물은 어렵다.

• 금金

광물과 관련된 업종이나 제조 시에 광물이 들어가는 것 전부와 금융, 혹은 첨단 산업이나 예리한 성질의 산업이 해당된다.

컴퓨터 제조, 노트북이나 컴퓨터의 메인보드 및 인터페이스, 일반적인 무선 통신, 전자레인지, 통신, 위성통신, 전자업, 발전기, 모터, 철강업, 금속 건축자재, 금속성 의료기재, 금속 상품의 제조, 전자 부품의 제조, 커넥터, 네트워크(하드웨어), 모니터, 전자제품 용품, 전자오락(하드웨어), 마이크, 통신 부속품, 전자 악기, 자동차, 집적회로, 광섬유, 케이블, 전선, 광전기 제품, 웹 사이트 경영, 전자상거래, 건전지, 자동차 부품, 교통 계통, 전기 자재, 전기 상점, 별목 사업과 관련된 도구 및 기계를 팔거나 도검 제작업, 의료기기 등.

금속가공, 금속상, 보석 분야의 매매(단 보석 관련업은 토도 필요하다), 시계 제조 및 판매, 금속상, 굴착, 발굴, 광업,

금융 투자, 은행, 보험, 회계, 증권, 음악가, 과학기술자, 여론조사 회사 대표, 감정사, 대법관, 모든 무술가.

금이 날카로운 무기 또는 권력을 상징하므로 국가 원수, 정부 고위관리, 회사 임원(대표이사, 또는 책임지는 관리 업무자, 곧 토금이 상생하는 것)처럼 관리를 용이하게 하도록 제도를 만들 고, 국민 혹은 부하가 따르도록 한다. 금융감독원, 감사원, 정산인 등도 좋으나 청렴하게 하지 않으면 재앙이 발생한다.

금은 힘을 대표하므로 체력을 쓰는 직업도 좋다. 무술계, 운동선수, 집달리 등.

금은 직접 금전을 낳을 수 없으나 자금을 모을 수 있고, 다시 돈을 빌려 자원을 개발해 돈을 버니 금융업, 은행업, 증권업, 투자 회사, 보험업, 사모펀드 운영도 가능하다. 도박장 운영도 금 업종이다.

※ 많은 사람이 금을 금전 즉 재물로 여기나 오랫동안 금은 권력이었다. 물물교환 시절에는 화폐의 개념이 없었고, 금이나 은이 화폐로 쓰인 역사는 인류 역사에 비해 아주 짧다. 칼이 세상을 지배했기에 금을 권력으로 보았다. 금이 재성이 되고 내게 도움을 주는 희신 작용을 하면 재산을 창조하지는 않더라도 자금을 선용하는 재능이 있고, 적극적이고 진취적으로 투자나 장사, 경영과 매매를 하게 된다. 만약 기신忌神이면, 투기 도박을 좋아하고, 모험으로 재물을 추구하고, 항상 욕심을 부려 가난하게 되며, 고의로 직권을 남용하여 사익을 도모하다 법적인 처벌을 받게 된다.

• 수水

물은 고여 있지 않고 흐른다. 떠돌아다니고, 바쁘고, 이동하며, 쉽게 변화한다.

수출입 무역, 교통 및 운송업, 다국적 기업, 자동차 정비, 관리 및 자문, 백화점, 슈퍼마켓, 수로 공사, 수리 공사, 관광업, 여행사, 호텔, 여관, 나이트클럽, 음식점, 바, 및 각양각색의 오락장, 관광 안내자, 엔터테인먼트 계통, 레저, 연예, 모델, 연기자, 성악가, 운동선수, 정치인, 선원,

항해사, 어부, 인터뷰 기자, 보험 설계사 등.

어업, 수족관, 항공사, 광고업, 상업디자인, 상품 설계, 네트워크, 건축 설계, 학원 사업, 언론사, IC 설계업, 부동산 시행사, 양식업, 꽃집, 농업, 출판업, 식당, 우비, 돛, 비누, 빙수, 수산업, 청소업, 수영장, 호수, 연못, 대중목욕탕, 완구업, 음향업, 마술, 곡마단, 소화기, 낚시 도구, 수력발전, 카페, 음반업, 유람선 회사, 냉동업, 이동 노점상, 위탁판매상, 방화물품 사업, 세탁업.

수는 지혜이므로 머리가 좋다. 육친의 구성에 따라 의사, 연구자, 회계사, 변호사, 교육자, 풍수가도 된다.

※ 수와 화는 적대적인 것이므로 수가 재성인 사람들은 지혜가 부족하다. 수가 재성이고 희신일 경우에는 융통성 있게 사업을 경영하며, 역경 중에도 자유롭게 활약할 수 있고, 역경 속에서 재물을 추구한다. 기신이면 자신의 욕망을 만족시키기 위해 헤프게 돈을 쓰고, 재물을 취하기 위해 쉽게 위법 행위를 저지른다.

3) 용신用神에 따른 직업

위에서 육친의 직업적 특성과 오행에 속하는 직업에 대해 살펴보았다. 정확한 추론을 위해 용신에 관해서도 알아야 한다. **용신用神이란 내게 꼭 필요한 것, 내가 꼭 취해야 하는 것, 내가 꼭 가지고 있어야 하는 것**이다. 가지고 태어나지 못했다면 운에서라도 가져야 한다. 그도 아니라면 가지고 있는 사람을 배우자로 구하거나(동업을 하거나), 용신에 해당하는 직업을 구해야 한다. 그래야 더 좋은 운명으로 바꿀 수 있다. 부러워하는 아이 집에 가서 마법의 금수저로 밥을 세 번 먹으면 그 아이와 바뀐다는 드라마가 있었다. 마법의 금수저 역할을 하는 게 배우자(동업자)와 직업이다.

용신을 찾는 작업이 명리학 공부의 거의 전부라고 해도 과언이 아니다. 언제부터 용신이라는 용어가 쓰였는지는 명확히 알 수 없다. 명리학이라는 용어도 마찬가지다. 고서에는 이런 용어가 없다. 중국, 대만, 일본, 한국에서 사주팔자를 믿고 있으니 누군가 만들어내었을 거라고 짐작만 한다. 물리학, 생리학처럼 리학理學이라는 글자를 붙인 것만 보아도 그렇게 유추할 수 있다.

용어가 어디서 유래했건 **명식 간명에서 제일 중요한 건 용신을 찾는 일이다. 운이 좋을 때와 나쁠 때를 가리는 건 용신에 해당하는 오행의 흐름을 보는 것**이다. 직업도 당연히 용신에 해당하는 업종을 택해야 한다. 궁합을 볼 때도 용신이 중요하고 질병이나 사망 시점을 살피는 데도 중요하다. 용신을 잘 찾는 사람이 실력 있는 사람이다. 문제는 용신을 찾는 게 무척 어렵다는 데 있다. 너무 복잡하고 어렵기 때문에 이 책에서 용신을 찾는 모든 방법을 설명할 수 없다. 여기서는 직업을 파악하기 위해 꼭 필요한 정도만 설명하려고 한다. 궁합이나 운세를 살필 때도 적용하면 된다.

용신用神. 쓸 용用, 귀신 신神. 글자 그대로 풀이하면 내가 사용하는(쓰는) 귀신이라는 뜻이다. 귀신을 부하처럼 부릴 수 있을까. 내가 마음대로 부릴 귀신이 있다면 정말 신나지 않겠는가? 귀신 신神자를 쓴 이유는 용신이 정말 중요하기 때문일 것이다.

앞에서 나와 총지배인을 기억하라고 했다. 나는 호텔 주인이고 용신은 총지배인이다. 총지배인이 유능하면 호텔은 발전할 것이고 총지배인이 무능하면 호텔은 망할 것이다. 나는 무능한데 총지배인만 유능하다면 나는 허수아비나 다름없는 주인인 셈이다. 언젠가는 호텔을 총지배인에게 빼앗길지도 모른다. 내가 아무리 유능해도 총지배인이 무능하다면 의욕적으로 경영하려고 해도 제대로 되지 않는다.

내 역량은 반드시 총지배인보다 조금 강해야 한다. 그래야 제압당하지 않는다. 내가 아주 강한 게 좋지 않겠는가? 하고 물을 수도 있다. 답은 '좋지 않다'이다. 힘으로 겨루어 용신을 이길 수 있을 정도면 족하다. 음양오행론의 근간이 중화라는 사실을 잊지 말자. 나와 용신은 균형이 맞아야 한다. 저울의 추가 한쪽으로 너무 기울면 안 된다. 내가 용신보다 너무 힘이 세면 용신은 기가 죽어 아무 일도 못할 것이다. 지레 주눅이 들어서 웅크리고 있게 된다. 이럴 때는 나를 깎거나 용신을 북돋워야 한다. 용신이 나보다 지나치게 힘이 셀 때도 마찬가지다. 용신의 힘을 빼거나 용신과 나 사이에서 중재해 줄 존재가 필요하다.

유능한 총지배인이 있어야 내가 성공하기 때문에 내 마음은 늘 용신을 향하고 있다. 내가 숫자에 약하다면 회계에 능한 사람을 구해야 하고, 영업에 약하다면 홍보 전문가를 구해야 한다. 나의 성패가 용신의 능력에 달려있기에 용신이 어떤 육친에 해당하느냐가 매우 중요하다. 성품도 영향을 받고, 직업도 영향을 받는다.

명식 중의 인성이 용신이면 공부를 잘한다. 재성이 용신이면 재테크에 능하다. 비겁이 용신이면 동업함이 좋다. 관이 용신이면 관직에 나가야 한다(공기업이나 대기업도 관직과 같은 것으로 본다) 등등. 만일 명식 중에 용신이 없다면? 열심히 공부하나 시험에 떨어지고, 돈을 좇으나 모이지 않고, 입학시험이나 채용 시험에 떨어진다. 동업하면 무조건 배신당하고 망한다. 그러니 동업자를 구할 때, 직원을 뽑을 때도 나의 용신에 해당하는 오행을 가진 사람이 좋고 직장 생활을 할 때도 상사나 동료나 후배가 나의 용신과 같은 오행이면 좋다. 연인이나 부부도 마찬가지다.

문제는 용신을 어떻게 찾느냐 하는 것이다. 용신을 찾는 일은 참으로 지난하다. 변수가 너무 많다. 일간의 강약을 따질 때 고려해야 할 요소가 참으로 많기 때문이다. 월령(태어난 월)도 중요하고, 합이나 형충파해도 중요하고, 통계의 극단값처럼 특별한 경우에 해당하는지도 따져야 한다. 통계를 낼 때는 평균에 영향을 주는 몇몇 극단값은 버린다. 그런데 명식은 그럴 수 없다. 희귀한 값이라도 해석해야 하는데 희귀하기 때문에 사례도 적다.

그리고 극단값이라고 부르지 않더라도 해석상 예외를 요구하는 경우가 30%쯤 된다. 열 명 중 세 명이다. 평범한 명식 혹은 나쁜 명식인 것 같은데 고귀하게 된 사람들이 있다. 교재도 별로 없고 임상 데이터도 부족해 올바르게 명식을 해석하기 어렵다. 선대의 학자들도 이런 문제 때문에 꽤나 골머리를 쌓았던 모양이다. 그래서 온갖 이상한 원리를 적용했다. 공중에 떠 있는 관을 불러온다느니 하면서….

가장 혼란스러운 것은 **용신을 정하는 순서**다. 용신이 일주를 돕는 것이므로 반드시 명식 내에서 용신을 정해야 하는데, 어떤 사주는 너무 어렵고 까다로워서 대가라고 하는 사람도 오판하는 경우가 많다.

예를 들어 한겨울이나 한여름에 태어난 사람이 있다고 하자. 그런데 불이나 물을 가지고 있지 않고, 일간과 같은 비겁도 없어서 심히 약하다. 내가 강해야 총지배인을 부릴 수 있다고 했으니 나를 강하게 해 주는 육친을 용신으로 삼아야 한다고 생각할 것이다. 그런데 너무 춥고, 또 너무 덥다. 꼼짝하기도 싫다. 그러니 추위나 더위를 막아 주는 육친을 용신으로 삼아야 하는 것 아닐까? 헷갈린다.

역대 대통령 주치의를 지낸 한의사 선생님의 말씀이 참고가 되리라 생각한다. 그 한의원에서 한약 한 제(20첩)를 받으면 약봉지 위에 1, 2, 3, 4, 5라는 숫자가 적혀 있었다. 한의사 선생님은 번호 순서에 따라서 달여서 먹어야 한다고 신신당부하고는 했다. 가끔 약 달여 주는 곳에 맡겨서 20첩을 한꺼번에 달인 다음 파우치에 넣어달라고 해서 가족에게 먹이는 주부가 있더라는 것이다. 그렇게 하면 안 되는 이유를 상세하게 설명해 주셨다.

"1번은 소화기를 다스린다. 아무리 좋은 약이라도 소화시켜 흡수하지 못하면 무슨 소용이겠느냐. 2번부터는 위급한 순서대로다. 심장이 멎으면 당장 죽으니 심장을 다스린 다음 천천히 병소로 접근한다."

용신 찾는 원리도 같다. **가장 시급한 문제를 해결해 주는 오행을 우선적으로 용신으로 정해야 한다.** 만물이 얼어붙어 있을 때는 제일 먼저 병화를 용신으로 삼아야 하고, 오뉴월 염천에는 한 점의 물기라도 있으면 그것을 용신으로 정해야 한다.

용신은 각각의 쓰임새에 따라 크게 5가지로 나누는데, 억부용신抑扶用神, 병약용신病藥用神, 통관용신通關用神, 조후용신調候用神, 종격용신從格

用神이다.

억부용신은 일간의 강약에 따라 용신을 정한다. 강왕하면 관성이나 재성, 식상으로 일주를 억제하고 허약하면 비견이나 인성으로 도와주어야 한다.

병약용신은 병이 들었을 때 약이 되어 주는 것이다. 나를 극하는 육친이 강해서 힘들어 죽을 지경인데 극하는 육친을 돕는 게 있다면 병이 든 것이다. 돕는 육친을 제거하는 오행이 약이 된다. 병든 명식에 약이 함께 있다면 귀하게 된다. 병에 걸려서 면역을 얻은 것과 같기 때문이다.

통관용신은 상극하는 두 육친의 싸움을 말리는 것이다. 도끼(금)와 나무(목)가 서로 싸우고 있을 때 가운데 물(수)이 있다면 금생수 수생목하니 싸움을 잊고 화기애애하게 지낸다.

조후용신은 계절의 기후를 조절하는 신이다. 폭염이 심하면 해갈할 물을 원하고 추위가 심하면 따뜻한 햇볕을 그리워하는 이치다.

종격용신은 일간을 제외한 육친이 어느 한 오행으로 쏠려 있을 때 나를 버리고 강한 자를 따라가는 것이다. 너무 강한 종격일 경우 왕희순세[37]라 하여 강한 기운을 빼 주는 오행이 용신이 된다.

(1) 억부용신抑扶用神

억부용신과 격국용신은 자주 혼동을 일으킨다. 격국이란 명식을 간명할 때 편의상 이름을 지어주는 것이다. 격국을 정하는 원칙이 따로 있다.

---

37) 왕희순세(旺喜順勢): 왕한 자는 운에 순세를 만남을 기뻐한다(극하거나 극을 받는 것을 좋아하지 않는다)

대개 월주의 지지 장간이 격국이 된다. 격국을 보고 총지배인을 찾는다. 이때도 억부의 원칙이 적용된다. 여기서는 그런 게 있다는 정도만 알면 된다.

억부용신을 정하는 일반적인 원칙은 다음과 같다.[38]

- 명식 중에 인성(정인과 편인)이 많으면 재성(정재와 편재)으로 용신을 정하는 것이 우선이나, 재성이 없으면 관성(정관과 편관)으로 정하고, 관성이 없으면 식상(식신과 상관)으로 용신을 정한다.
- 명식 중에 비겁이 많아서 신왕(일간이 강)할 경우는 관성이 첫째요, 관살이 없으면 식상이요, 식상이 없으면 재성으로 정한다.
- 명식 중에 식상이나 관성이 많아서 신약(일간이 약)할 경우 인성(정인 편인)으로 용신을 정하고, 인성이 없으면 비겁(비견과 겁재)이 용신이 된다.
- 재성이 많아서 신약일 경우 비겁이 우선이요, 비겁이 없으면 인성으로 정한다. 단 인성이 많은 재성에 의해 파괴된 경우 인성을 용신으로 쓸 수 없다. 다른 육친의 경우도 동일하다.
- 일간이 비겁이나 인성에 둘러싸여 너무 태왕할 경우, 또는 일간이 관살이나 재성이나 식상에 둘러싸여 태약할 경우에는 자신을 버리고 강한 육친에 복종하게 되는데 종격용신에서 다룬다.

---

38) 최학림 저, 『사주정해 Ⅱ』

명식 1

을	**을목**	을	계
목	목	목	수
유금	**사**	묘	묘
금	화	목	목
사유 반합(금)			

• 을목 일간이 묘월(음력 2월)에 출생했고 월간과 시간에 을이 2개, 연지에 묘가 또 있다. 연간 계수는 수생목하니 목이 너무 강하다. 목을 억제할 오행이 필요한데 다행히 시지 유금이 금극목으로 목을 제압하고 있다. 유는 사화 합하여 금국이 되므로 금도 충분히 강하여 총지배인으로 삼을 만하다. 금이 용신이 된다.

명식 2

병	**병화**	경	병
화	화	금	화
신	**인목**	**자**	**진**
금	목	수	토
신자진 삼합(수)			

병화 일간이 수기가 강한 자월(음력 11월)에 태어났다. 연지 진토가 월간 경금을 생하고(토생금), 경금은 수를 생하는데(금생수), 지지 신자진이 삼합하여 수국이 된다. 병화가 3개라고는 하나 수가 너무너무 강하다. 태왕한 물 때문에 불이 곧 꺼질 지경이다. 그러나 다행하게도 일지에 편인인 인목이 있다. 수생목 목생화하므로 병화인 나는 인목에 의지하게 된다. 인성이 용신이다.

(2) 병약용신病藥用神

병은 명식 중 많아서 해를 끼치는 오행이고, 이 오행을 제거하는 오행이 약이다. 목 일간을 예로 들면 명식 중에 수가 너무 많으면 나무는 물에 뜨게 된다. 떠내려갈 수도 있다. 그런데 토(흙)가 있어서 물을 흡수해 준다면 나무가 물에 뜨거나 떠내려가는 일은 없을 것이다. 토가 약이 된다.

용신을 극하는 오행 역시 병이 된다. 내게 중요한 총지배인을 공격하는 놈이니 병이 되는 것이다. 10년 주기의 대운에서 병을 치료해 주는 오행을 만나면 환난이 없어진다. **일간의 병과 용신의 병을 혼동하지 않도록 주의**해야 한다. 약 운에 발전한다.

❈ 용신이 병든 명식

병	**경**금	병	무
편관		편관	편인 **용신**
술	**인**	진	오
편인	용신인 편인의 병	편인	정관
신정무	무병갑	을계**무**	병기정
계 임	신	경 기	무 정
해 술	유	신 미	오 사
	제거 병	고시합격	

- 일간 경금이 지지에 인오술 화국을 놓고 천간에 두 개의 병화가 있어 살(편관)이 왕하다. 금을 다 녹일 기세다. 다행한 것은 진월 중 무토가 연간에 나와 있어 왕화로 하여금 생 무토하니 살은 인성으로 화하고 인성은 일간을 생한다(화생토 → 토생금). 그러나 안타깝게도 인목이 인성인 토를 극하니 목이 병이 된다. 기토미토 대운은 토 용신을 돕는 운이므로 고시에 합격하였고, 경신 신유 운에는 금극목으로 병이 되는 인목을 제거해 장관이 되었다.

🌸 일간과 용신이 모두 병든 명식

갑	을목	임수	계수
겁재 용신의 병		정인 일주의 병	편인
신	해수	술토 용신	해수
정관 용신의 병 제거	정인	정재	정인
무임경	무갑임	신정무	무갑임
을	병	정	무	기	경	신
묘	진	사	오	미	신	유

해묘합 중병   제거 용신의병

- 술월(음력 9월)에 태어난 을목이다. 술월은 날씨가 건조하여 흙이 마르므로 수를 좋아한다. 하나 **수가 4개**나 되어 나무가 물에 뜰 우려가 있으니 도리어 **일간의 병**病이 된다. 다행히 수를 극하는 술토가 있어 용신으로 정하게 된다. 간신히 일간의 병을 치료하고 보니 시간에 갑목이 있다. 목이 토를 극하니 **다시 용신의 병**이 된다. 마침 시지에 신금이 있어서 금극목으로 **용신의 병을 제거**하니 묘하고 묘하다 할 것이다. 서방 금운에 고생할 듯하나 용신의 병을 제거하여 길하였고, 기미 운 이후 병진 운까지 잘 살았으나 을묘 운에 명식의 해와 묘가 방합하여 일간의 용신인 토

를 극하니 죽을 운이다.[39]

※ 약을 가졌다면 병에 걸린 명식이 더 좋은 명식이다. 영구 면역을 획득해 일생 병에 걸리지 않는 이치와 같다. 몹시 복잡하다고 생각될 것이다. 사실 복잡하다. 명식의 해석에는 고려해야 할 변수가 워낙 많다. 앉은 자리에서 타인의 운명에 관해 '이렇다, 저렇다', 평하는 사람을 믿지 말자. 한 사람의 성품과 직업과 궁합과 운로를 단번에 파악하는 실력자는 많지 않다.

(3) 통관용신通關用神

통관용신이란 강약이 비슷한 오행이 명식 중에서 서로 대립하여 막혀 있을 때 막힌 것을 소통시켜 주는 오행을 말한다. 금목이 서로 싸우고 있을 때 수가 있다면 금생수 수생목으로 소통시켜 싸움을 말려 줄 뿐만 아니라 3자가 상생 관계를 이루게 만들어 화목한 사이가 되게 한다.

❈ 금목 상전 수 통관

을	**갑**	경	신
목	목	금	금
해	인	인	유
수	목	목	금

---
39) 이석영 저, 『사주첩경』 권6. 한국역학교육원.

• 갑목이 인월에 태어나고 을목과 인목이 또 있어서 목이 4개로 몹시 강하다. 경금, 신금, 유금으로 금도 3개가 있다. 금과 목이 서로 싸운다. 다행인 것은 시지에 해수가 있어서 금생수 수생목 하니 시지 해가 통관용신이다.

❈ 목토 상전 화 통관

무	**무**	을	계
토	토	목	수
오	인	묘	묘
화	목	목	목

• 묘월에 태어난 무토다. 을목, 인목, 묘목, 묘목으로 목이 4개다. 많은 목에 의해 일간 토가 위태롭다. 그런데 시지에 오화가 있다. 오는 인과 반합을 이루어 화의 기운이 강해지므로 능히 4개나 되는 목을 던져 넣어도 불이 꺼지지 않는다. 목생화 화생토하니 오화가 통관용신이다.

(4) 조후용신調候用神

사람의 운명은 하늘과 땅과 사계절과 이십사절기의 영향을 받는다. 일간인 '나'는 태어난 월(월령)에 따라 명식이 차가우면 화를 필요로 하고, 뜨거우면 수를 필요로 한다고 위에서 이미 적었다. 한寒, 난暖, 조燥, 습濕.

차고 따뜻하고 습하고 메마름을 참작하여 용신을 정한다. 일간과 월령에 따른 조후용신은 〈표 14〉에 있으니 참고하기 바란다. 보좌용신은 말 그대로 용신을 보조하는 것이므로 보좌용신까지 갖추고 있으면 더 바랄 것이 없다.

〈표 14〉에 적힌 순서대로 취하면 되나 출생 월의 지장간이 여기냐 중기냐 정기냐에 따라 순서에 변화가 올 수 있다. 〈표 14〉의 내용을 이해하기 쉽도록 갑 목으로 설명하면 다음과 같다.[40]

- **갑일 인월(음력 1월)생**
  인월은 초봄으로 아직 찬 기운이 가시지 않았다. 초목의 눈이 트는 때이다. 명식 중에 병화가 있으면 만개하게 되니 병화가 용신이다. 천간에 병이 있으면 좋다. 계수가 지지에 있거나 암장되어 있으면 부귀하다.

- **갑일 묘월(음력 2월)생**
  묘는 갑의 양인이므로(12운 제왕) 목이 더욱 왕하다. 초봄처럼 춥지 않기 때문에 정화를 더 좋아한다. 왕한 목을 다스리는 경금이 필요하다. 단 금이 많은 것은 좋지 않다.

- **갑일 진월(음력 3월)생**
  진월은 늦봄이다. 나무는 가지와 잎이 무성하다. 경금이 있어서 목을 다스리고, 수가 있어서 잎을 적셔주면 좋다. 정화까지 있으면 크게 귀하다.

---

40) 신육천 저, 『천고비전사주감정실천법』, 상지사.

- **갑일 사월(음력 4월)생**

갑일에서 사월은 12운이 병病이다. 뿌리는 마르는데 가지는 무성하다. 계수로 수분을 급히 보충해야 한다. 정화가 있어 나무의 기운을 설기시켜 주면 상격이 된다.

- **갑일 오월(음력 5월)생**

여름 나무는 뿌리는 마르고 잎은 갈증을 느낀다. 물이 많이 필요하므로 계수를 좋아한다.

- **갑일 미월(음력 6월)생**

갑일 미월은 12운이 묘이다. 목의 기를 거두는 시기이나 가지와 잎은 아직 무성하다. 계수를 용하고 경금과 정화가 같이 있으면 좋다.

- **갑일 신월(음력 7월)생**

가을 나무는 기세가 처량하고 잎은 시들어간다. 그러나 신월은 초가을이라 열기가 아직 남아 있다. 12운이 절이라 정기가 뿌리로 모인다. 경금을 요하고 정과 임이 같이 있으면 좋다.

- **갑일 유월(음력 8월)생**

중추는 이미 열매가 결실을 맺었다. 잎이 떨어져도 내면의 정기는 뿌리로 모인다. 생기가 뿌리에 있으므로 경금이 가지를 잘라주는 것을 반긴다. 월령이 금기가 강하니 정화가 있으면 좋다.

- **갑일 술월(음력 9월)생**

　술월은 늦가을이라 목의 기운은 더욱 마르고 잎은 떨어져 기운이 모두 뿌리로 들어간다. 경금도 중요하나 정화가 뿌리를 따스하게 해 주는 것이 좋다.

- **갑일 해월(음력 10월)생**

　초겨울은 목기가 마르고 썩으며 가지와 잎은 모두 떨어져 기운이 뿌리에 갇혀 있다. 발전의 기운은 적고 오는 봄을 기다릴 뿐이다. 뿌리와 둥치를 손상하지 않는 게 제일이다. 경과 정이 중요하고, 해는 물이라 나무가 뜨지 않도록 무토가 있으면 좋다.

- **갑일 자월(음력 11월)생**

　자월에 출생한 갑목은 한기를 심하게 느낀다. 먼저 정화가 필요하고 후에 경금과 병화가 필요하다.

- **갑일 축월(음력 12월)생**

　갑목이 엄동설한에 태어났다. 정화가 있으면 경금을 용하고 다음으로 병화를 쓴다. 반드시 정화가 있어야 한다.

일간	월지	인	묘	진	사	오	미	신	유	술	해	자	축
갑	조후용신	병	경	경	계	계	경	경	경	경	경	정	정
갑	보좌용신	계	병정무기	정임	정경	정경	정경	정임	병정	갑정임계	정병무	경병	경병
을	조후	병	병	계	계	계	계	병	계	계	병	병	병
을	보좌	계	계	병무		병	병	계사	병정	신	무		
병	조후	임	임	임	임	임	임	임	갑	갑	임	임
병	보좌	경	기	갑	경계	경	경	무	계	임	무경임	무기	갑
정	조후	갑	경	갑	갑	임	갑	갑	갑	갑	갑	갑	갑
정	보좌	경	갑	경	경	경계	임경	경병무	경병무	경무	경	경	경
무	조후	병	병	갑	갑	임	계	갑	병	갑	갑	병	병
무	보좌	갑계	갑계	병계	병계	갑병	갑병	갑계	계	병계	병	갑	갑
기	조후	병	갑	병	계	계	계	병	병	갑	병	병	병
기	보좌	경갑	병계	갑계	병	병	병	계	계	병계	갑무	무갑	갑무
경	조후	무	정	갑	임	임	정	정	정	갑	정	정	병
경	보좌	갑임병정	갑경병	정임계	무병정	계	갑	갑	병갑	임	병	갑병	정갑
신	조후	기	임	임	임	임	임	임	임	임	임	병	병
신	보좌	임경	갑	갑	갑계	기계	갑경	갑무	갑	갑	병	무임갑	임무기
임	조후	경	무	경	임	계	신	무	갑	갑	무	무	병
임	보좌	병무	신경	경	신경계	경신	갑	정	경	병	병경	병	정갑
계	조후	신	경	병	신	경	경	정	신	신	경	병	병
계	보좌	병	신	신갑		신임계	신임계		병	갑임계	신정무	신	정

〈표 14〉 조후용신표

❈ **봄가을은 기후가 좋으므로 조후를 맞출 필요가 적다. 한여름과 한겨울을 중심으로 예시한다.**

※ 예시에 합이라는 용어가 자주 나오므로 이해를 돕기 위해 지지 합에 대해 상세히 기술한다. 12지지는 음이고 땅이며 여자다. 알 수 없는 게 여자 마음이라는 말처럼 지지는 변화무쌍하고 복잡 미묘하다. 까다롭기도 하고 변화도 많아서 완전하게 깨우치려면 상당한 공부가 필요하다.

지지 합에는 세 종류가 있다. 지지 2개가 합이 되는 지합과 3개가 합이 되는 삼합과 방합이 있다. 삼합과 방합은 이미 설명했으나 복습하는 의미에서 다시 적는다.

• 지합

지합은 지지 2개가 합을 이루는 것이다. 합이 되어 오행이 변하기도 한다. 자축은 자수와 축토가 합이 되어 토로 변하는데 자수가 물이라는 자신의 성질을 버리고 토(흙)가 되는 것이다. 토극수로 극하는 관계인데 합이 되므로 극합이라 부른다.

인해는 인목과 해수가 합이 되어 목으로 변한다. 해수가 자신의 성질인 물을 버리고 목(나무)이 되는데 수생목으로 생하는 관계이므로 생합이라고 한다. 생합인지 극합인지 굳이 알려고 하지 말고 합이 되는 쌍만 기억하자. 6개의 지합이 있다. 합 중에서 지합의 관계가 가장 긴밀하고 끈끈하다.

지지합	자축	인해	묘술	진유	사신	오미
변화 오행	토	목	화	금	수	무변
생합/극합	극합	생합	극합	생합	극합	생합

• 삼합

삼합은 지지 3개가 합이 되어 제왕성이 되는 지의 오행과 성질이 같아지는 것이다. 제왕성이란 삼합의 가운데에 위치하는 자, 오, 묘, 유를 말한다.

지지 삼합	신**자**진	인**오**술	해**묘**미	사**유**축
변화 오행	수	화	목	금

• 방합

같은 방위를 나타내고 있는 3개의 지가 함께 모여 합을 이룬다고 하여 방합方合이라 하며, 같은 계절을 나타내기도 해 계절합季節合이라 부르기도 한다. 봄은 목, 여름은 화, 가을은 금, 겨울은 수인데 모임으로써 기운이 굉장히 강해진다.

방합	인묘진	사오미	신유술	해자축
계절(방위)	봄(동)	여름(남)	가을(서)	겨울(북)
오행	목	화	금	수

❈ 갑일 미월(음력 6월, 양력 7월)생

갑목이 태어난 미월은 가지와 잎은 아직 무성하나 12운 묘에 봉해 목의 기운이 약해지는 중이다. 결실을 맺으려면 수의 도움이 없으면 안 된다. 오월(음력 5월)과 같이 계수를 첫째로 필요로 하고 경금과 정화도 필요하다. 경금이 있어 수의 뿌리가 되면 더 좋고, 정화까지 있으면 상격이다.

신금	갑목	신	갑
정관		정관	비견
미	자	미	진
정을기	임 계	정을기	을계무
정재	정인	정재	편재
		묘	

- 미중에 정화가 암장되어 있고, 자중에 계수가 있고, 경금을 대신할 신금이 있다. 관인상생이다. 명리名利명예와 이익를 얻는다.

❊ 갑일 자월(음력 11월)생 1

　엄동설한(음력 11월, 양력 12월)에 태어난 나무는 먼저 정화가 필요하고, 그 다음에 병화와 경금을 요구한다.

경금	갑목	무	을
편관		편재	겁재
오	진	자	사
병기정	을계무	임계	무경병
상관	편재	정인	식신

　• 생시에 경금(편관)이 있고, 지지 사(식신)와 오(상관)에 병화와 정화가 있다. 식상이 충분한 온기를 준다. 자수는 정인이다. 양의 토인 진토는 편재다. 재관인을 모두 갖춘 부귀의 명이다.

❊ 갑일 자월생 2 (익사)

임수	갑목	무	을
편인		편재	겁재
신	진	자	사
정관	편재	정인	식신
신자진 삼합 수			

- 역시 갑일 자월생이다. 생시 천간에 임수가 나타나고 지지는 신자진 삼합 수국으로 물이 범람했다. 대운 신운에 익사한다(임수가 있어서 불을 끄면 흉하고, 지지에 수세가 국을 이루어 왕하면 물에 빠져 죽는다). 환경적인 재앙을 만나면 목숨을 부지하기 어렵다.

❀ 같은 자월생 갑목이지만 주위 환경에 따라 운명이 완전히 달라진다. 중동 건설 붐이 일었을 때 많은 근로자가 중동으로 갔다. 사우디아라비아 현장에서 일하던 근로자가 익사했다. 사막에서 익사라니? 믿기 어렵지만 사실이다. 비가 오지 않기 때문에 배수 시설을 할 이유가 없는 곳에 갑자기 많은 비가 내렸다. 사방 천지가 물바다가 되었고 어디가 도로인지 분간하기 어려웠다. 운전하고 가던 근로자의 차가 빠진 곳은 도로 옆에 있던 큰 웅덩이였다.

심리학에서는 결코 알려 줄 수 없는 묘한 이치 아닌가?

❀ 기일 축월(음력 12월)생

축월(음력 12월, 양력 1월)은 아직 한겨울이라 온기를 간절히 원한다. 병화로 해동하고 정화가 도우면 더없이 좋다. 기 일간의 경우 해자축월 생이 모두 같다.

기	기토	계수	임수
사화	묘	축	자수
무경병			

- 임계 수가 많아 한랭하다. 천간에 병화도 정화도 보이지 않는다. 다행히 시지 사화를 만나니 언 땅을 녹일 수 있다. 일점 화기가 있어서 언 땅을 녹일 수 있다고는 하나 여전히 온기가 부족하다. 화를 생하는 목운이나 화운이 와야 발복한다.

※ **경일 오월(음력 5월)생**

경일 오월(음력 5월, 양력 6월)은 화의 기운이 맹렬하므로 임수를 제일로 원하고, 다음으로 계수를 요구한다. 수의 기운으로 열기를 식히고 흙에 수분을 공급해 윤택하게 하면 흙이 금을 생하게 된다. 이렇게 되면 아주 좋은 명식이 된다.

임수	**경금**	병	정
오	술	오	해수
		병기정	무갑임
오술 합 화			

- 경일 일간인데 천간에 병과 정이 있고 지지는 오술 합하여 화국이 된다. 맹렬한 불기운이 금인 나를 당장이라도 녹여버릴 것 같다. 다행히 연지 해수와 시간 임수가 있다. 초년에는 어려움이 있으나 후에 부자가 될 명식이다.

❈ 신일 축월(음력 12월)생

축월(음력 12월, 양력 1월)은 한기가 심해 병화를 시급히 요구한다. 후에 임수로 금을 깨끗하게 씻어야 한다. 금은 불로 제련한 후 물로 씻어야 하기 때문이다. 단 수가 많으면 무토의 제함이 있어야 한다.

갑	**신**	계	임
오	축	축	진
병기정			

• 병화가 없고 생시에 갑목과 오중 정화가 있다. 아쉬운 대로 정화로 제련해 연월간 임계 수에 씻는다. 제련한 금은 반드시 씻어야 빛이 난다. 그런 연유로 수가 필요하고 수가 있어야 이름을 널리 알리게 되는 것이다.

임일 오월(음력 5월)생

오월은 화기가 진동하므로 일간 임수가 약하다. 따라서 비겁과 인성으로 나를 돕지 않으면 안 된다. 명식 중에 임이 2개 있고 경이 하나 있으면 대귀의 명이다.

임	임수	병화	임
		편재	
인	신금	오	자
오합		인합	
인오합 화(재), 재다신약			

• 오월이라 화기가 강한데 다행히 임 일간이 2개의 임수와 일지 신금을 가졌으나 월간 병화가 인오 화국에 뿌리를 내려 재의 기운이 몹시 강하다. 재다신약[41]이다. 부잣집의 가난한 사람이 된다. 고독하고 육친의 덕이 적다.

---

41) 재성이 과다하여 일간이 약해지는 것

❈ 비천록마격(조후를 따르지 않는 명식)

극단값이나 예외에 속하는 특수한 명식은 조후를 따르지 않는다. 비천록마격의 조건은 임자 일주가 자수를 많이 만나는 것이다. 반드시 **임자 일주**라야 한다.

갑	임	임	임
진	자	자	자
	양인	양인	양인
임일 자월생			
비천록마격			

일반적으로 임수 일간 자월생은 무토로 토극수하여 제압해야 한다. 일간이 양인에 봉하므로 수기가 태왕한데 한겨울이라 꽝꽝 얼어붙은 땅으로 만든다. 반드시 병화로 녹일 필요가 있다. 그런데 이 명식은 극단값이다. 극단값이므로 조후를 따르지 않고 수를 설하는 갑목으로 용신을 삼는다.

※ 밑바닥 명식과 꼭대기 명식은 서로 통한다고 말하는 사람이 있다. 그렇지 않다. 정규분포도에서 오른쪽 극단과 왼쪽 극단이 같다고 말하는 셈인데 완전히 틀렸다. 오른쪽 끝은 조 단위의 부자이고 왼쪽 끝은 노숙자이다. 최상류층 극단

값이 나쁜 운을 만나면 바닥까지 떨어진다. 그러나 좋은 운이 돌아오면 반드시 크게 일어난다. 이런 경우를 보고 밑바닥 명식과 꼭대기 명식이 같다고 착각하면 안 된다. 최하류층 명식에는 총지배인이 없다. 누가 호텔을 운영하겠는가. 대운에서 용신이 들어오면 잠깐 반짝하나 운이 바뀌면 물이 모래로 스며들듯 돈이나 명예, 심지어 자신의 생명까지도 사라지고 만다.

❄ 천한지동

천한지동이란 하늘은 차고 땅은 얼었다는 뜻이다. 해자축월이 되면 모든 만물이 동결되어 극히 냉한해진다. 경신 일주나 임계 일주는 금수로서 냉한한 성질을 가지고 있는데 천간에 다시 경신 혹은 임계가 나타나 있으면 천한이라 한다. 축월에 태어나면 동토 또는 지동이라고 하고, 자월이나 해월에 태어나도 한 점 화기가 없으면 지동(땅이 얼었다)이라고 한다. 총칭하여 천한지동이라 부른다. 천한지동은 화를 심히 필요로 한다.

계	계수	병	기
비견		정재	편관
축	축	자	사
편관	편관	비견	정재
		음력 11월	

- 계수가 자(음력 11월, 양력 12월)월에 출생하여 천한지동으로 물과 흙이

얼어 있다. 다행히 월간 병화가 연지 사화에 뿌리를 내려 튼튼하니 얼음을 녹여서 따뜻한 흙으로 변하였다. 이제 만물을 키울 수 있다. 조후용신을 가졌으므로 부와 귀를 가진다.

※ 조후용신을 찾는 건 한난조습寒暖燥濕을 어떻게 조절해 주느냐 하는 문제다. 계절의 순환과 자연에 대한 이해가 음양오행론의 기본이 된다는 사실을 명심하자. 내가 필요로 하는 조건을 갖추지 못했다면 예시처럼 되도록 맞춰 가야 한다. 태양 불이 필요하다면 따뜻한 고장에 가서 살고, 불과 관련된 일을 하고, 붉은색 옷을 입어야 한다. 더워서 죽을 지경이라면 추운 지방에 가서 살거나 냉동 창고에서 일하면 된다. 음양을 나타내는 표에서 동쪽과 남쪽은 양이고 서쪽과 북쪽은 음이라고 했다. 참고하자.

115년 만의 폭우가 내리니 수해가 크게 났다. 유럽은 500년 만의 가뭄을 만나 강바닥이 드러났다. 이상 기후 속에서는 동물이든 식물이든 살아가기 어렵다. 물론 극단값에 속하는 명식(외격)은 예외다. 극단값이란 일반적인 원칙의 적용을 받지 않는 특수한 명식을 말한다. 이 책에서는 극단값에 관한 이론은 다루지 않는다.

(5) 종격용신從格用神

종격이란 일간 대 사주 전체로 구성되는 명식을 말한다. 일간을 제외한 나머지 7글자의 구성을 따라가지만 극단값은 아니다. 종격에서 말하는 일간의 왕함이란 인성 월 또는 비겁 월을 만나 일주가 강해졌다는 부분적 왕을 말함이 아니다(월령을 얻었다는 의미가 아니다. 목이 봄에 태어나고, 화가 여름에 태어나고, 금이 가을에 태어나고, 수가 겨울에 태어났다는 말이 아니다). 의미의 차이를 확실하게 이해해야 한다.

 종격이란 전체적으로 오행이 편중된 명식을 말하는데 앞에 **종從**이란 글자가 붙는다. 일간과 같거나 생하는 오행이 거의 전부인 경우 종강격從强格(인성이 많을 때) 또는 종왕격從旺格(비겁이 많을 때), 일간을 빼고 관성이 거의 전부일 때 종살격從殺格[42], 재성이 대부분이면 종재격從財格, 식상이 대부분이면 종아격從兒格[43]이라고 한다.

 종강격이나 종왕격은 일간이 양간이면 더 좋고, 종살격, 종재격, 종아격은 일간이 음간인 게 더 좋다. 약할수록 미련 없이 나를 버릴 수 있기 때문이다. 난로 속 불은 미련 없이 장작의 일원이 될 수 있겠으나 태양은 곤란하지 않겠는가?

 태극한 종격(곧 터질 것 같은 풍선)은 강한 자의 식신 상관이 되는 오행을 반기고(미세한 바늘 구멍을 뚫어주므로), 일반적인 종격은 강한 자와 같은 오행을 반긴다. 강한 자를 극하는 관살에 해당하는 오행은 크게 꺼린다.

---

42) 종살격: 관살이란 정관과 편관인 칠살을 합칭한 말인데 원칙상 종관살격이라고 해야 옳겠지만 관도 많으면 살(殺)이 되기 때문에 통칭 종살격이라 부름
43) 종아격에 아이 兒를 쓰는 이유는 내가 생하는(키우는) 오행이 식신 상관이기 때문이다

🌸 종아격(사업가)

계수	임수	을목	갑목
겁재		상관	식신
묘목	오	묘목	인목
상관	정재 용신	상관	식신

• 일간 임이 묘월에 태어났다. 식신 2개, 상관 3개로 종아격이다(겁재인 수는 수생목 하니 식상의 일원이 됨). 식신 상관은 내가 생하는 것인데 자식을 키우는 것과 같다고 하여 종아격從兒格이라고 부른다. 왕한 자의 식신 상관이 용신이라고 했는데, 이 말은 왕한 자가 생하는 것을 말한다. 식상생재이니 재성인 오화가 용신이다. 인오 합 화국으로 재성이 튼튼하니 부자가 된다. 여러 사업을 해서 많은 돈을 벌었다.

🌸 종재격(한의사)

무	을	정	기
정재		식신	편재
인	미	축	미
겁재	편재	편재	편재

• 일간 을목이 축월에 태어났다. 편재 4개에 정재 1개가 있고 식신은

재를 생하므로 종재격이다. 일간이 음간이므로 미련 없이 자신을 버리고 재를 따른다. 남자 종재격은 결혼해서 아내를 얻으면 더 잘 풀린다. 여자 종재격은 남편과 자식이 모두 부실해진다. 과유불급이라는 말처럼 남편인 관성을 생하는 재성이 너무 많아서 역효과가 나기 때문이다. 흙이 많으면 금이 깊이 파묻혀서 발견되기 어렵고, 물이 많으면 나무가 물에 뜨게 된다. 자식이 잘 안 되는 이유는 자식성인 식상이 너무 많은 재성에게 기운을 모두 빼앗기기 때문이다. 작은 땅에 나무가 많으면 지력을 빼앗겨 피폐한 흙이 되는 것과 같은 이치다.

이제 용신이 무엇인지 개략적이나마 이해했을 것이다. 용신을 모르고서는 사주팔자에 대해 안다고 할 수 없으니 설명하지 않을 수 없었다. **직업을 선택할 때 특히 용신이 중요**하다. 용신에 따른 직업을 세세하게 예시하지는 않겠으나 용신을 직업으로 삼은 사람은 그 분야에서 성공한다고 보면 된다. 단 일간이 용신보다 조금 강해야 한다. 앞에서도 설명했지만 내가 총지배인보다 조금 더 유능해야 마음대로 부릴 수 있다. 프랑스나 독일 사람의 경우 직업이 용신과 맞아떨어지는 경우가 많았는데 교육 제도 때문이 아닌가 생각된다. 유치원부터 박사 학위 취득 과정까지 모든 비용을 국가가 부담하며 전과도 할 수 있다. 적성에 맞지 않으면 전과하면 된다. 우리나라의 교육 정책에 아쉬움이 크다.

용신에 대해 어느 정도 안다고 해도 그 자리에서 바로 직업을 추천하기는 어렵다. 특수한 조건이 필요한 직업도 있기 때문이다. 의사나 경찰관, 교도관, 직업군인 등의 직업을 가지기 위해서는 형刑이라는 살이 필요하다. 삼형살三刑煞은 지지 3개가 모여서 이루는 살인데 형살刑煞이라고 할 때는 2개만 있어도 된다. 경찰관이나 교도관, 직업 군인은 형벌을 의미하는 형刑이라는 글자와 잘 어울린다. 그런데 의사는 왜? 하고 궁금증이 생길 것이다. 모든 의사가 형살이 있어야 하는 것은 아니지만 많은 의사가 형살을 가지고 있다. 유명한 의사 중에는 형살을 가진 사람이 더 많다. 의사라는 직업이 사람의 목숨을 살릴 수도 있고 죽일 수도 있는 생사여탈권을 가지고 있기 때문이다.

어쩔 수 없이 형살이 무엇인지 또 알아야 한다.

4) 신살에 따른 직업

형살刑煞과 삼형살三刑煞은 몸을 상하게 한다는 뜻으로 교도소, 경찰서, 관재구설, 형벌 등을 의미한다.

이 형살이 명식에 있으면 자신의 성격을 못 이겨 파르르 하는 경향이 있다. 배신, 반역, 난폭, 불의의 사고 등의 어려움이 있으나 형살이 있어도 교육을 잘 받으며 자란 사람은 법관, 의사, 경찰, 군인 등으로 출세하는 경우가 많다.

• 형살刑煞은 6가지가 있다. 인寅과 사巳의 형刑, 사巳와 신申의 형, 신申과 인寅의 형, 축丑과 술戌의 형, 축丑과 미未의 형, 술戌과 미未의 형이 있다. 형살이 명식에 있으면 형刑을 집행하는 법관, 의사, 경찰관, 교도관 등으로 출세하는 이가 많다. 만약 잘 배우지 못하면 건달이나 전과자 또

는 승려, 목사, 전도사, 신부, 사기꾼 등이 된다. 동서양을 막론하고 종교가 세상을 지배했던 시기가 있었고 이 당시의 종교인은 최고의 지성인이었다. 잘 배우지 못했으면서 형살을 가진 사람으로 분류된 승려, 목사, 전도사, 신부는 사이비 종교인을 통칭한다고 이해하면 된다.

형刑	인寅	사巳	인寅	축丑	축丑	술戌
	사巳	신申	신申	술戌	미未	미未

삼형살三刑殺은 3개의 살이 중첩해 있는 것으로 인사신寅巳申과 축술미丑戌未 두 종류가 있다. 인사신의 작용은 난폭과 강압이다. 순리를 따르지 않고 강압적인 힘으로 주도하거나 살생하는 일, 즉 쿠데타, 데모, 반란, 개혁 등이 해당된다. 군인이나 법관, 군주, 노조위원장, 의사에게 이러한 삼형이 있으면 자신이 살기 위해서 강제적인 형법을 집행하는 일이 생기고 사람을 죽여도 당연한 것처럼 여길 위험이 있다.

축술미는 인사신보다는 마음이 순하고 착하다. 개혁, 데모를 뜻하고 군인이나 법관, 의사가 되어도 자신에게 주어진 임무를 다하려고 애쓰는 정직함이 있다. 그러나 재물에는 인색하다. 특별히 교육을 잘 받은 사람은 봉사 정신이 있어서 국가적인 차원에서 난세의 영웅이 되기도 한다.

• 자형살自刑殺은 자기 자신을 해롭게 한다. 자子와 묘卯의 형刑, 진辰과 진辰의 형, 오午와 오午의 형, 유酉와 유酉의 형, 해亥와 해亥의 형이 있다. 삼형살보다는 조금 약하다. 그러나 스스로의 고집스러운 성격을 못 이길

때가 많아서 본인이나 배우자를 상하게 하는 경우가 많다. 참다가 안 되면 더욱 난폭해지고 남을 죽이지 못하면 자살이라도 할 수 있는 성격이다. 이 살이 명식에 있으면 경찰관, 교도관으로 적합하고 다소 인기도 얻는다. 그러나 가족과는 불화하고 의사나 법관 등이 되지 못했을 때는 한 직장에서 오래도록 견디기 힘겨우며 건달, 전과자 등이 되기도 하고 승려, 전도사, 목사, 신부, 사기꾼 등이 된다. 명예와 재물에 과욕을 부리며, 가방끈이 짧으면 교도소를 자주 드나들기도 한다.

자형自刑	자子	진辰	오午	유酉	해亥
	묘卯	진辰	오午	유酉	해亥

• 갑甲, 신申, 묘卯, 오午, 신辛 이 다섯 자를 현침살懸針殺이라 한다. 현懸의 자의는 매달다이고 침針의 자의는 바늘이다. 침구사, 한의사, 군인 혹은 양복점 등 의류 제조업으로 성공하며 이·미용에도 솜씨를 발휘한다.

• 술해戌亥 천문성과 축인丑寅

술해 천문성은 만인을 구도求道하는 기운이라 의사라는 직업이 맞고, 축인은 새벽에서 밝음으로 향하는 기운이라 역시 환자를 구제하는 의사에 적합하다. 탕화살도 약물을 다루는 의사나 약사에게 적합하다. 湯이란 제사에 쓰이는 국이란 뜻이다. 火가 불이라는 건 이미 알고 있다. 탕화란 무엇인가를 불에 끓인다는 뜻인데 한약을 달여서 먹었기 때문이다. 탕화살이 있으면 화상을 입는다고 보는 이유도 끓인다는 뜻을 포함하고 있기 때문이다.

(1) 의사

❊ 대학병원 과장(남자)

을	**기토**	기	경
편관		비견	상관
해	**미**	**축**	**술**
정재	비견	비견	겁재
축술미 삼형			

• 축술미 삼형살이 있다. 기토 일간인데 나의 동료인 비견 3개와 겁재 1개가 있다. 내가 무척 강하다. 삼형살이 있는 경우 내가 강해야 살을 다스릴 수 있다. 살을 다스릴 만큼 충분히 강하다. 생사여탈권을 가진다. 합리적이지도 않고 사람을 편애하는 편이라 존경받지 못하나 수하에 사람을 많이 거느리는 윗자리에 오른다.

❊ 사주팔자가 모두 같은 동갑내기 남녀

나이와 생일과 태어난 시까지 같은 남자와 여자가 같은 대학병원 같은 과에서 근무한다면? 우연일까? 운명일까?

계	**무**토	임	갑
축	인	신	자
	무병갑		

- 인과 신의 형이 있다. 조후를 맞출 일은 없다. 임수, 계수, 자수 3개의 수(재성)가 있다. 일간이 강하지 않다. 인의 지장간에 무병갑이 있다. 수생목이나 왕한 수기를 갑목이 받고, 갑목이 병화를 생하고 병화가 일간인 토를 생한다. 병화(편인)를 용신으로 쓴다. 인성이 용신이면 공부를 잘한다고 했다. 수가 강해도 머리가 좋다. 굴지의 대학병원에 남을 만큼 인턴 성적도 좋았다.

❈ 외과 의사(양인살)

기	**병**화	임	을
상관		편관	정인
해	신	오	축
편관	편재	겁재 양인	상관
양인살羊刃殺			

- 형살은 없지만 대신 월에 양인살이 있다. 양인격이라고 부른다. 양인 羊刃은 형벌이나 검극劍戟을 의미한다. 명식이 중화가 잘된 경우는 당대

의 영웅호걸이나 최고의 법관, 군에서는 장성, 세계적인 명의(名醫)가 되기도 한다. 양인은 편관이 있는 것을 좋아한다. 위 명식은 양인이 있고 편관이 있어서 수술칼을 잡는 의사가 된 것이다. 일간이 약하면 도축업자가 된다.

❈ 피부과 의사

갑	갑목	계	정화
			상관
술	진토	사	해
	천의성		
술해 천문성			

- 사월(음력 4월)에 태어난 갑목이다. 일간 갑목이 강해야 목화통명[44]이 되므로 인성인 계수가 용신이 된다. 술해 천문성이 있고, 진토가 천의성[45]이 되는데 역시 의업과 관련이 있다. 천의성이 오행상 토라 피부과 의사가 되었다.

---

44) 목화통명: 신왕한 목일주가 화를 만나 기운을 설(泄)하는 상태. 나무에 꽃이 활짝 피었다는 뜻으로 목 일주에만 쓴다. 재주를 꽃피운다는 의미다.
45) 천의성(天醫星): 하늘의 의사라는 뜻으로 월지 바로 앞의 지지가 연, 일, 시에 있으면 천의성이 된다.

정신건강의학과 의사

을	갑	경	신
축	**인**	**인**	유
정신건강의학과 의사			

 위 명식에는 형도, 양인도 없다. 그러나 축과 인이 있다. 축인은 새벽에서 밝음으로 향하는 기운이라 환자를 구제하는 의사에 적합하다고 '술해 천문성과 축인'에 나와 있다. 수술하는 과가 아닌 정신건강의학과 전문의가 되었다.

(2) 군인, 경찰관, 교도관

故 박정희 전 대통령 명식

 독자들이 쿠데타를 일으킨 장군 출신 고 박정희 전 대통령의 명식을 궁금해할 것 같아서 세간에 떠도는 명식을 예시하고 풀이한다.

무	경	신	정
인	신	해	사
인신사해 사위순전			
인사신 삼형살			

- 일주가 경신이다. 금기가 강하다. 금의 계절은 가을이다. 추수를 끝낸 황량한 들판의 만물을 죽이는 기운이라 하여 금을 숙살지기肅殺之氣라 부르는데 엄숙함, 경계, 슬픔, 살생의 의미를 띤다. 경신은 간과 지가 모두 양의 금인 만큼 숙살지기가 강하다. 인사신 삼형살이 있어서 생사여탈권을 가진다.

그런데 해가 있다. 지지에 **인신사해**寅申巳亥가 모두 있을 경우 극단값에 속한다. 상위의 극단값이다. '**사위순전격**[46]'이라 부른다. 귀한 명식이므로 장군이 되었고 5·16 군사혁명으로 정권을 잡았다. 인신사해가 권세를 누리는 귀격이라고는 하나 가족 면에서는 인신 충, 사해 충으로 처자식 모두와 인연이 없는 운명이다.

---

[46] 사위순전격 중 사맹(四孟)에 해당. 지지에 寅(인), 申(신), 巳(사), 亥(해)가 모두 있는 경우인데 각각 병화(丙火), 임수(壬水), 경금(庚金), 갑목(甲木)의 장생지(長生地)임. 반드시 일간이 양간인 남자라야 함.

장군

병	신	정	신
정관		편관	비견
신	사	유	사
겁재	정관	비견	정관
사신 형살			

- 나와 총지배인이 모두 강하다. 지지의 사유가 반합이 되어 금국을 이루므로 일간 신금이 아주 강해진다. 월간의 정화 편관이 연지, 일지, 시지에 있는 사화에 뿌리를 두고 있고, 시간에 정관 병화도 있어서 관성도 약하지 않다. 관성을 용신으로 삼는다. 월지의 유금은 연, 일 기준으로 장성살[47]이 된다. 명식 내에 금 기운이 강해 무관의 기운이 흐르고 총지배인도 관성이므로 국가의 녹봉을 받는 장군이 된다.

---

47) 장성살(將星煞): 연지 혹은 일지를 위주로 삼합국의 중간 글자인 사정(자오묘유)을 말한다. 군영의 중앙 사령부이니 권한을 잡은 성신이다. 가정에서는 부친이고 학교에서는 교장이며 군영에서는 장군이 된다. 리더십이 있다.

❀ 교도관

경	**정**	경	계
술	유	신	사
사신 형			

• 일간 정화가 경신 월에 나고 지지에 사유 반합과 시간에 경금이 있어 명식 전체를 금기가 지배한다. 금기가 태왕하고 사신 형이 있는데 경술 괴강까지 있어서 교도관이 되었다.

❀ 경찰관

임	**기**	갑	병
정관		정관	편인
신	사	오	인
상관	편인	정인	정관
사신 형			

• 사와 신의 형이 있다. 관인상생官印相生이 되어 국가의 녹봉을 받는다. 관인상생이란 명식 중 정관이 인성(정인, 편인)를 생하여 인성으로 하여 금 나를 생하게 하는 경우인데 정관과 정편인이 나란히 3개씩 있다. 관

과 직인을 갖추고 있고, 사와 신의 형이 있으므로 경찰관이 된다.

(3) 법조계

❇ 검사

임	**병**	병	임
편관			편관
진	신	오	자
		양인	

- 신왕(일간왕) 살왕(편관왕)한 명식이다. 오월의 병화로 양인격(월지 양인)인데 월간에 병화가 또 있어서 내가 강하다. 시간의 임수 편관(칠살)이 연간에 임수 비견을 얻고 지지 신금과 자수에 뿌리를 내리니 역시 힘이 있다. 양인과 편관이 균형을 이루어서 법조계에서 성공한다.

※ 양인은 편관이 있는 것을 좋아한다. 양인은 칼이니 자신을 휘둘러 줄 장수인 편관을 좋아할 수밖에 없다. 양인(월지 양인)격에 편관 용신이 기세가 있으면 군인, 의사, 법관으로 출세한다.

V.
건강론健康論

MBTI가 성격 유형을 구분해 주기는 하지만 정서적 장애를 알려주지는 않는다고 전술한 바 있다. 심리학에서 다루는 건강이니 당연히 마음의 건강, 즉 정신적으로 건강한가가 될 것이다.

성격 및 정신병리 평가 검사로는 MMPI(미네소타 다면적 인성 검사)를 능가하는 검사가 없다. MMPI는 전 세계적으로 가장 널리 쓰이고 가장 많이 연구된 진단 검사이다. 1940년 Starke Hathaway와 Jovian McKinley가 정신병리의 진단 분류를 위해 고안했다. 지금은 1989년 출간된 MMPI-2를 쓰는데 총 550문항으로 이루어져 있다. 임상척도 10개와 보충척도를 통해 세부적인 정신병리를 파악할 수 있다.

	10개의 임상척도	
1	Hs(Hypochondriasis)	건강염려증
2	D(Depression)	우울증
3	Hy(Hysteria)	히스테리
4	Pd(Psychopathy)	반사회성
5	Mf(Masculinity-Femininity)	남성성-여성성
6	Pa(Paranoia)	편집증
7	Pt(Psychasthenia)	강박증
8	Sc(Schizophrenia)	정신분열증[48] (조현병)
9	Ma(Hypomania)	경조증
0	Si(Social Introversion)	내향성

---

48) 우리나라에서는 정신분열증 대신 조현병이라는 용어를 쓴다.

명식을 통해서도 우울증이나 대인 기피증 같은 정서적 장애를 일으킬 가능성이 있는지 알 수 있다. 가능성이라는 단어를 쓴 이유는 MMPI처럼 진단을 위한 도구가 아니기 때문이다. 신체적인 건강도 마찬가지다. 간이 나쁘다거나 위장 기능이 떨어진다거나 하는 기질적인 위험도를 알려줄 뿐이다. 명식에서 정서 장애 가능성이 의심된다면 MMPI-2 검사를 받아보고, 신체의 어느 부분이 기질적으로 문제가 있다고 나오면 정기적으로 해당 부위의 정밀 건강검진을 받아보기를 권한다.

MMPI-2 프로파일을 통해 정신 건강부터 알아보고 신체의 건강에 관해 알아보자.

1. 정신 건강

1) MMPI에 나타나는 정서 장애

[그림 4]와 [그림 5]는 MMPI-2 프로파일이다. 점수가 **50~65 사이에 있으면 정상**이고, 높거나 낮으면 문제가 있다고 본다. 건강염려증(Hs), 우울증(D), 히스테리(Hy), 반사회성(Pd), 남성성·여성성(Mf), 편집증(Pa), 강박증(Pt), 정신분열증(Sc), 경조증(Ma), 내향성(Si) 점수가 그래프의 어디에 있는지 확실하게 살펴보자.

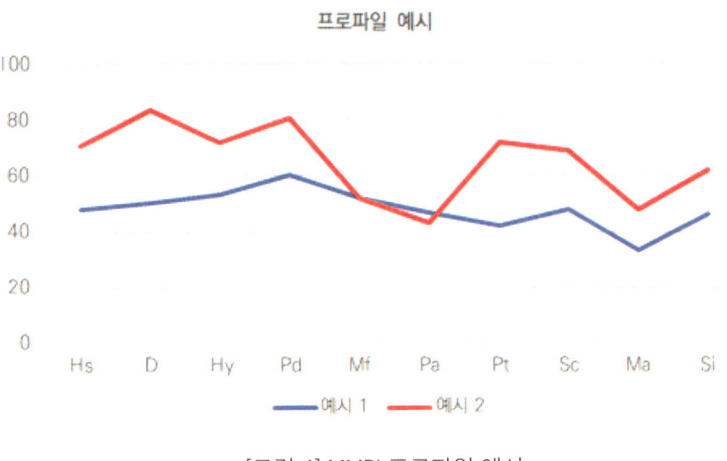

[그림 4] MMPI 프로파일 예시

예시 1(파란색)은 정서적으로 문제가 없는 사람이고, 예시 2(붉은색)는 정서 장애가 있는 사람이다. 예시 1은 대부분 정상 범위 내에 분포하지만, 예시 2(빨간색)는 Hs(건강염려증), D(우울증), Hy(히스테리), Pd(반사회성), Pt(강박증), Sc(정신분열증)의 6개 지표가 정상보다 높다. 반드시 정신건강의학과를 방문해 심리상담과 약물 치료를 병행해야 한다.

심한 우울증을 앓고 있고, 알코올을 남용할 우려가 있으며, 불안정감과 열등감을 느끼고, 자신감이 부족하다. 동료나 지인과 관계가 소원하고 적대감이나 공격성을 보인다. 평균 이상으로 성공한 사람도 자신의 성취가 보잘것없다고 생각해 심한 좌절감을 느끼며, 다른 사람이 자신에게 어떤 요구를 하는 것을 몹시 싫어한다. 겉으로는 유능하고 편안한 사람처럼 보이나(평균 이상으로 성공했으므로), 겉모습 이면에는 내향적이고 자의식이 강하고 수동 의존적인 모습이 숨겨져 있어 흔히 수동-공격성 성격장애 진단을 받는다. 스트레스에 과도하게 반응하며 충동을 잘 통제하지 못한다.[49]

---

49) John R. Graham 저, 이훈진, 문혜신, 박현진, 유성진, 김지영 옮김, 『MMPI-2 성격 및 정신병리 평가 제4판』, 시그마프레스.

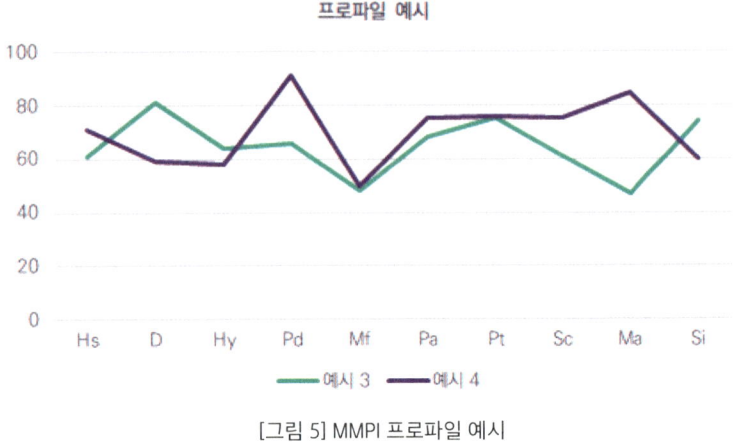

[그림 5] MMPI 프로파일 예시

    예시 3(초록색)은 D(우울증), Pt(강박증), Si(내향성) 3개가 높다. 이 사람은 우울하고, 지나치게 불안하고 긴장하며 초조해하는 모습을 보인다. 융통성 없이 매우 경직되어 있고, 지나치게 도덕적이며, 자신과 타인의 행동이나 수행에 대한 기준이 너무 높다. 자신감이 부족해 다른 사람의 눈에 띄지 않으려는 경향이 있다. 다른 사람들은 이 사람의 속마음을 알기 힘들고, 차갑고 거리감이 느껴지는 사람이라고 묘사한다. 사소한 스트레스에도 과도한 반응을 보인다. 비관적이며 자신의 문제에 대해 생각하느라 시간을 다 보낸다.

    예시 4(보라색)는 Pd(반사회성) 척도가 91로 굉장히 높다. 반사회성인격장애는 흔히 사이코패스라고 불린다. 사이코패스를 다룬 영화나 드라마가 많기 때문에 귀에 익숙하지만 드라마나 영화의 주인공처럼 연쇄 살인마가 되는 경우는 드물다. 오히려 대부분의 성공한 사람이 사이코패스에 가깝다. 정치권 인사 중에서 흔히 볼 수 있다. 자신이 한 말을 하지 않았다고 하고, 자신의 잘못을 타인에게 전가하며, 타인의 성취를 가로채면서도 눈 하나 깜박이지 않는다. 억울한 일을 당한 경험 때문에 권위에 반항하고자 하는 사람의 경우에도 Pd가 높게 나오므로 다른 척도를 함께 살펴서 진정한 사이코패스와 분별해야 한다.

유창한 언변과 사교적인 태도, 지적인 능력 때문에 유능한 사람으로 보이며 호감이 느껴지는 첫인상을 주지만, 타인의 욕구나 감정에 둔감하며 이용하는 데만 관심이 있다. 욕구를 만족시키기 위해 충동적인 행동을 한다. 이 사람은 Pa(편집증), Pt(강박증), Sc(정신분열증). Ma(경조증)도 높다. 피해망상이나 과대망상이 있고, 자신이 힘겹고 불공정하게 살아간다고 느끼며 그 원인을 타인에게 돌린다. 끈기가 있으나 문제에 접근할 때 창의적이지 못하다. 수줍음이 많아서 다른 사람들 눈에는 온순하고 부드럽고 친절한 사람으로 보인다. 첫인상은 좋으나 시간이 지날수록 타인을 조종하고 기만하는 신뢰할 수 없는 사람이다.

기이함과 의심 증상이 있고, 우울감, 자살사고, 불안감, 초조감을 느끼며 술을 마시면 공격적인 모습을 보인다.

※ 명식에서 정신이 취약하다고 나오면 심리상담소나 정신건강의학과에 가서 검사를 받는 것이 좋고, 신체의 어느 부위가 취약하다면 병원에 가서 건강검진을 받아 보아야 한다.

2) 음양오행에 따른 건강

명리학에서는 인간의 질병 역시 음양오행으로 판단한다. 한의원에서 쓰는 프로그램도 음양오행론에 근거한 것이라고 한다. 명식을 만들어 주듯 생년월일시를 넣으면 체질을 분석해 준다. 이처럼 사주팔자와 대운의 간지 배합 관계에서 질병의 발생과 소멸, 및 사망 시기를 알아낼 수 있다. 질병은 당연히 오장육부와 관계되어 있다. 오장은 간, 심, 비, 폐, 신이고, 육부는 담, 위, 소장, 대장, 방광, 삼초다.

간과 쓸개는 동방 木에 해당하고, 심장과 소장은 남방 火에 해당하며, 비脾와 위胃는 중앙의 土에 해당하고, 폐와 대장은 서방 金에, 신腎과 삼초三焦는 북방 水에 해당한다.

목	화	토	금	수
간, 쓸개	심장, 소장	비장, 위장	폐, 대장	신장, 삼초

오장육부의 기가 균형을 이루면 건강하고, 기가 한쪽으로 치우치거나 부족해 균형이 깨지면 병이 생긴다. 지나친 것은 설기泄氣하거나 제화制化하고 모자라는 것은 보충하여 중화를 이루게 해야 한다.

이 말은 질병 이론 역시 용신의 희기喜忌와 일치한다는 뜻이다. 용신운을 만나면 건강하고, 용신이 파극破剋되면 병들어 죽게 된다. 조후용신 편에서 온난조습을 맞추기 위해 어디서 살지를 정하라고 했다. 이 원칙은 질병에도 적용된다. 원인을 알 수 없고 마땅한 치료 방법도 없다면 장부에 따른 방위를 참고해 잠잘 때 머리를 두는 방향이라도 바꿔 보자. 머리를 동쪽으로 혹은 남쪽으로… 등등.

우리 조상들의 식품 분류는 서양식 분류와 확실히 다르다.

- 민어는 맛이 달고 성질이 따뜻해 오장육부의 기운을 돋우고 뼈를 튼튼히 한다.
- 메밀은 성질이 차고 맛은 달고 위와 장을 튼튼하게 한다.
- 보리는 성질이 따뜻하고 독이 없으며 기를 보하고 비위를 조화롭게 한다.
- 멥쌀은 성질이 평하고 맛이 달고 독이 없으니 위의 기를 평하게 하고 근육을 기르며 속을 따뜻이 해 설사를 그치고 기운을 돋우며 번열을 제거한다. 등등.

허준은 『동의보감』에서 각각의 식재료를 이런 식으로 분석했다. 서양의 영양 성분표와 비교해 보면 당장 그 차이를 알 수 있을 것이다. 마트에서 사는 식품에는 예외 없이 영양정보가 표기되어 있다.

나트륨 50mg, 탄수화물 13g, 지방 4g, 칼슘, 비타민 D…….

어떤 차이가 있는가? 서양의 정보는 나의 체질과 아무 상관이 없다. 20세기 후반에 들어서야 서양 사람들이 동양인이 말하는 '체질'에 관심을 가지기 시작했다. 『Metabolic Diet』라는 책이 베스트셀러가 되기도 했다. 메타볼릭 다이어트란 체질에 따른 식생활쯤으로 번역하면 될 것이다. 요즘 우리는 지나치게 서양적인 것에 매료되어 있다.

내 몸이 차다면 반드시 따뜻한 음식을 골라서 먹어야 한다. 성질이 찬 음식을 먹으면 설사한다. 반대로 내 몸에 열이 많다면 찬 음식을 먹어야 한다.

민간요법을 비과학적이라고 무시하는 사람들에게 묻고 싶다. 동물 실험과 인체 실험을 거친 약이 있다고 하자. 어떤 약의 안전성이 더 높겠는가. 이 질문에 대한 대답은 당연히 인체 실험일 것이다. **민간요법이야말로 수천 년 동안 인체 실험을 통해 개선된 것**이다. 전통적으로 내려오는 민간요법에 밀레니엄 세대가 관심을 가지기 바란다.

음식에도 상생과 상극이 있다. 상극인 음식을 함께 먹으면 배탈이 나거나 심하면 죽기도 한다. 좋은 궁합도 있다. 닭고기와 인삼은 찰떡궁합이다. 언제 먹어도 맛있는 삼계탕은 인삼과 닭을 함께 끓인 음식이다.

이처럼 음양오행론은 우리의 운명뿐만 아니라 하루하루 입으로 들어가는 음식에도 영향을 미친다. 반드시 고려해서 먹어야 한다. 명식을 통해 취약한 오장육부를 알 수 있다. 약한 곳은 북돋우고 강한 곳은 끌어내리는 음식을 매일 먹는다면 건강도 좋아질 것이다. 먹을 때마다 생각하고 챙기면 스트레스 지수가 올라갈 테니 가끔 한 번씩만 생각해 보자.

3) 오행과 오장육부

• 목이 태과·불급하거나 금으로부터 극을 받으면, 목은 동방에 해당하므로 신체 좌측으로 병이 오기 쉽고, 장부로는 간담肝膽에 해당하고 근육과 눈으로 통하기 때문에 팔다리나 시력의 문제 혹은 신경계통으로 보아 두뇌에 문제가 있는 것으로 본다. 수족 마비, 간염, 간경화, 중풍, 신경통, 구안와사, 수족상해 등의 병으로 보게 된다.

• 화가 태과·불급하거나 수로부터 극이나 충을 받을 경우, 화는 남방에 해당하므로 신체 상부에 병이 온다. 장부로는 심장, 소장, 심포心包[50], 삼초三焦[51]에 해당하니 심장마비, 말더듬, 피부병, 간질, 두드러기, 정력 부족, 조루증에 걸리기 쉽다.

• 토가 태과·불급하거나 목으로부터 극이나 충을 받을 경우 토는 중앙에 해당하므로 몸통이나 복부 위장의 병이며, 장부로는 비위脾胃에 해당한다. 비장, 위장, 췌장에 병이 발생하고, 종기, 구토, 식욕부진, 소화불량, 피부병, 위암, 위궤양 등과 관련이 있다고 본다.

• 금이 태과·불급하거나 화로부터 극이나 충을 받을 경우, 금은 서방 우측에 해당하므로 신체 우측에 병이 있기 쉬우며, 장부로는 폐와 대

---

50) 심포心包: 심장의 기능을 대행하고 심장을 보호한다는 무형의 장부
51) 삼초三焦: ① 육부의 하나. 모든 기를 주관하고 수도(水道)를 소통시키는 무형의 장부 ② 인체를 상초, 중초, 하초로 나눈 세 부분을 통틀어 이르는 말

장에 속하므로, 치질, 맹장염, 탈장, 폐질환, 이질, 장티푸스, 축농증, 화상, 총상, 자상 등에 해당한다.

- 수가 태과 · 불급하거나 토로부터 극이나 충을 받을 경우, 수는 북방이므로 신체의 하체에 질병이 발생하기 쉽고, 장부로는 신장과 방광에 해당하므로 조루증, 오한, 야뇨증, 농아, 감기, 월경불순, 방광염, 신장염, 당뇨, 척추장애, 요통, 신장결석, 성병, 자궁 질환 등에 해당한다.

4) 정서 장애 가능성이 있는 명식

- 목, 화, 토 일간이 신약할 경우, 목은 뇌, 화는 정신으로 본다. 화가 약하면 자연 목이 화를 생하느라 약해지니 정신에 문제가 온다. 토가 약하면 화가 토를 생하느라 설기되어 화가 약해지니 정신에 문제가 온다.
- 목 일간이 태왕한 사람은 신경이 굳는다. 화 일간이 태왕한 사람은 정신이 없어진다.
- 수 일간이 태왕한 사람은 정신이 몰沒하고 청각 작용이 특출하여 남이 못 듣는 소리를 들으니 신들리기 쉽다.
- 귀문관살[52]이 있는 경우에도 정서적으로 문제가 있다. 집착과 히스

---

52) 귀문관살(鬼門關煞): 귀신이 문을 열었다 닫았다 하면서 사람에게 영향을 준다는 살. '진해, 오축, 사술, 묘신, 인미, 자유' 쌍이 지지에 있을 때.

테리 등으로 정신병이 잘 생긴다.
- 관살이 태왕한 사람은 자연 신약이 되므로 정신적으로 위축되어 신들리기 쉽다.
- 목 일간에 화가 부족하고 운에서도 화를 보지 못하면 정신질환이나 신이 잘 들린다. 특히 겨울철 나무가 병화를 보지 못하면 이 병에 걸린다. 목은 신경 기능을 담당하는데 명식 내에서 목분지상木焚之象(나무가 불타는)이 되면 정신병이 걸린다.
- 기 일간은 평소 잘 놀라는 기질이 있는데 목 관살의 극을 받거나 조후가 되지 않거나 설기를 심하게 받으면 정신질환에 잘 걸린다.
- 신 일간에 화 관살이 많아서 극을 심하게 받게 되면 정신질환에 잘 걸린다.

❈ 정신질환(폐쇄병동 입원)

병	경금	임	정
편관		임정 합 목	
술	신	인	미
오합 화		인미 귀문관살	

73	63	53	43	33	23	13	3
경	기	무	정	병	을	갑	계
술	유	신	미	오	사	진	묘

• 인월에 태어난 경금 일주다. 지지 인술은 반합하여 화가 된다. 시간에 있는 병화 칠살이 금을 극한다. 월간의 임수는 정임 합 목으로 변하므로 병화를 제압하는 능력을 상실할 뿐만 아니라 오히려 병화를 돕는다. 33세 병오(강한 불) 대운에 정신과 폐쇄 병동에 자주 입원하였다. 인미의 귀문관살도 정신병을 유발하는 요인이다.

❊ 우울증

계	**정**	기	경
묘	묘	축	자
−목	−목		

• 일간 정화가 축월에 태어났다. 음력 12월은 엄동설한의 계절인데 나의 구세주인 병화가 없다. 일간인 내가 아주 약하고 몹시 춥다. 습목(젖은 나무)인 묘목으로 난롯불인 정화를 지피고자 하나 불꽃이 일어나지 않는다. 불꽃이 일어나기는커녕 불이 곧 꺼질 지경이다. 화는 정신이 되는데 너무 약하니 심한 우울증과 불면증으로 잠을 못 이룰 뿐만 아니라 아무런 이유 없이 공포심에 휩싸여 산다.

❈ 대인기피증

기	을목	신금	병
	을신 충		
묘 원진	유금	묘 원진	신금
	묘유 충		

• 일간 을목이 신의 충을 받고 있다. 지지의 묘유도 충이 된다. 충이 많은 명식이라 불안하고 안정되지 못한 성격이 된다. 묘에 원진怨嗔이 있고, 금과 목이 서로 싸우니 정신적인 문제가 생기고 이로 인하여 대인 기피증이 생긴다.

❈ 피해망상

정	갑목	경금	경금
		편관	편관
묘	신금	진	신금
	편관		편관

• 연월일에 목을 극하는 금 칠살이 4개나 있다. 편관이 너무 강해 일간 갑목이 몹시 상하게 된다. 갑목은 인체의 머리가 되는데 도끼로 머리를 치는 형세다. 귀鬼가 강하여 정신적인 문제가 생기는 명식이 된다. 상

관 정화가 약해서 제살하지 못하므로(약한 불로 많은 쇠를 제련하지 못하므로) 심한 위축감에 시달린다. 말수도 적고, 주변인들과 어울리지 못한다. 피해의식이 강해 피해망상에 시달린다.

성품론에서 내가 약한데 편관 칠살이 강하면 몹시 얌전하고 소극적인 사람이 되니 이해해 주자고 했다. 이 사람은 소극적인 정도를 넘어서 정신적인 고통을 받는다.

※ 자신의 명식이 정서 장애 가능성이 있는 명식에 해당된다면 반드시 MMPI-2 검사를 받아보자. 임상심리사나 정신건강의학과를 찾아가야 하는 번거로움이 있으나 그럴 만한 가치가 충분히 있다.

2. 신체의 건강

1) 육십갑자와 질병

스트레스를 받거나 극한 상황에 처했을 때 느끼는 불편 정도는 사람마다 다르다. 타고난 개개인의 체질이 다르기 때문인데 생리학적으로 설명하자면 역치가 다르기 때문이다. 역치란 생물체가 자극에 대한 반응을 일으키는 데 필요한 최소한의 자극의 세기를 나타내는 값이다. 역치가 낮은 사람은 작은 자극에도 반응하고 역치가 높은 사람은 상당한 정도의 자극이 와야 반응한다.

어린 시절 필자는 매우 병약했다. 몇 번이나 죽을 고비를 넘겼다고 한다. 이 애는 신경이 예민하다고 했던 한의사의 말이 지금도 귓전을 맴돈다. 나중에 보건학을 전공하면서 신경이 예민하다는 말이 역치가 낮다는 말이라는 것을 이해했다. 필자는 연탄불에 고기를 구워 먹는 식당에는 가지 못한다. 금세 머리가 띵해진다.

이런 차이가 어떤 사람은 위암에 걸리고 어떤 사람은 간암에 걸리는 이유를 설명하는 데 도움이 된다. 스트레스를 받았을 때 활성 산소가 공격하는 곳은 취약한 부위이다. 아래에 활성 산소와 스트레스 호르몬에 관해 설명했다. 참고하자.

육십갑자에 따른 질병 가능성은 〈표 15〉에 있다. 〈표 15〉에 있는 사항을 참고해 건강을 관리하면 좋을 거라는 의미다. 다시 한번 강조하지만 반드시 이 병에 걸린다는 말이 아니다.

취약한 부분이 어딘지 파악한 후 신경 써서 관리해야 한다는 뜻이다.

甲子(갑자)	중풍, (수족)냉증, 간담. 여자의 경우 자연유산이나 산후풍
乙丑(을축)	간, 중풍, 냉증, 위염, 위궤양, 화상, 동상, 신경통
丙寅(병인)	고혈압, 장 계통(치질, 변비 등), 시력, 기관지, 신경통, 화상, 신경과민, 정신이상
丁卯(정묘)	심장 약, 시력 약, 저혈압, 당뇨병, 간에 질병이 생길 수 있으니 음주 삼가
戊辰(무진)	혈압, 습진, 풍질(風疾), 신경계 질환
己巳(기사)	심장병, 위장병, 혈압, 당뇨, 중풍 등의 성인병, 교통사고
庚午(경오)	폐 질환, 대장염, 피부병, 변비. 여성은 생리통(下血症), 화상으로 인한 흉터, 세상사를 비관하는 염세주의
辛未(신미)	폐 질환, 기관지, 위장병, 치질, 귓병
壬申(임신)	신장, 방광, 심장병, 당뇨, 성병, 과음 자제, 중년 경의 수술수(폐나 대장)
癸酉(계유)	신장과 심장을 조심, 방광, 중풍, 당뇨, 비뇨기 계통의 질환, 나이가 들면서 시력이 떨어지고, 치아가 부실해지기 쉬우며 잘 놀란다.
甲戌(갑술)	간, 담, 시력, 두통, 위장병, 인후염
乙亥(을해)	간담, 편도선, 당뇨, 신장, 신경 계통 질환, 생리불순, 보온에 힘쓸 것
丙子(병자)	고혈압, 심장, 시력 등의 질병을 조심해야 하며, 신기(腎氣)가 약해 조루, 방광, 자궁질환

丁丑(정축)	심장, 중풍, 대장, 여자의 경우 생리통, 빈혈, 사고, 수술수. 지나친 신경쇠약으로 자살 시도, 잘 놀란다.
戊寅(무인)	위산과다, 비위, 신장 계통 질환, 간암, 중풍, 신경통, 수족부상
己卯(기묘)	복통(간이 허약하여 위장에 병이 드는 형상), 소화능력 약하니 소식(小食)할 것
庚辰(경진)	중풍, 폐나 대장의 병이 불치(不治)의 병이 될 소지가 강함
辛巳(신사)	치질, 폐, 기관지, 맹장, 빈혈, 노년에 천식
壬午(임오)	신장, 방광 장애, 유아기 야뇨(夜尿), 여성은 요실금, 치질
癸未(계미)	신장, 방광, 당뇨, 자궁 질환, 명치가 자주 아픔. 소화기계 질환이나, 수술수를 겪게 된다.
甲申(갑신)	간, 담, 두통, 신경계, 관절 질환
乙酉(을유)	두통, 간, 간경화, 담석증. 여성은 자궁병, 신경통, 관절염
丙戌(병술)	심장, 소장, 혈액병, 혈압, 중풍, 과음 주의, 중년 이후 당뇨에 시력도 약해지는 경향이 있다. 간혹 폐결핵에 걸리는 수가 있다. 여성은 자궁질환, 자연유산
丁亥(정해)	시력 약화, 요로방광, 당뇨, 뇌일혈, 각기병, 동상
戊子(무자)	비위와 요통 질환, 신장, 방광, 위장 질환, 비뇨기 계통이 약하고 여자는 요통, 자궁질환
己丑(기축)	위장, 심장, 혈액질환, 디스크, 여성은 자궁이 약하다. 냉증, 풍습에 장질, 비위, 요통으로 고생할 수 있는데 몸을 따뜻하게 하는 게 상책
庚寅(경인)	대장이나 맹장 수술. 치질이나 해소 등으로 고생, 디스크, 치과 질환, 화상

辛卯(신묘)	기관지, 폐병, 과욕하면 간경화, 간암(肝癌) 등으로 고생. 신경 계통, 척추질환, 방광, 하체불구, 수족의 상처
壬辰(임진)	중년 이후 신장, 방광, 위장, 간담질환 등을 조심해야 하고 특히 중풍이나 비뇨기 계통의 질환으로 고생할 염려 유.
癸巳(계사)	신장, 방광, 폐, 기관지, 뇌출혈, 당뇨, 비뇨기, 야뇨증, 정신질환, 신경과민으로 인한 육체적인 장애
甲午(갑오)	간장, 비위 계통 약, 술을 너무 좋아하는 게 흠. 신경쇠약, 심장병, 두통, 고혈압, 해소, 천식 등으로 고생하는 수가 있다. 화상 자국을 두기 쉽고 화재도 조심해야 한다.
乙未(을미)	간담, 식도, 비후 계통, 축농증, 신경성 위장염, 간혹 간질(癎疾)
丙申(병신)	폐, 대장, 소장, 관절 질환, 심장병, 불면증, 대개 시력이 약하다
丁酉(정유)	심장과 간장이 허약하여 안경을 써야 하고, 금기가 극상(剋傷)을 받으면 하혈(下血), 토혈(吐血), 치질 등 피를 보는 수가 있다. 癸水가 투(透)하면 안질(眼疾)
戊戌(무술)	골절 등을 겪기 쉬우며, 위장병, 신경마비, 대장염, 천식, 고혈압, 간염
己亥(기해)	비위, 시력, 심장이 약한데 원인은 위장에 있으니 위장병을 다스리는 게 우선. 두통이나 신경 장애.
庚子(경자)	수액(水厄)을 조심해야 하고, 동상, 풍질(風疾), 호흡기, 폐 계통의 질환에 유의. 화의 기운이 태약하면 뇌출혈, 여성은 자궁이 약함.
辛丑(신축)	비위, 폐질환, 화상, 냉증, 담석증, 신경통, 우울증, 간질환, 뇌일혈. 약물중독, 가스나 화재 사고 등에 유의할 것.

壬寅(임인)	폐가 약함, 신장, 방광, 간장, 중풍, 고혈압, 당뇨, 갑상선 질환. 여성은 자궁질환, 교통사고, 신경통, 중풍, 약물중독 조심, 혈액 관련 질환.
癸卯(계묘)	수액(水厄)과 위장 조심. 신장, 방광, 당뇨, 편두통, 생리통. 간 기능 검사 수시로 할 것. 보온이 영약이다.
甲辰(갑진)	피부, 관절 질병 조심, 중풍, 등과 가슴이 결리고 뻐근한 증상, 피부병.
乙巳(을사)	간, 비장 약함, 두통, 신경쇠약. 치아가 약한 편이고, 기관지 질환이나 인후병 조심
丙午(병오)	폐질환, 비뇨기과 질환, 소장, 당뇨, 고혈압, 신경통, 심장마비, 뇌일혈, 화상
丁未(정미)	고혈압, 심장, 소화기 질환, 위장병, 뇌일혈, 비만증, 권태증, 건망증. 여성은 빈혈과 명치가 자주 아프고 허리에 질병이 생길 수 있다. 희귀병 가능성
戊申(무신)	신경과민, 위장질환, 고혈압, 요통, 풍질, 결석. 유산소 운동으로 심신의 활력을 제고함이 최선이다.
己酉(기유)	소장, 간, 폐 질환, 치아가 약하고, 골절 조심. 여성의 경우, 산액을 겪을 수 있으며 제왕절개 수술 가능성
庚戌(경술)	대장, 폐, 천식, 순환기 계통 질환, 중년 이후에는 혈압과 당뇨
辛亥(신해)	폐, 관절, 두통, 신장, 방광 질환, 감기, 호흡기 질환. 뇌일혈에 주의하고, 몸을 보온하는 게 상책이다.
壬子(임자)	동상, 혈압, 중풍, 수액 주의, 보통 사람보다 투약량이 많음. 긴 병 없이 살다 가는 편

癸丑(계축)	혈압, 위장병, 만병이 냉증에서 오니 보온에 주력해야 함. 장 질환, 여성은 자궁질환, 불임증, 당뇨
甲寅(갑인)	위산과다, 신경성 위염, 기관지가 약함, 화상, 교통사고. 신경통, 시력감퇴, 간담, 위장병, 피부병, 고혈압
乙卯(을묘)	습진, 풍질, 위산과다, 신경통, 간, 담, 편도선, 식도, 호흡기 질환. 손이 저리고 시린 증상, 보온에 유의
丙辰(병진)	심장, 혈압, 척추, 소장, 피부, 당뇨, 시력, 순환기 계통, 혈액, 습진, 여성은 산액(産厄)
丁巳(정사)	변비와 치질, 심장병, 감기, 호흡기, 두통, 신경통, 뇌졸중
戊午(무오)	편식, 비뇨기, 피부, 변비, 위장, 늑막, 고혈압, 당뇨, 중풍. 속은 냉해 고생. 일지 寅午戌은 흡연하면 안 됨. 폐암
己未(기미)	간담 허약, 비뇨기 계통 질환, 위장병, 편두통, 관절염, 간경화증, 당뇨, 혈액질환. 여성은 자궁이 약해 생리불순, 생리의 양이 적은 편. 입이 잘 마르고 침이 부족.
庚申(경신)	간, 비장 약하고 냉습에 주의하며 항시 몸을 따뜻하게 해야 함. 기관지염, 대장염, 위염, 시력 감퇴, 편도선, 중풍
辛酉(신유)	비염, 호흡기 질환, 폐질환, 혈압, 순환기 계통, 대장, 비장 등이 약하기 쉽다. 치아 부실, 폐질환
壬戌(임술)	신장, 방광, 당뇨, 요도염, 골절상, 디스크, 좌골신경통, 뇌일혈, 결석, 고혈압
癸亥(계해)	시력감퇴, 위장, 신장, 방광, 혈압, 당뇨, 인후염, 여성은 하혈 등의 자궁병이나 동상(凍傷)

〈표 15〉 육십갑자와 질병

2) 활성 산소와 스트레스 호르몬

'활성 산소活性酸素'라는 말을 모르는 사람은 없을 것이다. 당근에 들어 있는 카로틴이나 비타민 C가 항산화 효과가 크니 많이 먹으라고 한다. '항산화'란 산화작용을 막는다는 뜻이고, '산화'란 어떤 물질이 산소와 결합하거나 수소를 잃는 화학 반응을 말한다. 게르마늄을 비롯해 활성 산소를 없애준다는(항산화 작용을 한다는) 건강보조식품도 차고 넘칠 만큼 많다. 활성 산소란 도대체 무엇일까? 산소 앞에 활성이라는 단어가 붙어 있다.

2장에서 음양이 무엇인가에 관해 설명할 때, 원자핵은 양성자와 중성자로 이루어져 있고, 원자핵을 둘러싸고 전자가 돌고 있는데 양성자의 전하값은 플러스이고 전자의 전하값은 마이너스라고 했다. 우리가 아는 주기율표는 양성자의 개수에 의해 정해졌다. 맨 앞에 있는 수소는 양성자 1개, 두 번째인 헬륨은 양성자 2개… 산소 원자의 양성자 수는 8개다. 그런데 산소의 전자는 6개밖에 없다. 음양을 설명할 때 반드시 균형을 이룬다고 했는데 산소는 양성자와 전자의 균형이 안 맞다. 전자가 모자란다. 그래서 산소 원자는 강렬히 결합을 원한다. 혈관 속에 있는 헤모글로빈은 단백질인데 그 한가운데 '철(Fe)' 원자를 품고 있다. 철을 공기 중에 두면 녹이 슨다. 산소가 헤모글로빈과 결합하는 것은 바로 철이 녹스는 과정이다. 피의 붉은색은 철이 녹슬어 생긴 것이다. 피 맛에는 녹 맛이 섞여 있다.

우리가 호흡하면서 들이마시는 산소(O_2)는 산소 원자 O가 두 개 모인 것이다. 산소는 단원자(중성원자) O와 상온에서 가장 안정한 동소체인 이

원자 분자 O_2를 모두 뜻한다. 여기서는 산소 분자인 O_2에 대해 논하기로 한다. O_2가 균형을 이루려면 전자가 16개 있어야 한다. [그림 6]은 산소 원자 O를 그림으로 나타낸 것이다. 파란색이 전자인데 6개다. 양성자가 8개이므로 전자도 8개가 되어야 하는데 2개(하얀색 자리)가 모자란다. 음양의 균형을 맞추려면 전자 2개가 더 있어야 한다.

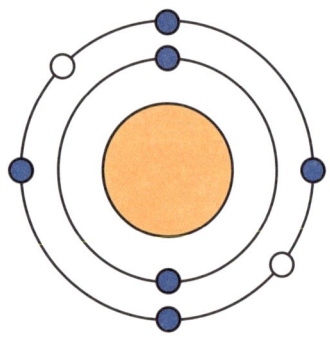

[그림 6] O의 원자 구조

산소 분자(O_2)는 모자라는 전자를 보충하기 위해 다른 산소 원자와 전자를 공동으로 소유하기로 한다. 이런 결합을 공유 결합이라고 한다.

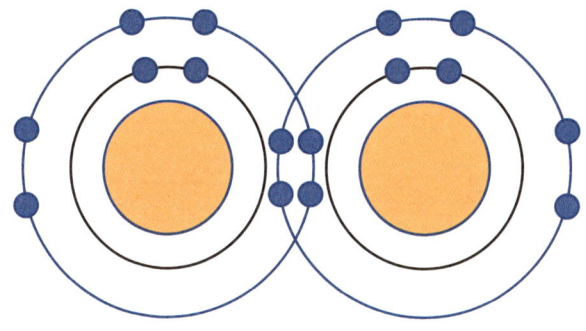

[그림 7] O_2의 분자 구조

활성 산소가 무엇인지에 대한 이해를 돕기 위해 산소 원자와 산소 분자를 그림으로 그렸다. 세상 만물은 모두 짝이 있고, 그 짝은 음양으로 이루어져 있으며 반드시 균형이 맞아야 한다는 게 음양학 이론이다.

우리가 흔히 말하는, 인체의 노화를 촉진하고 질병을 일으키는 활성 산소는 전자가 하나 사라진 산소 분자를 말한다. 음양의 균형이 깨졌으므로 산소 분자는 큰일 났다고 생각할 것이다. 균형을 맞추기 위해 무슨 짓이든 할 각오가 되어 있다. 활성 산소가 일반적인 산소(안정한 상태, 공유결합 상태)보다 활동성이 높은 이유다. 존재에 대한 무한한 집착은 생명체에게만 있는 게 아니다. 무생물조차도 소멸하지 않기 위해 노력한다.

그렇다면 활성 산소의 생존 본능은 인체에 해악을 끼치는 무조건 나쁜 것인가. 그렇지 않다. 활성 산소는 신호전달물질로서 세포신호전달과 항상성[53]에 반드시 필요한 산화환원신호의 매개체가 된다. 그러나 과도한

---

53) 항상성이란 생명체가 외부 환경의 변화에 대하여 생(生)을 담보하기 위하여 자신의 생체리듬을 일정하게 유지하려는 성질이나 상태를 말한다. (출처 과학백과사전)

활성 산소의 발생은 미토콘드리아 기능장애나 산화적 스트레스, 단백질 응집, 자식작용[54] 등을 일으킴으로써 다양한 질병과 연관되어 있다[55]고 알려져 있다.

  활성 산소는 체내에서 끊임없이 만들어진다. 호흡할 때, 음식물을 소화시킬 때, 격렬한 운동을 할 때, 심지어 스트레스를 받을 때도 생긴다. 수없이 많이 만들어진 활성 산소가 반드시 필요한 곳에 쓰이고 남을 때, DNA로부터 전자를 빼앗아 손상시키거나, 하루에 수백만 번 일어나는 체세포 복제 과정에서 오류를 일으킨다.

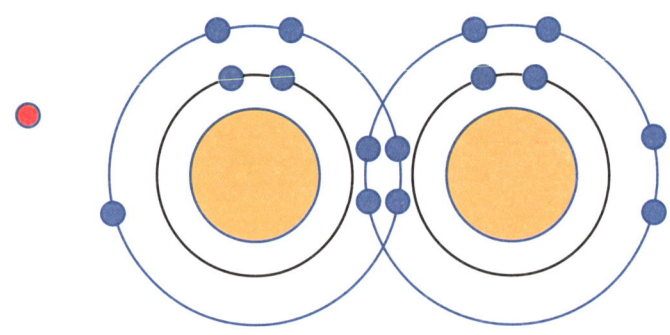

[그림 8] 전자를 하나 잃어버린 활성 산소

---

54) 자식작용(autophagy 또는 autophagocytosis): 리소좀을 통하여 불필요하거나 기능을 제대로 하지 못하는 세포 내 구성물질을 분해하는 중요한 이화작용의 하나이다.
55) 최태규 · 김성수, 세포 내 산화환원신호에서의 자식 작용, 경희대학교 의과대학 생화학분자생물학교실.

[그림 8]처럼 전자를 하나 잃어버린 활성 산소는 가까이 있는 인체 세포에서 전자 하나를 빼앗는다. 산소는 균형을 되찾았지만, 인체 세포의 균형은 깨진다. 그런데 세포는 산소처럼 여기저기 돌아다니면서 전자를 빼앗을 수 없다. 소멸할 운명이다. 어찌해야 할까 고민한다. 마침 옆에 있는 세포도 산소에게 전자를 하나 빼앗긴다. 전자를 빼앗긴 세포 2개가 결합한다.

문제는 산소 분자와 달리 이 세포가 기형이라는 점이다. 산소 분자는 공유 결합을 함으로써 완전해졌지만, 우리 몸의 세포는 완전과는 거리가 먼 이상 세포가 된다. 세포를 의자라고 생각해 보자. 전자가 다리라고 가정하면 전자 하나를 빼앗긴 의자는 다리가 3개가 된다. 다리가 3개만 있는 의자는 쓰러진다. 사람을 앉힐 수 없다. 우연히 옆에 다리가 3개인 의자가 또 생긴다. 둘이 뭉쳐서 다리가 6개인 의자가 된다. 의자는 쓰러지지 않고 안정적으로 서 있을 수 있다. 그러나 한눈에 보아도 이상한 의자가 된다.

다리 6개인 의자가 정상이 아니듯 이상 세포 두 개가 뭉쳐서 이루어진 세포도 정상이 아니다. 이런 세포들이 모이면 종양이 된다. 미세한 이상 세포가 검사에 의해 발견되는 크기까지 자라는 데 수년이 걸린다. 긴 시간이 걸리기 때문에, 바로 그 이유 때문에 양성 종양은 물론이고 암이라 불리는 악성신생물惡性新生物도 예방할 수 있다는 가설을 세울 수 있다. 세포가 전자를 빼앗기지 않도록 활성 산소를 줄이면 된다. 그게 바로 항산화제다. 악성신생물은 질병분류나 사망원인통계에서 암을 지칭하는 단어인데 정상보다 빠른 속도로 자라나는 비정상적인 조직이란 뜻이다.

도대체 활성 산소가 명리학과 무슨 상관이 있기에 그림까지 그려가면서 설명하는 것일까? 머리가 아픈 이야기를 하나 더 하려고 한다. 만병의 근원이라는 스트레스다. 스트레스까지 설명한 이후 명식에서 나타나는 어떤 점에 주의해야 할지 살펴보기로 하자.

우리는 거의 매일 스트레스를 받는다. 출퇴근길 지하철이 너무 복잡해도 받고, 나와 아무 관계가 없는 뉴스를 보면서도 받는다. 스트레스 받지 않고 며칠만 살 수 있다면 정말 행복하겠다고 생각하기도 한다. 활성 산소가 반드시 나쁜 것이 아니듯 만병의 근원이라는 스트레스 역시 반드시 나쁜 것은 아니다. 스트레스란 생명을 구하려는 인체의 방어기제 혹은 신의 선물이다. 스트레스 입장에서 보면 우리의 관점이 몹시 억울할 것이다.

인류의 역사는 대략 700만 년 전에 시작되었다고 한다. 화석을 보면 400만 년 전에 직립 자세를 갖게 되었고, 약 250만 년 전부터 신체 크기에 알맞게 두뇌 크기가 커지기 시작했다. 170만 년 전의 호모 에렉투스를 지나 50만 년 전 호모 사피엔스가 나타났다. 약 4만 년 전에 다양한 도구로 사냥을 했던 크로마뇽인이 나타났고, 농사를 지으며 정착한 시기는 약 만 년 전인 B · C 8,500년경이라고 한다.[56]

인체 진화의 시간은 느리게 흐른다. 문명의 발달을 전혀 따라잡지 못한다. 적어도 400만 년 동안의 진화과정을 거쳐 오늘날의 인류가 되었다. 우리 유전자에는 여전히 과거의 흔적이 남아 있어서 바스락 소리만 들어도, 눈앞으로 무언가 휙 지나가기만 해도 반사적으로 달아나도록 프

---

56) 제레드 다이아몬드 저, 김진준 옮김.『총, 균, 쇠』. 문학사상사

로그래밍 되어 있다. 소리를 낸, 얼핏 스쳐 지나간 그 무엇이 포식자일 확률이 높기 때문이다. 죽기 살기로 달리거나, 나무 위로 올라가거나, 뛰어내려야 살 수 있었다. 그리고 반드시 민첩해야 했다. 굼뜨게 움직이다가는 포식자에게 잡아먹힐 테니까.

민첩하게 대피하기 위해 인체의 근육은 많은 에너지와 산소를 필요로 한다. 근육에 에너지와 산소를 공급하는 호르몬이 마구마구 분비된다. 이 호르몬이 바로 아드레날린이나 코르티솔 같은 스트레스 호르몬이다. 아드레날린은 심장을 빨리 뛰게 하고, 코르티솔은 혈당을 높인다. 혈압과 혈당이 높아진다는 말이다.

21세기를 살아가는 우리는 포식자를 피해 도망 다니지 않아도 된다. 그런데도 스트레스 호르몬이 계속 나온다. 정상적인 상태와 조금만 달라져도 우리의 뇌는 위기 상황으로 인식하고 몸을 움직일 호르몬을 분비하는 것이다. 뇌는 오직 정상 상황과 정상이 아닌 상황을 구분할 수 있을 뿐이다. 혼이 나거나 잔소리를 듣거나 다툴 때조차 뇌는 정상적인 상황이 아니라고 인식한다.

뇌는 오로지 생명을 유지하겠다는 목적만 지향한다. 언제 위기 상황이 닥칠지 알 수 없기 때문이다. 언제 어떤 일이 일어날지 모르기에 항상 준비하고 있는 셈이다. 그러니 스트레스를 만병의 근원이라고 원망하지 말자. **스트레스를 어떻게 다룰지 그 방법을 개발하는 편이 훨씬 현명**하다.

이제 스트레스 호르몬이 왜 나오는지 알았다. 호르몬이 분비되는 게 문제가 아니라(우리가 제어할 수 없으므로) 분비된 호르몬의 결과인 혈압과 혈당이 상승하는 게 문제다. 상승 상태가 지속되면 고혈압이나 당뇨병에 걸린다. 높아진 혈당과 혈압을 낮추려면 수렵 시대의 인간처럼 달려야 한다. 근육의 활동을 촉진함으로써 혈액에 공급된 것들을 모두 소진해야 한다. 운동이 활성 산소의 산화력을 떨어뜨리고 혈당을 낮춘다는 연구 결과는 수없이 많다.

그런데 우리는 가만히 앉아서 견딘다. 커피를 마시고, 담배를 피우고, 술을 마시며 스트레스가 해소되었다고 믿는다. 편안해지는 이유는 뇌의 보상회로에서 도파민을 분비하기 때문이다. 도파민은 쾌락 호르몬이다. 카페인이나 알코올, 마약 같은 약물도 도파민을 분비시킨다. 기분이 좋아지니 산소와 당을 소비한 후 나타나는 현상이라고 착각하는 것이다. 이 과정이 반복되면 고혈압이나 당뇨병 같은 만성 질환은 물론이고 각종 질환의 위험이 증가한다.

지속적인 스트레스나 활성 산소에 의해 손상되는 곳은 기질적으로 약한 곳이라는 말을 하기 위해 지루하리만큼 긴 설명이 필요했다. 기질적으로 약하다는 말은 기능이 낮다는 말과 통한다. 자연에 존재하는 모든 것(생물이든 무생물이든)은 분자 단위에서 존재의 영속을 위해 투쟁한다. 더 강한 나라를 상대로 전쟁을 일으키지는 않는다. 약한 나라를 쳐야 승리할 확률이 높기 때문이다. 자신의 몸 중 어디가 취약한지 안다면 건강관리에 크게 도움이 될 것이다. 〈표 15〉에 있는 육십갑자와 질병은 일주의 기질을 바탕으로 유추한 것이다.

질병이 걸리는 시기는 운세의 영향을 크게 받으므로 지금부터는 대운과 연운(세운이라고도 한다)에 관해 알아보자.

3) 대운과 연운

영화 '한산'의 인기가 높았다. 충무공 이순신이 한산 앞바다에서 일본군을 물리친 이야기다. 충무공은 이순신 장군의 시호다. 시호는 죽은 뒤에 받는 이름이다. 본명은 순신, 자는 여해, 호는 기계, 덕망이다. 한 사람에게 왜 이렇게 많은 이름이 있는 것일까?

율곡 이이의 아명은 현룡, 자는 숙헌, 호는 율곡이다. 현룡이라는 아명은 어머니 사임당이 그를 낳던 날 흑룡이 바다에서 집으로 날아 들어와 서리는 꿈을 꾸었다 하여 붙인 이름이다.[57] 나중에 이珥로 바꾸었는데 이게 본명이다.

본명은 부모, 형, 스승 등 윗사람만 부를 수 있었다. 자는 성년이 되면 별도로 지어주는 이름이다. 자는 친구도 부를 수 있었는데 한번 지으면 바꿀 수 없었다. 호는 보통 스스로 짓는데 자신의 정체성을 드러내거나 자신이 좋아하는 것을 표현하기 위해 마음대로 짓고 바꿀 수 있었고 누구나 부를 수 있었다.

이렇게 이름을 바꾸는 이유가 운명을 개선하기 위해서라는 설이 있다. 운세의 흐름이 달라지기 때문에 거기에 맞춰서 이름을 다시 짓는다는 것이다. 믿거나 말거나 한 이야기지만 새겨들을 필요는 있다고 본다.

우리는 앞에서 명식을 만드는 법과 해석하는 법의 일부를 배웠다. 이제 운세에 대해 알아보자. 미래를 예측하려면 운세의 흐름을 알아야 한다. 운세는 크게 대운과 연운과 월운과 일운으로 나눈다. '오늘 일진이

---

57) 『한국민족문화대백과 사전』

안 좋아' 할 때의 일진은 일운이다. 특별한 경우가 아니면 월운과 일진은 살피지 않는다. 10년 단위의 대운과 연운 정도만 본다. 토정비결은 한해의 운 즉 연운을 보는 것이다.

앱이나 사이트에 생년월일시를 입력할 때 남녀 구분을 하라고 한 이유는 **남자인지 여자인지에 따라 운세의 육십갑자가 흐르는 방향이 달라지기 때문**이다. 사주팔자가 완전히 같더라도 남자냐 여자냐에 따라 운세의 흐름이 달라진다.

명식의 **연간** 기준으로 양남음녀는 순운이고 음남양녀는 역운이다. 순운은 시계 방향이다. 갑자, 을축, 병인, 정묘… 순서로 흐른다. 역운은 반시계 방향이라서 정묘, 병인, 을축, 갑자… 순서로 흐른다. 10년 단위의 대운이 들어오는 입운 나이는 1에서 10까지 있다. 어떤 사람은 4세이고 어떤 사람은 5세라는 식인데 4세라면 4세, 14세, 24세, 34세, 44세, 54세, 64세, 74세, 즉 끝자리 수가 4가 되는 나이에 대운이 들어와서 10년 동안 머문다는 의미다.

명심하자. 순운은 천간 기준으로 갑을병정무기경신임계로 흘러가고, 역운은 계임신경기무정병을갑으로 흐른다. 첫 대운(입운)이 병이라면 순운은 병정무기경…으로 흐르고, 역운이라면 병을갑계임…으로 흐른다. 입운이 계라면 순운은 계갑을병정…으로 흐르고 역운이라면 계임신경기…로 흐른다.

양남(순운)

임		경		임		갑+	
오		자		신		오	
80	70	60	50	40	30	20	10 입운
경	기	무	정	병	을	갑	계
진	묘	인	축	자	해	술	유

← (방향)

음남(역운)

계		을		경		을-	
미		사		진		미	
74	64	54	44	34	24	14	4 입운
임	계	갑	을	병	정	무	기
신	유	술	해	자	축	인	묘

→ (방향)

음녀(순운)

임		경		계		을-	
오		자		미		미	
71	61	51	41	31	21	11	1 입운
신	경	기	무	정	병	을	갑
묘	인	축	자	해	술	유	신

← (방향)

양녀(역운)

병		임		기		무+	
오		진		미		술	
73	63	53	43	33	23	13	3 입운
신	임	계	갑	을	병	정	무
해	자	축	인	묘	진	사	오

→ (방향)

  몇 세에 대운이 들어오는지? 순운인지 역운인지? 어떻게 계산하는지는 몰라도 된다. 앱이나 사이트에서 알아서 만들어 준다. 순방향, 역방향으로 흘러가는 방향이 다르니 입력할 때 반드시 남자, 여자를 선택해야 한다는 것만 기억하자.

V. 건강론健康論

용신과 같거나 도와주는 운은 좋은 운이고, 용신을 극하거나 설하는 운은 **나쁜 운**이다.

4) 오행과 질병

❋ 위암(완치)

갑		**무토**		임		병	
편관				편재		편인	
인		신		진		신	
편관		식신		비견		식신	
2028	2018	2008	1998	1988	1978	1968	1958
73	63	53	43	33	23	13	3
갑	을	병	정	무	기	경	신
신	유	술	해	자	축	인	묘
술진 충							

• 일간 무토가 진월에 태어났다. 내 기운을 빼는 식신이 2개, 나를 극하는 편관이 2개이므로 내가 약하다. 편관이 있으면 내가 강해야 한다고 여러 번 말했다. 편관의 힘을 빼서 나를 도우려면 살인상생해야 하므로 병화 편인이 용신이 되어야 한다. 그런데 바로 옆에 임수가 있다. 임수는

병과 충이 된다. 병화는 임수와 싸우느라 나를 도울 여력이 없다. 임수가 명식의 병이 된다. 다행히 월지에 진토가 있다. 진토가 토극수로 임수를 제압해 주니 진토를 용신으로 삼는다.

대운을 살펴보니 53세부터 병술 대운이다. 대운 지지 술이 진과 충이 된다. 용신 진이 공격을 받는다. 토가 소화기이므로 위암에 걸렸다.

❋ 유방암(사망)

신	신금	무	기
비견		정인	편인
묘목	사	진토	축
편재	정관	정인	편인
	1994	1984	1974	1954	1944
	46	36	26	16	6
	계	임	신	경	기
	유	신	미	오	사
유묘 충					

• 음 일간인 신금이 진(토)월에 태어났다. 정인 2개, 편인 2개로 인성이 4개나 있다. 인성은 나를 돕는 것이나 과유불급이라는 말처럼 지나친 도움은 오히려 해가 된다. 토가 너무 많아서 금이 매몰되어 있다. 흙을 퍼내야 금이 빛을 발할 수 있다. 토를 극하는 편재 묘목을 용신으로 삼는

다. 46세부터 시작되는 계유 대운의 유가 묘와 충이 된다. 용신이 충을 받으므로 건강이 나빠지는데 불행하게도 유방이 어느 오행에 소속되는지 명리학과 관련된 고서는 물론이고 20세기에 발간된 책에도 나와 있지 않다. 성차별이라기보다 과거에는 유방암에 대한 개념이 없었기 때문이라고 짐작할 수 있다.

폐암(사망)

임		병화		경		경	
편관				편재		편재	
진		오		진		오	
식신		겁재		식신		겁재	
2003	1993	1983	1973	1963	1953	1943	1933
74	64	54	44	34	24	14	4
무	정	병	을	갑	계	임	신
자	해	술	유	신	미	오	사
자오충							

- 병화 일간이 진월에 태어났다. 식신 2개, 편재 2개, 편관 1개가 있어 나를 설하고, 내가 극하고, 나를 극하는 오행이 5개다. 나와 같은 겁재 오화를 용신으로 삼는다. 74세부터 시작하는 무자 대운 자가 용신 오와 충이 된다. 죽을 운이다. 명식에서 폐는 경금에 속하는데 오화의 극을 심

하게 받고 있으므로 폐에 문제가 생길 확률이 높다. 스무 살 때부터 하루 2갑씩 담배를 피웠다. 채식을 주로 했고, 운동도 계속해 감기 한 번 걸리지 않을 정도로 건강했으나 폐암 판정을 받은 후 6개월 만에 사망했다.

※ 흡연으로 인한 기대여명 손실량에 대한 연구[58] 에 따르면 남성이 흡연에 기인한 사인으로 사망할 확률은 70세에서 23.4%이다. 기대여명은 평균 수명과 같은 의미다. 담배를 피우지 않았다면 위기를 넘겼을지도 모른다. 백 세 시대가 되었으니까.

직장암(완치)

정		병화		무		무	
겁재				식신		식신	
유		인		오		오	
정재		편인		겁재 양인		겁재 양인	
2057	2047	2037	2027	2017	2007	1997	1987
80	70	60	50	40	30	20	10
경	신	임	계	갑	을	병	정
술	해	자	축	인	묘	진	사

---

58) 이해경, 손길환. 흡연으로 인한 기대여명 손실량에 대한 연구(Peto-Lopez 사망 수 추정방법에 의한), 한국보건사회연구 제25권 제1호.

• 병화 일간이 오월에 태어났다. 양인살이 겹쳐 있다. 일지 편인은 오술 합 화국하고 시간에 정화가 있어 일간이 태왕하나 강왕격은 되지 않는다. 왕한 기운을 설하는 식신을 용신으로 삼는다. 갑인 대운, 을미년에 갑을 목이 무토를 극하니 발병했다. 토는 소화기이므로 직장암에 걸렸다. 수술 후 완치되었다. 무토는 일지 인에 12운 장생이 된다. 무가 뿌리가 없었다면 완치가 어려울 수 있었다.

❄ 소아마비

정	**기**	임	기
임합 목 편인		정재	비견
묘	묘	신	해
편관	편관	상관	정재

2034	2024	2014	2004	1994	1984	1974	1964
76	66	56	46	36	26	16	6
경	기	무	정	병	을	갑	계
진	묘	인	축	자	해	술	유

• 이 여자의 대운은 6세부터 시작한다. 5세까지는 부모의 운을 따른다. 부모가 장애인 자식을 둘 명식이었을 것이다. 소아마비는 예방접종만 하면 걸리지 않는다. 형제자매들은 모두 접종을 받았는데(언니들

도), 이 여자만 제외되었다. 엄마가 깜박했다고 하는데 명식을 보면 이해가 된다. 정인이 없으니 편인이 엄마이다. 편인은 계모나 유모라고 했다. 이 여자에게 엄마는 계모 같은 사람인데 시간에 있다. 연주는 조상, 월주는 부모, 일주는 배우자, 시주는 자식으로 보는데 엄마가 자식자리에 있으니 엄마 구실을 못 한다. 게다가 임정 합 목이 되어 편관으로 화한다. 엄마가 나를 치는 편관과 짝짜꿍이 된 형국이다. 부유한 집이라 딸의 치료를 위해 최선을 다했지만 역시 판단 오류가 있었다. 성장판이 닫힌 후에 수술하는 게 옳다고 생각해 수술을 미룬 결과 심하게 다리를 절게 되었다. 본인의 의지와 상관없이 이루어진 일이니 안타깝기 그지없다.

❊ 뇌졸중

	임	계		병		병	
	겁재			정재		정재	
	술	유		신		인	
	정관	편인		정인		상관	
		1985	1975	1965	1955	1945	1935
		60	50	40	30	20	10
		임	신	경	기	무	정
		인	축	자	해	술	유

• 좋은 궁합에서 나를 호강시킬 배우자로 나온 여자의 남편이다. 정인 편인 겁재가 있어 내가 강하므로 병화 정재를 용신으로 삼는다. 운세가 목화 운으로 흐르지 못해 사업에 여러 번 실패했다. 아내가 취미생활만 하라고 해 기사 딸린 자가용을 타고 다니면서 테니스, 양궁 등의 취미 생활로 중년을 보냈다. 이런 사람이 주위에 있으면 이해할 수 없다는 생각이 들 것이다. 도대체 무슨 팔자로 저렇게 사나 하고.

정재는 아내다. 총지배인이 아내이니 아내의 도움을 받으며 살아간다. 아내 비위만 맞추면 세상 걱정할 일이 없다. 60세부터 시작되는 임인 대운에 임이 병과 충이 된다. 순환기계 질환인 뇌졸중으로 쓰러졌다. 몸 전체에 피를 순환시켜 영양을 공급하면서 노폐물을 수용하는 계통의 조직인 심장, 동맥, 정맥, 모세 혈관, 림프관은 순환기계다. 아내가 지극정성으로 간호했으나 투병 생활 몇 년 후 사망했다.

5) 질병과 환경

통계청에서 발표한 2020년 사망원인 통계에서 40대 이상 한국인의 사망 원인 1위는 악성신생물(암)이었다. 전체 사망자 중 27.5%가 암으로 죽었다. 우리나라 국민이 기대 수명(83세)까지 생존할 경우 암에 걸릴 확률은 37.9%였으며, 80세 남자는 5명 중 2명(39.9%), 87세 여자는 3명 중 1명(35.8%)에서 암이 발생할 것으로 추정되었다.

이처럼 암이 사망 원인 1위가 됨에 따라 보건복지부는 2016년 최초로 시군구별 암 발생 통계 및 발생 지도를 작성해서 발표했다. 이 조사는 5

년 단위로 총 24개 암종을 대상으로 하는데 시군구별 암종에 따른 암 발생률은 적게는 2배, 많게는 15배까지 차이가 나는 것으로 분석되었다.

[그림 9][59]는 유형별 암 발생지도이다. 빨간색이 발생률이 높은 지역이고 파란색은 낮은 지역이다. 암종별 지역별 특이점을 살펴보면, 갑상선암은 전남, 대장암은 대전시와 충청도, 폐암은 전남·경북·충북, 유방암 및 전립선암은 서울 강남·서초 및 경기 성남·분당에서 높게 나타나며, 위암은 충청·경상·전라의 경계지역, 간암은 경북 울릉군과 경남·전남의 남부지역, 담낭 및 기타 담도암은 낙동강 유역 인근이 높게 나타나는 것으로 분석되었다. 이는 암 발생 요인에 지리적 환경적 특성이 있음을 보여 준다.

---

59) 이석호, 김감영, 공간통계기법을 이용한 암 발생률과 지리·환경적 특성과의 연관성 분석, 한국지도학회 18권3호 2019(57~74)

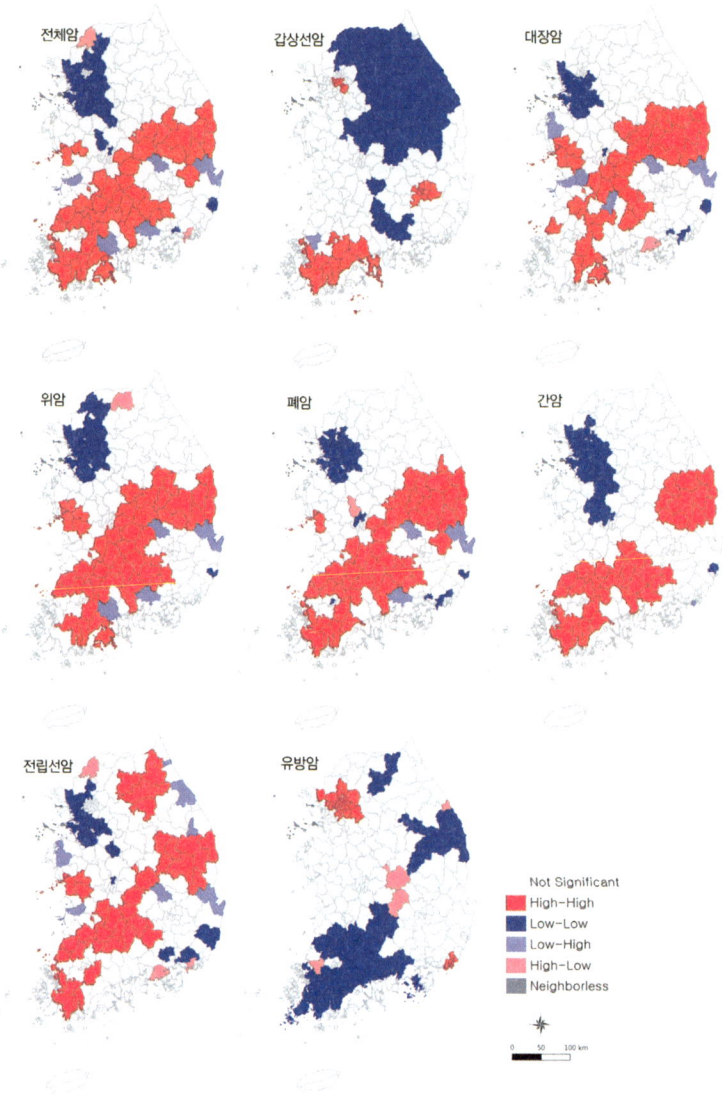

[그림 9] 유형별 암 발생 지도

[그림 10]은 각종 암과 이에 유의미한 영향을 주는 변수들이다. 짙은 선은 간암 발생을 높이고(고위험 음주율), 옅은 선은 간암 발생을 낮춘다는 뜻이니(녹지비율이 높으면) 지도와 함께 참고하면 된다. 암에 걸린 뒤에 치료하려고 애쓰기보다 걸리지 않도록 예방하는 일이 훨씬 중요하다고 할 것이다. 20세기 초 우리나라 사람의 평균 수명은 28세였다. 지금은 83.5세다. 80년 이상을 건강하게 살아야 한다. 의학의 발달로 평균 수명이 길어지는 추세에 있는 만큼 99세까지 팔팔하게 살기 위해 어떤 노력을 기울여야 할지 고민이 클 것이다. 건강론이 도움이 되길 바란다.

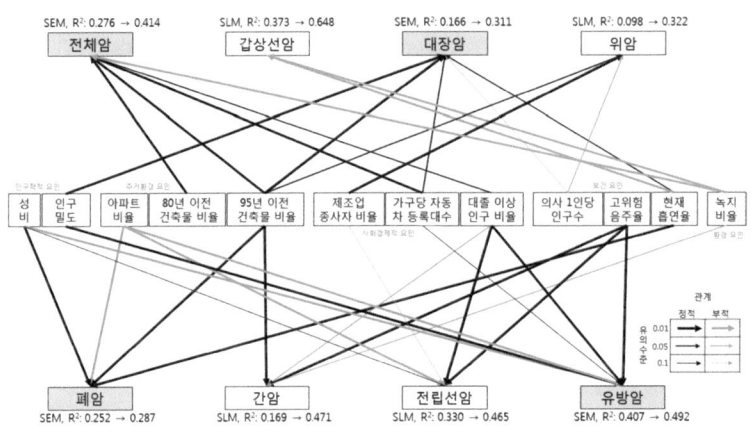

[그림 10] 각종 암과 이에 유의미한 영향을 주는 변수들

※ 암 발생 위험인자에 관한 변수를 연구한 논문은 수없이 많다. 필자가 주목하는 건 [그림 9] 암 발생지도다. 후속 연구가 필요하다고 생각된다.

맺는 글

요즘 관종이라는 말을 흔히 쓴다. 관심종자의 줄임말인데 관심을 받고 싶어 하는 사람, 또는 그런 부류를 뜻한다고 오픈 사전에 나와 있다. 관심종자 할 때의 관심關心은 어떤 것에 마음이 끌려 주의를 기울임. 또는 그런 마음이나 주의이다. 이제 관심 대신 관심觀心(마음의 본바탕을 바르게 살펴봄)을 하자.

이 책을 다 읽은 사람은 심리학과 명리학의 비슷한 점은 무엇이고 차이점은 무엇인지 조금은 맛본 것이다. MBTI에 열광하는 젊은이들을 위해 이 책을 썼으나 아이들의 진로를 고민하는 부모나 중년 이후의 건강을 염려하는 어른들도 읽기를 바란다.

은퇴한 후 트로트 가수의 덕후가 되어 전국의 공연장을 찾아다니는 사람이 많다. 돈도 잘 쓴다. 덕후의 대상인 연예인이 대화의 중심이 된다.

"올해 남자가 바뀐다더니 오빠가 바꿔었네."

"여난을 겪는다더니 최애 가수가 시집을 간다네."

"팔자에 남자가 많다더니 연애는 못하고 오빠만 많네."

대화는 결국 사주팔자로 귀착된다. 합은 모든 관계에 적용된다. 덕질의 대상도 나와 정서나 합이 맞아야 한다. 이 책을 다 읽은 독자는 합에 대한 이해가 생겼을 것이다. **합이 맞지 않는 관계는 하루빨리 끝내야 한다.** 시간이 흐른다고 좋아지지 않으며 나의 피해만 커진다.

누구나 이해할 수 있도록 쉬운 어휘를 선택하느라 애썼고, 읽는 동안 저절로 이치를 깨우치도록 편집 순서를 정했으며, 이론보다 예시를 제시하는 방법론을 택했다.

다시 한번 강조하지만 우리의 일상에 알게 모르게 스며들어 있는 음양오행론은 결코 허무맹랑한 미신이나 속설이 아니다. 세월을 이기고 살아남은 이유가 있다.

나의 첫 전공은 국문학이었다. 폴란드로 유학 가서 시를 전공하기도 했다. 경력 단절녀가 된 이후에 직장을 구하기 위해 사회복지학, 보건학, 상담심리학을 전공했고, 사회복지사 1급, 임상심리사 2급이라는 국가자격증을 땄다. 지금은? 소설가다. 내가 아무리 많은 자격증을 가져도 대통령이 바뀔 때마다 정책이 바뀌면서 내가 원하던 곳에서 일하지 못했다. 이게 바로 운이다. 운이 따라주지 않았다. 그러나 실망하지 않는다. 내가 전전했던 수많은 일자리와 여러 개의 전공이 소설의 훌륭한 소재가 되기 때문이다. 타고난 운명을 바꿀 수 없다면 노력해서 무엇하리오? 라는 물음의 답이 될지도 모르겠다.

외롭고 슬플 때 결혼을 하거나 연인을 구하거나 동업을 하지 말라고 다시 한번 강조한다. 운세의 흐름이 나쁘면 좋은 인연을 만나지 못한다. 인생에 대해 생각하고 더 나은 길을 찾기 위해 노력하는 것이 낫다. 지금은 백 세 시대다. 10년 단위의 대운 10개가 있다. 오행은 5개밖에 없다. 가장 좋은 오행, 좋은 오행, 보통 오행, 나쁜 오행, 아주 나쁜 오행이 각각 20년씩 차지한다. **누구에게나 가장 좋은 운 20년이 있다는 말이다.** 운칠기삼運七氣三이라는 말이 틀린 말은 아니나 진인사대천명盡人事待天命 (사람으로서 할 수 있는 최선을 다한 후에는 오직 하늘의 뜻을 기다린다)이라는 말도 있다는 걸 명심하자. 실력을 갖추고 있어야 기회라는 차에 올라탈 수 있다.

 젊은이들이 겉으로 드러난 것만 보지 말고 마음의 눈으로 세상을 보기를 바란다. 심리학에 대한 이해와 명리학에 대한 이해를 재미있게 했다고 말해 주기를 바란다. 성격과 적성과 필요를 참작해서 자신이 행복해질 수 있는 선택을 하기를 바란다. 모든 사람이 행복하기를 바라며 이 글을 마친다.

참고 문헌

고영재 저, 『당신이 알던 MBTI는 진짜 MBTI가 아니다』, 인스피레이션.
공성윤 저, 『사주학핵심강의』, 퍼플.
박정훈 저, 『MBTI 사랑학개론』, 하움.
신육천 저, 『천고비전사주감정실천법』, 상지사.
이석영 저, 『사주첩경』 권1~권6, 한국역학교육원.
이석호, 김감영, 공간통계기법을 이용한 암 발생률과 지리·환경적 특성과의 연관성 분석, 한국지도학회 18권3호 2019(57~74).
이해경, 손길환, 흡연으로 인한 기대여명 손실량에 대한 연구(Peto-Lopez 사망 수 추정방법에 의한), 한국보건사회연구 제25권 제1호.
제레드 다이아몬드 저, 김진준 옮김. 『총,균,쇠』, 문학사상사
국가통계포털, https://kosis.kr/index/index.do
최태규, 김성수, 세포 내 산화환원신호에서의 자식 작용, 경희대학교 의과대학 생화학분자생물학교실.
최학림 저, 『사주정해』 Ⅰ,Ⅱ, 가교.
한국심리검사연구소, MBTI Gs형 프로파일.
John R. Graham 저, 이훈진, 문혜신, 박현진, 유성진, 김지영 옮김, 『MMPI-2 성격 및 정신병리 평가 제4판』, 시그마프레스.